Samsung Galaxy Tab 4

Die verständliche Anleitung

von
Helmut Vonhoegen

Vierfarben

Liebe Leserin, lieber Leser,

wofür auch immer Sie Ihr Galaxy Tab einsetzen möchten – so viel ist sicher: Sie lieben es komfortabel, und man darf Sie als anspruchsvoll bezeichnen. Wenn Sie auf Achse sind, dann mit leichtem Gepäck, und zu Hause ziehen Sie dem sperrigen Kasten im Arbeitszimmer sicherlich auch das handliche Tablet an einem gemütlichen Plätzchen vor. Und für all die nützlichen und spannenden Dinge, die Sie damit machen können, tut es das Handy nun wirklich nicht.

Beste Voraussetzungen also, dass Sie diese kurzweilige Anleitung bald genauso wenig missen möchten wie Ihr digitales Multitalent. Unser erfahrener Autor Helmut Vonhoegen weiß, dass Sie am liebsten gleich alles in die Tat umsetzen, und macht es Ihnen leicht. In überschaubaren Etappen erklärt er Ihnen die vielseitigen Möglichkeiten Ihres Tablets, und Sie wählen aus dem Angebot das aus, was Sie gerade interessiert: E-Mails schreiben, im Internet surfen, fotografieren, fernsehen, Musik hören oder E-Books lesen. Seine Erklärungen sind so anschaulich und auf den Punkt verständlich, dass gar nichts mehr schiefgehen kann. Man merkt dem Autor einfach seine Begeisterung für das Galaxy Tab an – und das wirkt ansteckend. So meistern Sie unter seiner Anleitung auch den Datenaustausch mit anderen Geräten, alle nötigen Updates und Einstellungen zur Sicherheit bald spielend leicht.

Dieses Buch wurde mit größter Sorgfalt geschrieben und hergestellt. Sollten Sie dennoch einen Fehler finden oder inhaltliche Anregungen haben, freue ich mich, wenn Sie mit mir in Kontakt treten. Für Kritik bin ich dabei ebenso offen wie für lobende Worte. Doch nun wünsche ich Ihnen viele vergnügliche und lehrreiche Stunden mit Ihrem Tab und dieser Anleitung!

Ihre Isabella Bleissem
Lektorat Vierfarben

isabella.bleissem@vierfarben.de
www.facebook.com/vierfarben

Auf einen Blick

Sie haben Fragen, Wünsche oder Anregungen zum Buch?
Gerne sind wir für Sie da:

Anmerkungen zum Inhalt des Buches: isabella.bleissem@vierfarben.de
Bestellungen und Reklamationen: service@vierfarben.de
Rezensions- und Schulungsexemplare: sophie.herzberg@vierfarben.de

An diesem Buch haben viele mitgewirkt, insbesondere:

Lektorat Isabella Bleissem
Korrektorat Marita Böhm, München
Herstellung Maxi Beithe
Einbandgestaltung Janina Conrady
Coverentwurf Marc Thoben, Köln
Coverfoto Shutterstock: 69069877©Thomas Amby; iStockphoto: 16942793©T Kimura, 1813262©Jeja; Samsung
Layout Vera Brauner
Satz Ulrich Borstelmann, Dortmund
Druck Himmer, Augsburg

Gesetzt wurde dieses Buch aus der ITC Charter (10,5 pt/15 pt) in Adobe InDesign CS6.
Und gedruckt wurde es auf mattgestrichenem Bilderdruckpapier (115 g/m²).
Hergestellt in Deutschland.

Bibliografische Information der Deutschen Nationalbibliothek
Die Deutsche Nationalbibliothek verzeichnet diese Publikation in der Deutschen Nationalbibliografie; detaillierte bibliografische Daten sind im Internet über http://dnb.d-nb.de abrufbar.

ISBN 978-3-8421-0133-3

1. Auflage 2014
© Vierfarben, Bonn 2014
Vierfarben ist ein Verlag der Galileo Press GmbH
Rheinwerkallee 4, D-53227 Bonn
www.vierfarben.de

Der Verlagsname Vierfarben spielt an auf den Vierfarbdruck, eine Technik zur Erstellung farbiger Bücher. Der Name steht für die Kunst, die Dinge einfach zu machen, um aus dem Einfachen das Ganze lebendig zur Anschauung zu bringen.

Inhalt

Kapitel 4: E-Mails senden und empfangen 133

Kapitel 5: Kalender, Termine und Erinnerungen 167

Kapitel 8: Musik und Radio hören

Kapitel 9: Karten und Navigation

Kapitel 10: Apps finden und installieren

Kapitel 14: Das Tablet warten und Fehler beheben 311

Kapitel 1
Start mit dem Samsung Galaxy Tab 4

Wenn Sie Ihr Tablet ausgepackt haben, ist es nur noch ein kleiner Schritt, bis es Ihnen zu Diensten ist. Damit Sie aber auch wissen, was Sie da erworben haben, gebe ich Ihnen vorweg ein paar Informationen über seine wichtigsten Merkmale – zunächst etwas zum System, mit dem es arbeitet, dann einige Infos zum Gerät.

Android – das menschliche System

Einige Zeit hat es so ausgesehen, als ob »iPad« und »Tablet« im Grunde das gleiche Gerät benennen. Das hat sich aber schnell geändert, seit Googles Betriebssystem Android die Szene betreten hat. Bereits 2013 sollen die Android-Tablets über 60 % Marktanteil erobert haben, dem iPad blieben nur noch 36 %. 19 % des Marktanteils entfallen dabei auf Samsung.

Android – das menschliche Betriebssystem, wie uns der Name vermitteln will – ist ein entfernter Abkömmling des freien Betriebssystems Linux, dabei aber speziell für die Touch-Bedienung optimiert und also zunächst hauptsächlich für Smartphones und Tablets ausgelegt. Es ist ebenfalls frei und kostenlos. Hersteller von Geräten haben viel Spielraum, das System für ihre Geräte mit eigenen

Oberflächen anzupassen, was manchmal kritisiert wird, aber faktisch die Verbreitung des Systems stark gefördert hat. Samsung arbeitet beim Galaxy Tab 4 mit der schon bei früheren Tablet-Reihen verwendeten Benutzeroberfläche *TouchWiz*.

Seit der Version 1.5 hatte Google damit begonnen, den Versionen von Android freundliche Kosenamen zu geben. Die vierte Generation begann mit *Ice Cream Sandwich* (Android 4.0.x), es folgte *Jelly Bean* (Android 4.1.x, 4.2.x und 4.3.x), und für das Galaxy Tab 4 steht nun *KitKat* (Android 4.4.2) zur Verfügung.

Mit dieser Version wurde die Systemleistung deutlich gesteigert. Die Speichernutzung wurde optimiert, und der Bildschirm reagiert prompter auf die Berührung. Die Möglichkeit, zwei Apps gleichzeitig zu nutzen, wurde stark verbessert.

Eine der praktischen Neuerungen ist der sogenannte *Immersive Mode:* Spiele oder Apps zum Lesen wie **Play Books** oder **Kiosk** oder zum Ansehen von Filmen wie **Play Movie** blenden zunächst einmal die Statusleiste oder Navigationsschaltflächen aus, um den gesamten Bildschirm auszunutzen. Ein Wischen über den Rand des Bildschirms oder ein Tipp in das Bild stellen die Steuerelemente wieder zur Verfügung.

Welches Galaxy Tab haben Sie?

Die Galaxy-Tab-4-Familie enthält Tablets in drei verschiedenen Größen, die entsprechenden Zoll-Angaben 7.0, 8.0 und 10.1 werden dabei einfach an den Gerätenamen angehängt. Die Zollangaben beziehen sich immer auf die Diagonale des Displays. Umgerechnet in Zentimeter haben Sie also Werte von 17,78 cm, 20,31 cm und 25,65 cm.

Damit trägt Samsung unterschiedlichen Bedürfnissen Rechnung – vom Tablet für die Hosentasche bis zum »großen« Tischgerät. Zwar unterscheidet sich dadurch natürlich die Optik auf dem Bildschirm, in der Regel können Sie aber auf allen Tablets die gleichen Funktionen nutzen.

Die drei Größenvarianten des Tab 4 (Quelle: Samsung)

Die Beschreibungen in diesem Buch gelten somit normalerweise für alle drei Modelle des Tab 4. Wo immer es Besonderheiten bei der Nutzung eines der drei Modelle gibt, weise ich ausdrücklich darauf hin.

- **Bildschirm**: Verwendet werden WXGA-Displays, die Abkürzung steht für *Wide eXtended Graphics Adapter*; die Auflösung ist in allen Fällen 1.280 × 800 Pixel, das Bild setzt sich also aus 1.024 Megapixeln zusammen. Das Seitenverhältnis ist jedes Mal 16:10. Die Pixeldichte beim Tab 4 7.0 liegt dann bei 215 Pixeln pro Zoll, beim Tab 4 8.0 bei 189 Pixeln und beim Tab 4 10.1 bei 149 Pixeln. Das Bild erscheint auf den kleineren Displays dementsprechend schärfer. Auf dem größeren Tablet ist es dafür meist leichter, Schaltflächen beim Antippen zu treffen, weil sie ja größer erscheinen. Das sollten Sie bei der Auswahl berücksichtigen.

- **Speicher**: Das kleinste, Galaxy Tab 4 7.0, ist mit 1,5 GByte Hauptspeicher und 8 (Wi-Fi) bzw. 16 GByte (LTE) internem Speicher versehen. Über eine microSD-Karte können bis zu 32 GByte bei der Wi-Fi-Version und bis zu 64 GByte bei der LTE-Version hinzukommen. Das etwas größere Galaxy Tab 4 8.0 und das Tab 4 10.1 kommen mit 1,5 GByte Hauptspeicher und 16 GByte internem Speicher, der per microSD um bis zu 64 GByte erweitert werden kann.

- **Akku**: Kritische Größe bei allen Tablets ist immer noch der Akku. Der Akku des Tab 4 in der Version 7.0 liefert 4.000 Milliamperestunden, der vom Tab 4 mit 8.0 Displaygröße etwas mehr: 4,450 Milliamperestunden. Das Tab 4 mit 10.1 Zoll bringt immerhin 6.800 Milliamperestunden, was beim Ansehen von Filmen sicher ein Vorteil ist. Häufiges Aufladen lässt sich trotzdem nicht vermeiden.

- **USB und Bluetooth**: Alle Geräte verfügen über einen Micro-USB-2.0-Zugang und unterstützen Bluetooth 4.0, etwa für den Anschluss von Tastaturen, Headsets oder für den Datenaustausch mit anderen Geräten.

- **CPU**: In allen Geräten arbeitet ein Vierkernprozessor, Snapdragon S5 mit 1,2 Gigahertz, nur für die LTE-Version des Tab 4 7.0 werden 1,4 Gigahertz genutzt. Das sorgt für einen flotten Ablauf, selbst wenn Sie mit zwei Apps gleichzeitig arbeiten.

- **Kamera**: Die Werte für die beiden Kameras sind eher bescheiden: Frontkamera 1,3 Megapixel, Hauptkamera 3,2 Megapixel. Der Fokus ist fixiert, lässt sich also nicht mehr wie noch beim Tab 3 versetzen. Vergessen Sie aber nicht, dass die Qualität eines Fotos nicht in erster Linie von der Pixelzahl abhängt.

- **Netzverbindung**: Neben den unterschiedlichen Größen finden Sie in der Produktpalette für das Tab 4 noch unterschiedliche Versionen in Bezug auf die Art der Online-Verbindung. Es gibt in allen Größen Tablets, die nur WLAN unterstützen. Daneben gibt es Geräte, die zusätzlich LTE unterstützen, und zwar Cat. 4 mit Downloads (das Herunterladen von Daten) bis maximal 150 Mbit/s, Uploads (das Hochladen von Daten) bis 50 Mbit/s. Diese Geräte unterstützen natürlich auch Verbindungen mithilfe älterer Mobilfunkstandards, denn LTE ist ja nicht überall verfügbar.

Einige Anwendungen wie die *Telefon*-App und die *Nachrichten*-App sind nur auf LTE-fähigen Geräten einsetzbar. Für diese Geräte gibt es auch eine Reihe von speziellen Einstellungen, auf die ich im Verlauf dieses Buches jeweils eingehen werde.

So ist Ihr Tablet aufgebaut

Die Vorderseite des Tab 4 zeigt den TFT-LCD-Touchscreen ❶. Thin film transistor liquid crystal displays liefern ein besonders klares Bild.

Die Vorderseite des Tab 4 7.0
(Quelle: Samsung)

Die Rückseite des Tab 4 7.0
(Quelle: Samsung)

Am oberen Rand finden Sie eine Frontkamera ❷, auf einen Lichtsensor wird verzichtet. Am unteren Rand wird in der Mitte die **Home**-Taste ❸ angeboten, die einzige tatsächlich eindrückbare Taste auf der Vorderseite. Sie führt immer auf den Startbildschirm zurück.

Rechts daneben wird, wenn sie verwendbar ist, die antippbare Schaltfläche **Zurück** ❹ aktiviert, links daneben die Schaltfläche **Aktuelle Anwendungen** ❺, die im unteren Bereich des Bildschirms Miniaturen der bisher geöffneten Apps einblendet.

Auf der Rückseite des Tablets finden Sie die Hauptkamera (❻ auf Seite 17), auf einen LED-Blitz hat Samsung verzichtet. In die Rückseite sind noch die GPS-Antenne ❼ und der Lautsprecher ❽ integriert. Das Mikro ist im Rahmen ❾ eingelassen.

In den Rändern des Geräts sind verschiedene Schalter und Anschlüsse untergebracht, die je nach der Größe des Geräts etwas anders platziert sind. Im oberen Rand ist rechts der Anschluss für ein Headset ❿ zu finden, Sie können die üblichen 3,5-Millimeter-Klinkenanschlüsse verwenden. Am unteren Rand finden Sie den Anschluss für das USB-Kabel ⓫, das auch zum Aufladen verwendet wird.

Bei den beiden kleineren Geräten befinden sich am rechten Rand oben der Ein-Aus-Schalter ⓬ und ein Wippschalter für die Regelung der Lautstärke ⓭. Unten ist ein Slot (ein Einschubschlitz) für eine microSD-Speicherkarte ⓮ vorhanden. Bei einem LTE-Gerät finden Sie hier auch den Slot für die SIM-Karte.

Bei dem 10.1-Zoll-Gerät sind der Ein-Aus-Schalter ⓯ und der Wippschalter für die Regelung der Lautstärke ⓰ am oberen Rand angeordnet. Auch der Slot für die Speicherkarte ⓱ und – bei den LTE-Versionen – der Slot für die SIM-Karte ⓲ befinden sich dort.

Die Lautsprecher ⓳ sind in diesem Fall in die Seitenränder integriert. Die Buchse für ein Headset ⓴ ist ganz oben im linken Seitenrand.

Bei den LTE-Versionen befindet sich die Hauptantenne jeweils auf der Rückseite. Die entsprechende Stelle sollten Sie also möglichst nicht mit den Fingern verdecken.

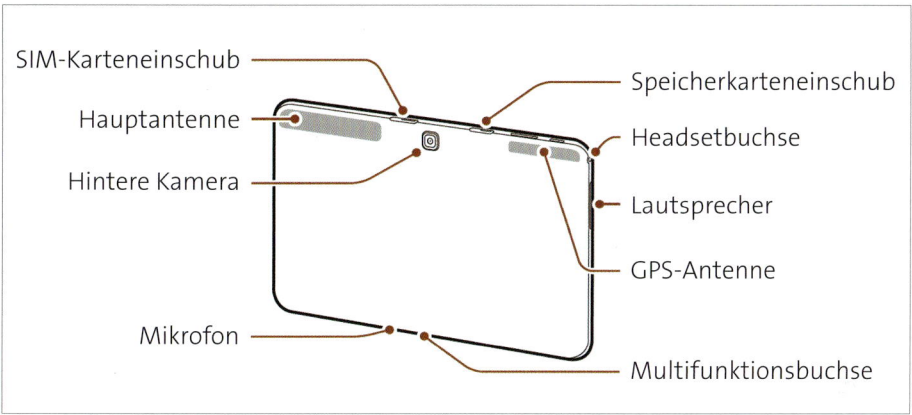

SIM-Karteneinschub
Hauptantenne
Hintere Kamera
Mikrofon

Speicherkarteneinschub
Headsetbuchse
Lautsprecher
GPS-Antenne
Multifunktionsbuchse

Rückseite des Tab 4 10.1 (Quelle: Samsung)

Das Galaxy Tab startklar machen

Das Tab 4 wird im halb aufgeladenem Zustand geliefert. Bevor Sie das Tablet zum ersten Mal nutzen, sollten Sie den Akku komplett aufladen. Zum Aufladen verwenden Sie als Ladegerät den USB-Netzadapter.

1. Stecken Sie das USB-Kabel ❶ in den USB-Netzadapter ❷.

2. Verbinden Sie das Kabel über die Multifunktionsbuchse mit dem Tablet.

Solange das Gerät ausgeschaltet ist, wird der Ladestatus auf dem Display fortlaufend angezeigt.

3. Ist der Akku vollständig aufgeladen, trennen Sie erst das USB-Kabel vom Tablet und anschließend das Ladegerät vom Stromanschluss.

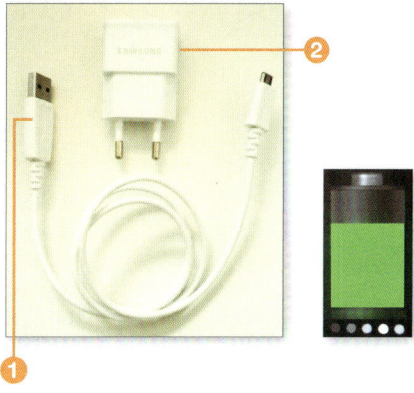

ACHTUNG

Verwenden Sie nur von Samsung zugelassene Ladegeräte und Kabel

Nicht zugelassene Ladegeräte oder Kabel können zu einer Explosion des Akkus oder zu Schäden am Gerät führen. Beachten Sie außerdem, dass – anders als bei vielen anderen Geräten – ein Aufladen über eine USB-Verbindung zu einem PC oder Mac nicht unterstützt wird.

Ist der Akku schwach, die Grenze liegt bei 15 %, erhalten Sie ein Warnsignal und eine entsprechende Warnmeldung. Wenn Sie diesen Hinweis ignorieren, schaltet sich das Gerät selbst ab. Beachten Sie, dass das Tablet nicht sofort nach dem Anschluss an das Ladegerät wieder eingeschaltet werden kann, wenn der Akku vollständig leer ist. Sie müssen also ein paar Minuten warten, bis der Akku wieder genügend aufgeladen ist. Sobald der kritische Wert wieder überschritten ist, können Sie auch während des Aufladens mit dem Tablet arbeiten.

TIPP

Keinen Strom vergeuden

Ziehen Sie das Ladegerät aus dem Stromanschluss, wenn es nicht verwendet wird, weil Sie sonst Energie verschwenden, da das Ladegerät selbst keinen Ein-Aus-Schalter hat.

Ersteinrichtung

Wenn Sie das Gerät zum ersten Mal einschalten, erscheinen ein Begrüßungsbildschirm und eine Abfolge von Abfragen zur Ersteinstellung. Falls Sie ein LTE-fähiges Gerät gekauft haben, sollten Sie vorweg schon die SIM-Karte einlegen. Ich beschreibe dies im Abschnitt »SIM-Karte installieren« ab Seite 75. Wenn Sie aber die SIM-Karte unabhängig vom Gerät erhalten, können Sie diesen Schritt auch später vornehmen.

1. Wählen Sie zuerst die Sprache aus. Tippen Sie anschließend auf **Starten**.

2. Im nächsten Schritt geht es um die Auswahl oder Einrichtung einer WLAN-Verbindung. Das Tab 4 scannt die in der Umgebung vorhandenen Verbindungen. Tippen Sie einfach die Verbindung an, die Sie nutzen wollen. Wenn es sich um eine geschützte Verbindung handelt, geben Sie das entsprechende Passwort ein, und tippen Sie auf **Verbinden**.

3. Mit **Weiter** wechseln Sie zur Einstellung des Datums und der Uhrzeit. Wenn die WLAN-Verbindung bereits arbeitet, können Sie Datum und Uhrzeit in der Regel schon aus dem Netz übernehmen. Ansonsten geben Sie die Werte hier manuell ein.

4. Schließlich müssen Sie noch den Geschäftsbedingungen für die Software-Lizenz zustimmen. Wenn Sie dazu bereit sind, können Sie an dieser Stelle Samsung auch die Übersendung von Fehlerprotokollen erlauben.

5. Der nächste Schritt ist die Frage, ob Sie bereits ein Google-Konto nutzen. Wenn Sie mit **Ja** antworten, geben Sie die entsprechende E-Mail-Adresse ein.

6. Außerdem lassen sich gleich einige Einstellungen zu diesem Konto auswählen, die mit der Verwendung Ihrer Standortdaten zu tun haben. Diese Einstellungen lassen sich aber auch später vornehmen.

7. Zur Personalisierung von Apps geben Sie noch Ihren Namen an.

8. Als nächster Schritt wird angeboten, auch noch ein Samsung-Konto anzulegen, das können Sie hier aber auch erst mal überspringen und bei Bedarf nachholen (siehe den Abschnitt »Konten einrichten« ab Seite 63). Das Gleiche gilt für ein Dropbox-Konto. Wie Sie dieses einrichten, erfahren Sie im Abschnitt »Dateien und Medien in der Cloud speichern« ab Seite 304.

9. Zum Schluss wird Ihnen ein Name für das Tablet vorgeschlagen, den Sie passend überschreiben können. Er wird beispielsweise bei Verbindungen des Geräts mit anderen Geräten über Bluetooth oder Wi-Fi Direct benötigt.

Nach diesen Starteinstellungen zeigt das Tablet den vorgegebenen Startbildschirm, und Sie können mit dem Tablet arbeiten. Um Neueinsteigern das Leben zu erleichtern, erscheinen am Anfang noch ein paar nützliche Hinweise zur Bedienung des Geräts. Mit **Nicht erneut anzeigen** geben Sie dem Tablet zu verstehen, dass Sie es verstanden haben.

So bedienen Sie Ihr Galaxy Tab

Mit dem Ein-Aus-Schalter an der Seite schalten Sie das Gerät an. Halten Sie den Schalter einen Moment gedrückt, bis das Betriebssystem hochfährt.

Zum Ausschalten halten Sie den Schalter ebenfalls einen Moment gedrückt, bis das Menü **Geräteoptionen** erscheint, in dem Sie **Ausschalten** ❶ wählen und mit **OK** bestätigen.

In diesem Menü wird auch ein **Offline-Modus** angeboten. Den benutzen Sie, wenn Sie mit dem Tablet in ein Flugzeug steigen. Die dritte Option **Neustart** fährt das Betriebssystem neu hoch. Das ist sinnvoll, wenn das System aus irgendeinem Grunde hängen bleibt, also durch nichts mehr zu irgendetwas bewegt werden kann. Darauf gehe ich in Kapitel 14, »Das Tablet warten und Fehler beheben«, noch einmal ein.

In der Regel – wenn Sie es nicht abstellen – erscheint zunächst ein *Sperrbildschirm*. Er zeigt Ihnen immerhin schon mal das aktuelle Datum und die Uhrzeit ❷, was zum schnellen Nachsehen oft ganz praktisch ist. Außerdem sehen Sie, sofern vorhanden, die aktive WLAN-Verbindung über ein Symbol in der Statusleiste ❸, den Ladestatus des Akkus ❹ und vielleicht noch Hinweise auf neue E-Mails oder andere Vorgänge auf dem Tablet.

Der Sperrbildschirm schützt vor unbeabsichtigten Fingertipps. Diese Barriere überwinden Sie ganz leicht mit einer Wischbewegung. Der Hinweis darauf erscheint am unteren Rand ❺. Das Tablet zeigt Ihnen nun als Ausgangspunkt für alle weiteren Aktionen den im Folgenden abgebildeten *Startbildschirm*, genauer gesagt, die erste Seite dieses Startbildschirms, die Sie an dem kleinen Haussymbol (❶ auf Seite 24) erkennen. Sobald Sie per Wischbewegung zur zweiten Seite wechseln, sehen Sie das an dem aktivierten Symbol daneben ❷.

Der Sperrbildschirm verhindert unbeabsichtigte Aktionen.

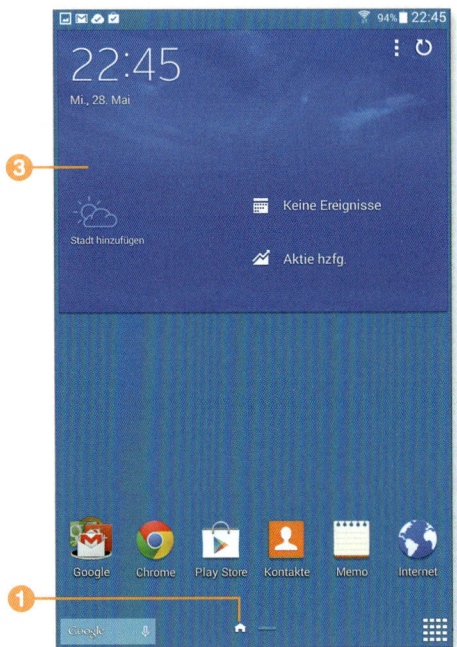

Die beiden Seiten des Startbildschirms auf dem Tab 4 7.0 Wi-Fi nach der Ersteinrichtung sind nur ein anfängliches Angebot.

Vorgegeben sind zwei Seiten mit Symbolen vorinstallierter Apps am unteren Rand. Auf der ersten Seite ist die obere Hälfte mit dem *Widget* **Wetter und Briefing** ❸ belegt, auf der zweiten Seite ist der obere Fensterbereich ❹ für die Installation von Apps reserviert, die Samsung für das Tab 4 anbietet.

Während Widgets die Informationen, die sie anbieten, gleich in einem mehr oder weniger großen Fensterbereich auf einer der Seiten des Startbildschirms anzeigen, werden die Apps mit einem Tipp auf das entsprechende Symbol gestartet und belegen ein eigenes Fenster.

INFO

Mehrere Apps öffnen

Sie können mehrere Apps nacheinander starten, ohne die zuletzt geöffneten vorher zu schließen. Diese bleiben also noch aktiv, sodass sie sofort wieder genutzt werden können.

Bei der LTE-Version mit 10.1 Zoll sind die App-Symbole auf den zwei Seiten des Startbildschirms etwas anders angeordnet.

Die untere Leiste des Startbildschirms enthält links eine Schaltfläche ❺, mit der Sie die Google-Suche starten können. In der Mitte finden Sie die Positionsanzeiger für die Seiten des Startbildschirms ❻ und ganz rechts die Schaltfläche ▦, die auf die Menüseite des *Anwendungsbildschirms* führt ❼.

> **INFO**
>
> **Startbildschirm und Anwendungsbildschirm**
>
> Der Anwendungsbildschirm beherbergt alle Apps und Widgets, die aktuell auf dem Tablet installiert sind, während der Startbildschirm für die Apps und Widgets gedacht ist, auf die Sie möglichst schnell und besonders häufig zugreifen.

Was der Startbildschirm Ihnen anbietet, können Sie weitgehend frei bestimmen. Das gilt sowohl für die Anzahl der Symbole als auch für ihre Anordnung. Eine geschickte Anordnung auf dem Startbildschirm ist in jedem Fall hilfreich.

Bevor Sie mit der Anordnung beginnen, sollten Sie vielleicht noch die etwas nervende Voreinstellung ändern, die den Bildschirm schon nach 30 Sekunden abschaltet, wenn Sie nichts mit dem Tablet tun.

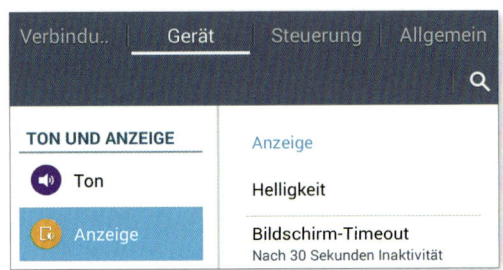

Tippen Sie dazu auf dem Startbildschirm das Symbol an und anschließend **Einstellungen ▸ Gerät ▸ Anzeige ▸ Bildschirm-Timeout** und die aktuelle Einstellung **Nach 30 Sekunden Inaktivität**. Wählen Sie aus der angebotenen Liste ein größeres Intervall.

Die Statusleiste

Am oberen Rand bleibt in der Regel die schon angesprochene Statusleiste sichtbar. Nur bei bestimmten Apps, die möglichst den gesamten Bildschirm nutzen wollen, etwa zur Wiedergabe von Videos oder Bildern, wird diese Leiste meist vorübergehend ausgeblendet.

Die Statusleiste mit einigen Symbolen

Sie enthält eine Reihe von Benachrichtigungssymbolen ❶, die Sie über bestimmte Zustände des Tablets, über eingegangene Nachrichten oder Kalenderereignisse informieren. Außerdem erscheinen hier kurze Hinweise, beispielsweise wenn gerade eine App installiert wird. Im rechten Bereich sehen Sie die Art der Online-Verbindung ❷, den Ladezustand des Akkus ❸ und die Uhrzeit ❹.

Die folgende Tabelle gibt Ihnen einen Überblick über die Bedeutung der wichtigsten Symbole, die in der Statusleiste auftreten können. Die Symbole, die nur bei den LTE-fähigen Geräten vorkommen, finden Sie im Abschnitt »Schnell auf Einstellungen zugreifen« ab Seite 49. Wenn Sie mit bestimmten

Apps arbeiten, können Symbole für Ereignisse dieser App hinzukommen, beispielsweise wenn ein Virenscanner einen manuellen Scan empfiehlt:

Symbol	Bedeutung	Symbol	Bedeutung
	mit Wi-Fi verbunden		Hochladen auf Dropbox
	Bluetooth-Funktion aktiviert		Hinweis auf ein Update für eine App
	GPS aktiviert		Alarm aktiviert
	Suche nach einem Ort über GPS		Lautlos aktiviert
	laufende Synchronisierung		Offline-Modus aktiviert
	neue Nachricht		Der Ruhemodus ist eingeschaltet.
	neue E-Mail		Ein Fehler ist aufgetreten.
	Hochladen einer Datei		Die Funktion *Smart Stay* ist aktiviert.
	Herunterladen einer Datei oder App		Ladezustand
	freier WLAN-Zugang verfügbar		Kopfhörer angeschlossen
	Screenshot aufgenommen		Tastatur eingeblendet
	Synchronisierung mit Google+		Warnung, wenn der interne Speicher knapp wird
	mit einem Computer verbunden		Wiedergabe angehalten

Bedeutung der Symbole in der Statusleiste

Wenn die Statusleiste vor lauter Symbolen einmal überquillt, ziehen Sie sie etwas

BENACHRICHTIGUNGEN ✕

nach unten und tippen auf das Andreaskreuz hinter **Benachrichtigungen**.

TIPP

Kurze Unterbrechung

Wollen Sie die Arbeit mit dem Tablet nur unterbrechen, tippen Sie den Ein-Aus-Schalter kurz an, um das Gerät zu sperren und gleichzeitig in den Schlafmodus zu versetzen, der Energie spart. Ein erneuter Tipp auf den Ein-Aus-Schalter oder auf die **Home**-Taste hebt den Sperrmodus auf und zeigt wieder den Sperrbildschirm an, falls er nicht abgeschaltet ist.

In manchen Situationen werden Sie verhindern wollen, dass das Gerät hörbar ist. Der Wechsel in den Stummmodus kann auf verschiedene Weise erfolgen:

- Halten Sie die untere Seite der Lautstärketaste gedrückt, bis das Gerät in den Stummmodus wechselt.

- Halten Sie die Ein-Aus-Taste gedrückt, und wählen Sie **Lautlos**.

- Ziehen Sie die Statusleiste nach unten, und tippen Sie **Ton** an.

Die Tasten am unteren Rand

Mit der **Home**-Taste ❶ kehren Sie mit einem einzigen Klick immer zum Ausgangspunkt, dem Startbildschirm, zurück, von dem aus Ihnen alle Funktionen des Tablets zur Verfügung stehen.

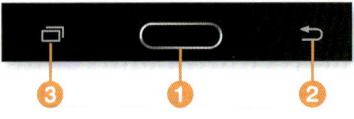

Genauer gesagt, kehren Sie zu der zuletzt verwendeten Seite des Startbildschirms zurück. Ein Klick auf die **Home**-Taste während der Ausführung einer Anwendung führt gleichzeitig dazu, dass diese verborgen, aber nicht beendet wird.

Die Schaltfläche **Zurück** ❷ führt jeweils einen Schritt zurück. Aus dem Untermenü einer App beispielsweise gehen Sie damit einen Schritt zurück oder beenden die App, wenn Sie sich bereits in deren Hauptmenü befinden. Viele Dialogfelder, die Optionen zur Auswahl stellen, haben keine besondere Schaltfläche, um die Auswahl zu bestätigen. In diesem Fall übernehmen Sie einfach mit der **Zurück**-Schaltfläche die gewählte Option.

Die beim Tab 4 neu hinzugekommene Schaltfläche **Aktuelle Anwendungen** ❸ zeigt die Liste der zuletzt gestarteten Apps in Form von Miniaturen. Werden nicht alle Apps angezeigt, wischen Sie nach rechts, um weitere Apps sichtbar zu machen. Ein Tipp auf die gewünschte App öffnet diese wieder, und zwar genau an derjenigen Stelle, an der Sie sich zuletzt befunden haben. Das ist sehr praktisch, um schnell zwischen verschiedenen Apps hin und her zu springen.

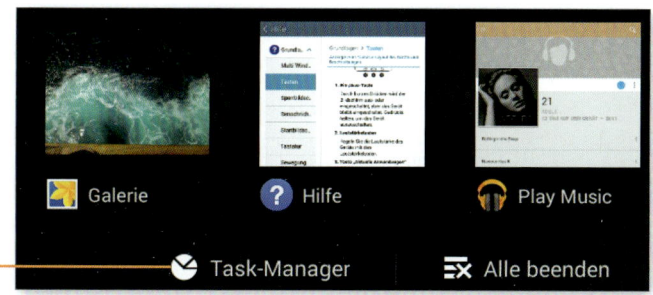

Das Fenster »Aktuelle Anwendungen« mit App-Miniaturen

Um eine App zu beenden, ziehen Sie die Vorschau einfach nach oben aus dem Fenster. Oder Sie halten den Finger auf der Vorschau und tippen **Aus Liste entfernen** an. Sind zu viele Apps gleichzeitig geöffnet, kann das Gerät

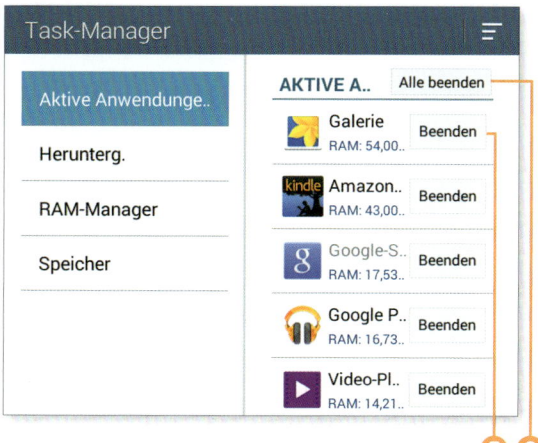

langsamer werden, es ist also sinnvoll, ab und zu etwas aufzuräumen. Mit den Schaltflächen am unteren Rand öffnen Sie den **Task-Manager** ❹, der für jede aktive App eine Schaltfläche **Beenden** ❺ anbietet.

Um alle aktiven Apps in einem Zug zu schließen, benutzen Sie **Alle beenden** ❻.

Menüs wie beim Vorgängermodell aufrufen

Wenn Sie von einem älteren Samsung-Tablet auf Tab 4 umsteigen, wundern Sie sich nicht. Die Funktion der Schaltfläche links von der **Home**-Taste liefert beim Antippen keine Menüs mehr. Samsung hat sich damit dem von Google vorgegebenen Standard wieder angepasst. Wenn Sie allerdings innerhalb einer App den Finger etwas länger auf der Taste halten, erscheinen die Menüs, die sonst das Symbol ⦙ liefert. Nur innerhalb des Startbildschirms erscheint stattdessen die Seitenübersicht.

Wenn Sie die **Home**-Taste länger festhalten, starten Sie **Google Now**. Das ist ein spezielles Angebot von Google, um Sie ohne Umwege mit tagesaktuellen Informationen zu versorgen: Wetterdaten, Karten mit Routen und Verkehrshinweise rund um Ihren Standort, Erinnerungen an Termine etc. Beim ersten Mal werden Sie aufgefordert, **Google Now** herunterzuladen. Voraussetzung für diesen Service ist, dass Sie Google den Zugriff auf Ihren Standortverlauf, Ihren Terminkalender und das Protokoll Ihrer Webaktivitäten erlauben. Mehr dazu erfahren Sie im Abschnitt »Google Now – Ihr elektronischer Butler« ab Seite 95.

Das Finger-ABC

Das Einmaleins der Fingerbedienung ist nicht schwer. Falls dies das erste Gerät ist, das Sie mit den Fingern bedienen, hier eine kurze Vorstellung.

Der größte Teil Ihrer Aktivitäten auf dem Touchscreen besteht darin, bestimmte Stellen darauf kurz anzutippen. Das gilt für Symbole, die Anwendungen öffnen, für die Auswahl von Optionen in Menüs, für die Betätigung von Schaltflächen und insbesondere für die Eingabe von Zeichen über die Bildschirmtastatur, die immer automatisch eingeblendet wird, wenn ein Eingabefeld oder -bereich aktiviert ist.

Wenn Sie wissen wollen, welche Funktion eine Schaltfläche in einer Menüleiste hat, halten Sie den Finger kurz darauf, bis eine entsprechende Anzeige erscheint. Wenn an einer Stelle mehrere Optionen zur Verfügung stehen, halten Sie ebenfalls den Finger darauf, bis Sie eine der angebotenen Optionen wählen können.

Durch Ziehen mit dem Finger können Sie Elemente oder Miniaturansichten verschieben, etwa um ein App-Symbol auf einer anderen Seite des Startbildschirms abzulegen. Einige Funktionen erfordern es, dass Sie mit zwei Fingern ziehen.

Markieren eines Wortes
per Doppeltipp

Der Doppeltipp auf eine Stelle in einem Text wird verwendet, um die Stelle zu markieren. Mit dem Doppeltipp auf einen Bereich einer Webseite, einer Karte oder auf ein Bild können Sie diese vergrößern, ein erneuter Doppeltipp setzt den Zoom wieder zurück.

Das Wischen nach rechts oder links verwenden Sie, um auf dem Startbildschirm oder dem Anwendungsbildschirm weitere Seiten sichtbar zu machen. Innerhalb einer Webseite oder einer Kontakteliste wischen Sie nach oben oder unten, um weitere Elemente ins Bild zu rücken.

Vor allem zwei Gesten erleichtern Ihnen, mit den Begrenzungen Ihres Touchscreens zurechtzukommen: das Zusammenziehen oder Spreizen zweier Finger. Mit dem Spreizen können Sie einen Bereich auf einer Website, einer Karte oder einem Bild vergrößern, mit dem Zusammenziehen wird der entsprechende Bereich wieder verkleinert. Mit dem Zusammenziehen auf einer Seite des Startbildschirms öffnen Sie jeweils die Seitenübersicht.

Aktionen mit der Hand

Wenn während der Wiedergabe eines Videos oder eines Musikstücks das Telefon klingelt, gibt es eine sehr benutzerfreundliche Lösung. Sie brauchen nur die Hand auf den Touchscreen zu legen, und die Wiedergabe wird gestoppt.

Etwas anderes, was Sie mit einem Wischen der Handkante über den Bildschirm erzeugen können, sind Screenshots. Mehr dazu erfahren Sie im Abschnitt »Screenshots erstellen« ab Seite 206. Voraussetzung ist allerdings, dass Sie beide Funktionen zuvor einschalten. Das geschieht über ▦ ▸ **Einstellungen** ▸ **Steuerung** ▸ **Bewegung der Handfläche**. Sie können mit dem Schieberegler links ❶ beide Funktionen gleichzeitig an- oder ausschalten oder – wenn Sie den Schieberegler links angeschaltet haben – nur eine von beiden Funktionen mit den rechten Schiebereglern ❷ aktivieren.

Optionen für Handbewegungen

> ## Was der Touchscreen nicht verträgt
>
> **ACHTUNG**
>
> Vermeiden Sie den Kontakt mit Wasser oder anderen Flüssigkeiten. Die Kaffeetasse also möglichst etwas entfernt aufstellen. Drücken Sie nicht zu stark auf den Screen, und verwenden Sie keine spitzen Gegenstände. Einfache adaptive Stifte können dagegen ganz passabel als Ersatz für den Finger eingesetzt werden. Zum Reinigen sind übrigens Mikrofasertücher gut geeignet.

Den Startbildschirm einrichten

Der Startbildschirm oder Homescreen ist der Zugang zu allen Apps, Widgets und Ordnern sowie zu allen anderen Funktionen des Tablets.

Die erste Seite bietet in der Werkseinstellung im oberen Teil ein Widget **Wetter und Briefing** an, das Ihnen auf einen Blick ein paar tagesaktuelle Informationen liefern kann. Dazu braucht das Widget am Anfang allerdings noch ein paar Angaben Ihrerseits.

1. Damit das Tablet das aktuelle Wetter an Ihrem Wohnort liefern kann, sollten Sie zunächst den Link **Stadt hinzufügen** ❶ anklicken. Das Tablet versucht, per GPS Ihren aktuellen Aufenthaltsort zu lokalisieren. Ist das gelungen, werden sofort die entsprechenden Wetterdaten angezeigt.

2. Mit dem Link **Keine Ereignisse** ❷ öffnen Sie die App **S Planner**, über die Sie alle bevorstehenden Termine, Geburtstage, Hochzeiten etc. notieren können. Mehr dazu lesen Sie in Kapitel 5, »Kalender, Termine und Erinnerungen«. Ist der Tag eines dieser Ereignisse erreicht, erscheint an dieser Stelle der entsprechende Hinweis.

3. Entsprechend können Sie mit dem Link **Aktie hzfg.** ❸ verfahren. Beteiligen Sie sich an dem großen Börsenspiel, geben Sie mithilfe der App **Finance** von Yahoo die Tickersymbole Ihrer Aktien an, jeweils mit dem Pluszeichen in der angebotenen Menüleiste. Der Link wird durch die aktuellen Kursdaten ersetzt.

4. Wenn Sie später auf die einzelnen Info-Elemente tippen, erhalten Sie noch weitere Detailinformationen dazu.

5. Das Symbol mit dem gebogenen Pfeil ❹ aktualisiert die angezeigten Daten bei Bedarf.

6. Mit dem Symbol ⦙ (**5** auf Seite 33) öffnen Sie die Optionen zu dem Widget. Sie können die Maßeinheit für die Temperatur wählen **6**, das Aktualisierungsintervall **7**, die Zeitspanne **8** etc. Lassen Sie Aktien aus dem Spiel, deaktivieren Sie die Option **Aktienkurse anzeigen** **9**.

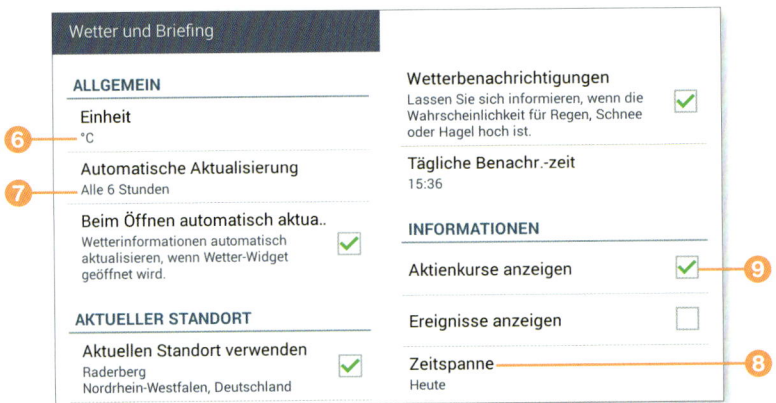

Unterhalb des Widgets **Wetter und Briefing** sind in der Voreinstellung einige Apps zusammengestellt, die Sie vermutlich häufig verwenden werden.

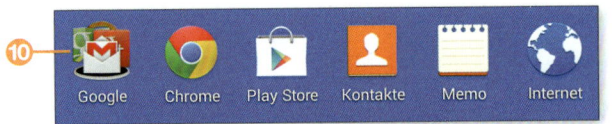

Ordner- und App-Symbole auf der ersten Seite des Startbildschirms

Die Symbole in dem Ordner »Google«

Das erste Symbol ist ein Ordnersymbol **10**. Der Ordner enthält einige von Google bereitgestellte Apps, auf die Sie zugreifen können, wenn Sie ihn antippen. Solche Symbolordner sind probate Mittel, um verwandte Apps zu gruppieren und den Startbildschirm übersichtlicher zu halten. Wie sie angelegt werden, zeige ich Ihnen noch im Abschnitt »Ordner für Symbole anlegen« ab Seite 39.

Auch auf der zweiten Seite des Startbildschirms finden Sie Symbole für besonders gern genutzte Apps. Da je nach Größe des Tablets auf einem einzigen Bildschirm nicht genügend Platz für die zahlreichen Apps und Widgets ist, die Sie wahrscheinlich verwenden wollen, bietet Ihnen der Startbildschirm als Vorgabe zwei Seiten an, weitere Seiten lassen sich hinzufügen.

Sie wechseln die Seiten mit einem Wisch nach links oder rechts oder tippen auf die kleinen

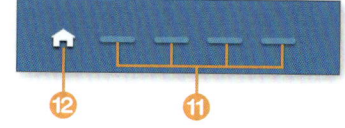

Positionsanzeiger ⑪, die am unteren Rand erscheinen. Der Anzeiger mit dem kleinen Haus ⑫ führt immer zurück auf die erste Seite des Startbildschirms.

Wenn Sie einen schnellen Überblick haben wollen, aus welchen Seiten der Startbildschirm aktuell zusammengesetzt ist, ziehen Sie mit dem Finger in der Zeile mit den Positionsanzeigern nach rechts oder links, wobei

die Seiten nacheinander angezeigt werden. Wenn Sie den Finger abheben, wird die gerade sichtbare Seite zur aktuellen Seite.

Symbole neu ordnen

Die Apps, die Sie am häufigsten benutzen, sollten schnell erreichbar sein. Die Mühe, die Verteilung der Symbole auf den Seiten des Startbildschirms zu optimieren, lohnt sich und schiebt Ihnen jeden Tag ein paar Sekunden auf Ihr Zeitkonto. Hier erfahren Sie, wie es geht:

1. Wenn Sie sich beispielsweise dafür entscheiden, die **Internet**-App ❶ als Standardbrowser zu verwenden, muss das Symbol für den alternativen **Chrome**-Browser ❷ nicht unbedingt auf der ersten Seite erscheinen. Wollen Sie ein vor-

handenes Symbol an eine andere Stelle ziehen, halten Sie den Finger darauf, bis zu Ihrer Orientierung die eingerahmte Seitenvorschau (❸ auf Seite 35) erscheint. Darunter erscheinen noch Seitenminiaturen ❹, Sie sehen also, wie viele Seiten schon angelegt sind und wie sehr sie mit Symbolen belegt sind.

2. Ziehen Sie das Symbol an die gewünschte Stelle in der Vorschau einer anderen Seite. Sie können dazu entweder etwas über den rechten oder linken Rand ziehen, bis die Vorschau der Zielseite sichtbar wird. Oder Sie ziehen das Symbol nach unten auf die Miniatur der Zielseite.

3. Wenn Sie loslassen, wird das Symbol an dieser Stelle abgelegt, das bisher dort abgelegte Symbol wechselt den Platz mit dem verschobenen Symbol. Nur wenn Sie das Symbol an eine noch leere Stelle verschieben, ändert sich sonst nichts.

4. Soll ein Symbol innerhalb einer Seite verschoben werden, ziehen Sie es einfach an die gewünschte Stelle. Falls diese schon belegt ist, wird das bisherige Symbol innerhalb des Seitenrasters verschoben.

5. Vielleicht wollen Sie ein Symbol ganz von einer Seite des Startbildschirms entfernen, weil es zu selten benutzt wird oder – bei Apps nicht selten – Ihre Erwartungen zu sehr enttäuscht hat. Ziehen Sie das Symbol nach oben auf das dabei rot erscheinende Papierkorbsymbol ❺. Damit ist diese App aber nur vom Startbildschirm entfernt, bleibt aber auf dem Gerät installiert. Auf die Deinstallation einer Anwendung, also ihre endgültige Entfernung, gehe ich im Abschnitt »Apps deinstallieren« ab Seite 264 ein.

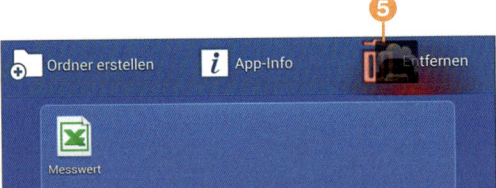

Die beiden Symbole links und rechts von den Positionsanzeigern bleiben auf jeder Seite des Startbildschirms gleich.

Apps zum Startbildschirm hinzufügen

Solange auf einer Seite des Startbildschirms noch genügend Platz ist, können Sie beliebige Apps, die bereits auf dem Tablet zur Verfügung stehen, darauf einfügen.

1. Berühren und halten Sie einen leeren Bereich auf der Seite des Startbildschirms, und wählen Sie dann eine der Optionen aus dem Kontextmenü. Um eine auf dem Tablet bereits installierte App einzufügen, wählen Sie **Apps und Widgets** ❶. Alternativ dazu können Sie auf dem Startbildschirm ▦ benutzen.

2. Das Tablet blendet den Anwendungsbildschirm mit dem Register **Menü** ❷ für Apps und dem Register **Widgets** ❸ für die kleinen Info-Komponenten ein. Beide Register bieten mehrere Seiten an.

3. Wischen Sie von Seite zu Seite, oder tippen Sie auf die kleinen Seitenmarker, bis das gewünschte Element sichtbar ist.

4. Ziehen Sie das Symbol der App direkt in die Vorschau der dafür vorgesehenen Seite des Startbildschirms.

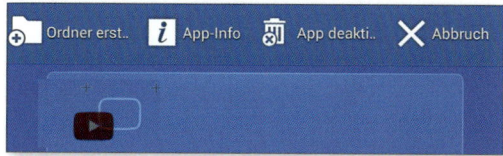

Sind Sie auf der falschen Seite des Startbildschirms gelandet, ist das auch nicht so schlimm, Sie können das App-Symbol ja – wie im letzten Abschnitt beschrieben – jederzeit wieder verschieben oder auch löschen.

Einfügen von Widgets

Während Apps erst durch Tipps auf die entsprechenden Symbole geöffnet werden, erscheint die Oberfläche der Widgets direkt auf den Seiten des Startbildschirms, auf dem Sie sie ablegen. Wie viel Platz ein Widget braucht, hängt von der Menge an Informationen ab, die es bereitstellt.

> **ACHTUNG**
>
> **Nicht immer umsonst**
>
> Beachten Sie, dass Widgets häufig Daten von Internetdiensten erhalten. Arbeiten Sie nicht mit der WLAN-Verbindung, können dabei zusätzliche Gebühren anfallen. Die Nutzung von WLAN spart übrigens nicht nur bares Geld, sondern auch Strom. Mehr dazu lesen Sie im Abschnitt »Unbenutzte Verbindungen deaktivieren« ab Seite 314.

Beim Einfügen von Widgets ist das Verfahren ähnlich wie bei den Apps, nur wählen Sie diesmal aus der Seite mit den Widgets aus.

1. Benutzen Sie zunächst auf dem Startbildschirm ▦ ▸ **Widgets**.

2. Halten Sie das Widget gedrückt, und ziehen Sie es auf die Seite des Startbildschirms, wo es am besten hineinpasst. Je nach Größe werden Ihnen dabei verschiedene Rahmen zum Einfügen angeboten. Wenn Sie loslassen, wird die Position fixiert.

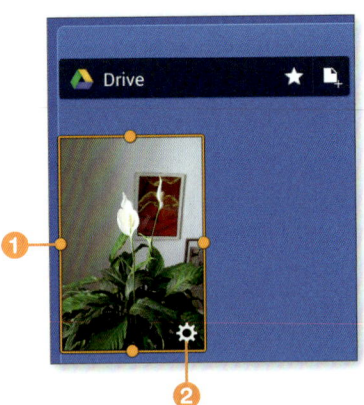

3. Wird Ihnen ein Rahmen mit Anfassern ❶ angeboten, können Sie die Größe durch Ziehen selbst bestimmen.

4. Erscheint noch ein Zahnradsymbol ❷, nehmen Sie über einen Tipp darauf noch die passenden Einstellungen für das Widget vor. Beim **Bilderrahmen** lässt sich beispielsweise die Aufteilung wählen.

Zu einigen Apps, etwa **S Planner** oder **E-Mail**, gibt es zugeordnete Widgets, die Ihnen einen besonders schnellen Zugriff auf die von den Apps bereitgestellten Daten geben, in diesem Fall also auf Termine und neu eingegangene E-Mails.

Ganz praktisch – Widgets mit dem Posteingang und den aktuellen Terminen auf dem Startbildschirm

Ordner für Symbole anlegen

Wenn Sie eine Reihe von Apps zu einem bestimmten Thema nicht alle einzeln auf einer Seite des Startbildschirms ablegen wollen, um diesen übersichtlicher zu halten, legen Sie einen Ordner für die entsprechenden Symbole an.

1. Halten Sie den Finger auf einer freien Stelle, und benutzen Sie in dem Kontextmenü **Startbildschirm** die Option **Ordner**.

2. Geben Sie einen passenden Namen für den Ordner an. Bestätigen Sie mit **OK**.

3. Ziehen Sie die Symbole der Apps, die in diesem Ordner gruppiert werden sollen, auf das Symbol des neuen Ordners.

Soll später eine App aus dieser Gruppe verwendet werden, tippen Sie erst das Ordnersymbol an und anschließend das Symbol der App.

Neue Seiten für den Startbildschirm

Die vorgegebene Anordnung der Symbole auf dem Startbildschirm bietet Ihnen bereits einige der am häufigsten benutzten Apps an. Sie sind aber

an diese Anordnung und Zusammenstellung überhaupt nicht gebunden. Wenn nicht genügend Platz auf den vorhandenen Seiten des Startbildschirms ist, legen Sie einfach neue Seiten an.

1. Um eine neue Seite einzufügen und so Platz für neue Apps, Widgets oder Ordner zu schaffen, ziehen Sie auf einer der bisherigen Seiten zwei Finger zusammen.

2. Tippen Sie in der dann erscheinenden Seitenübersicht die Seite mit dem Pluszeichen ❶ an.

3. Die neue, noch leere Seite erscheint hinter den bereits genutzten Seiten. Soll die neue Seite aber schon vorher eingefügt werden, ziehen Sie die leere Seite an die betreffende Stelle.

4. Wird eine Seite nicht mehr benötigt, halten Sie den Finger darauf und ziehen die Seite auf das Papierkorbsymbol ❷.

5. Soll eine andere als die bisher dafür verwendete Seite als erste Seite des Startbildschirms verwendet werden, tippen Sie auf den großen Pfeil ❸ oben auf der entsprechenden Seite, sodass er in Weiß angezeigt wird.

Wenn Sie die Reihenfolge der Seiten später erneut ändern wollen, öffnen Sie wieder durch Zusammenziehen zweier Finger auf einer Seite des Startbildschirms die Vorschau und ziehen die Seite an die gewünschte Stelle.

Mit dem Anwendungsbildschirm arbeiten

Die Seiten des Startbildschirms können, müssen aber nicht alle Apps und Widgets anbieten, die auf dem Tablet installiert sind. Android arbeitet hier mit einer Hintergrundebene, dem Anwendungsbildschirm oder *Apps Screen*, auch *App Drawer* genannt. Hier werden die Apps und Widgets bereitgehalten, die schon auf dem Gerät installiert, aber noch nicht in den

Startbildschirm integriert sind. Auf die Installation neuer Apps und Widgets gehe ich in Kapitel 10, »Apps finden und installieren«, noch ausführlich ein.

Dieser Anwendungsbildschirm enthält meist mehr Seiten als der Startbildschirm. Apps, die Sie nur ganz selten verwenden, können Sie auch direkt vom Anwendungsbildschirm aus starten:

1. Tippen Sie im unteren Bereich des Startbildschirms auf ▦, um auf den Anwendungsbildschirm zu gelangen.

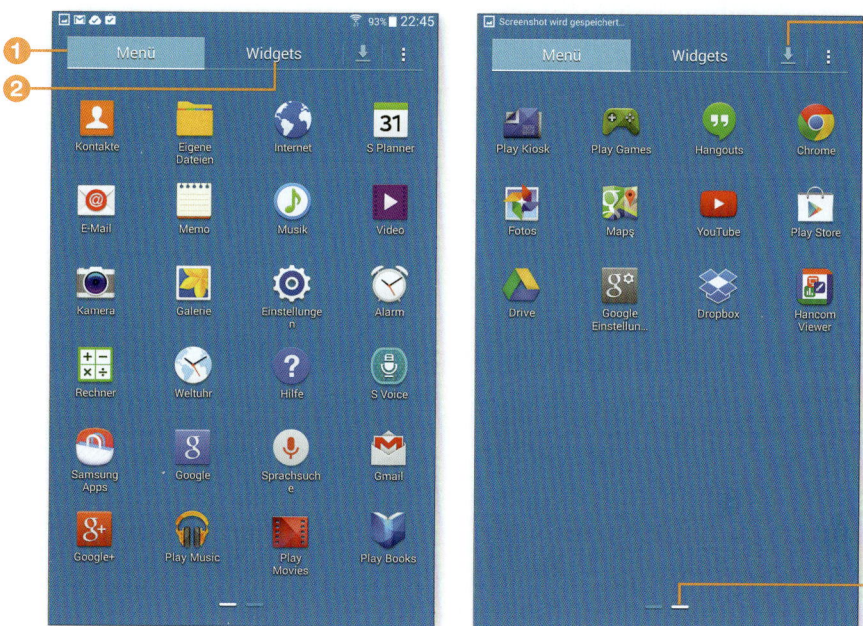

Die beiden Seiten des Anwendungsbildschirms in der vorgegebenen Zusammensetzung

2. Wählen Sie über die Menüleiste das Register **Menü** ❶, wenn Sie eine App mit einem Tipp starten wollen. Ein Widget von dem gleichnamigen Register ❷ lässt sich dagegen nicht direkt aus dem Anwendungsbildschirm starten, Sie müssen es erst auf eine Seite des Startbildschirms ziehen, wie oben bereits beschrieben.

3. Wurde ein Element erst jüngst installiert, benutzen Sie die Schaltfläche mit dem Pfeil **Heruntergeladene Anwendungen** ❸.

4. Blättern Sie mit einer Wischbewegung zwischen den Seiten, oder tippen Sie die kleinen Balken (❹ auf Seite 41) am unteren Rand an.

5. Tippen Sie auf das gewünschte Element.

Wenn Sie die Anordnung der Elemente auf den Seiten des Anwendungsbildschirms ändern wollen, um etwas mehr Ordnung herzustellen, benutzen

Sie ⡇ ▸ **Bearbeiten**, um die Rasteransicht einzublenden.

In dieser Ansicht lassen sich die Elemente innerhalb der Seite oder durch Ziehen über den Rand auch zwischen den Seiten des Anwendungsbildschirms verschieben.

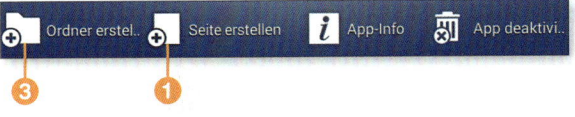

Um ein Element auf eine neue Seite zu legen, ziehen Sie es nach oben auf das dann eingeblendete Symbol **Seite erstellen** ❶. Schließen Sie alle Änderungen mit der Schaltfläche **Speichern** ❷ in der Menüleiste ab.

Wie beim Startbildschirm lassen sich auch hier Symbole in Ordnern gruppieren.

1. Ziehen Sie in der Rasteransicht das erste Symbol nach oben auf **Ordner erstellen** ❸.

2. Vergeben Sie einen passenden Namen für den neuen Ordner.

3. Ziehen Sie weitere Symbole auf das neue Ordnersymbol.

4. Schließen Sie die Änderungen mit **Speichern** in der Menüleiste ab.

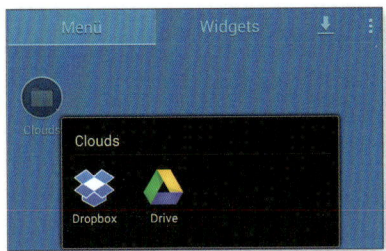

Statt Apps auf das Ordnersymbol zu ziehen, können Sie die betreffenden Apps durch Antippen markieren.

Bei einem Tipp auf das Ordnersymbol werden die im Ordner abgelegten Apps angeboten.

1. Benutzen Sie ▐ ▸ **Bearbeiten**, und tippen Sie den neuen Ordner an.

2. Unter dem Namen tippen Sie auf das Pluszeichen. Alle Apps erhalten Auswahlkästchen.

3. Wählen Sie die Apps für den neuen Ordner aus, und tippen Sie in der Menüleiste auf **Fertig**.

> **TIPP**
>
> **Apps von A–Z**
>
> Wenn Sie die Übersicht über all Ihre Apps in alphabetischer Reihenfolge sehen wollen, benutzen Sie ▐ ▸ **Anzeigetyp** ▸ **Alphabetisches Raster**. Allerdings lassen sich die Symbole nun nicht mehr manuell verschieben. Nur die Alternative **Anpassbares Raster** erlaubt Ihnen, die Reihenfolge durch Ziehen der Symbole beliebig zu regeln.

Im Prinzip könnten Sie alle Apps oder Widgets immer vom Anwendungsbildschirm aus starten und den Startbildschirm ansonsten ignorieren, aber es ist in der Regel doch praktischer, wenigstens die häufig verwendeten Apps auf eine der Seiten des Startbildschirms zu ziehen.

Ton und Anzeige einstellen

Das Tablet reagiert auf bestimmte Ereignisse mit akustischen Signalen, die Sie ab- oder einschalten können.

1. Tippen Sie ▦ ▸ **Einstellungen** ▸ **Gerät** an, und benutzen Sie unter **Ton und Anzeige** die Schaltfläche **Ton** (❶ auf Seite 44).

2. Wenn Sie unter **Ton** die Einstellung **Lautstärke** ❷ antippen, können Sie diese für die Wiedergabe von Musik und anderen Medien vorgeben. Sie ziehen dafür einfach den runden Punkt des Schiebereglers ❸ in die gewünschte Richtung. Beim Hören mit Kopfhörern ist hier eine nicht ganz so extreme Einstellung sicher gut für die Zukunft Ihres Hörvermögens.

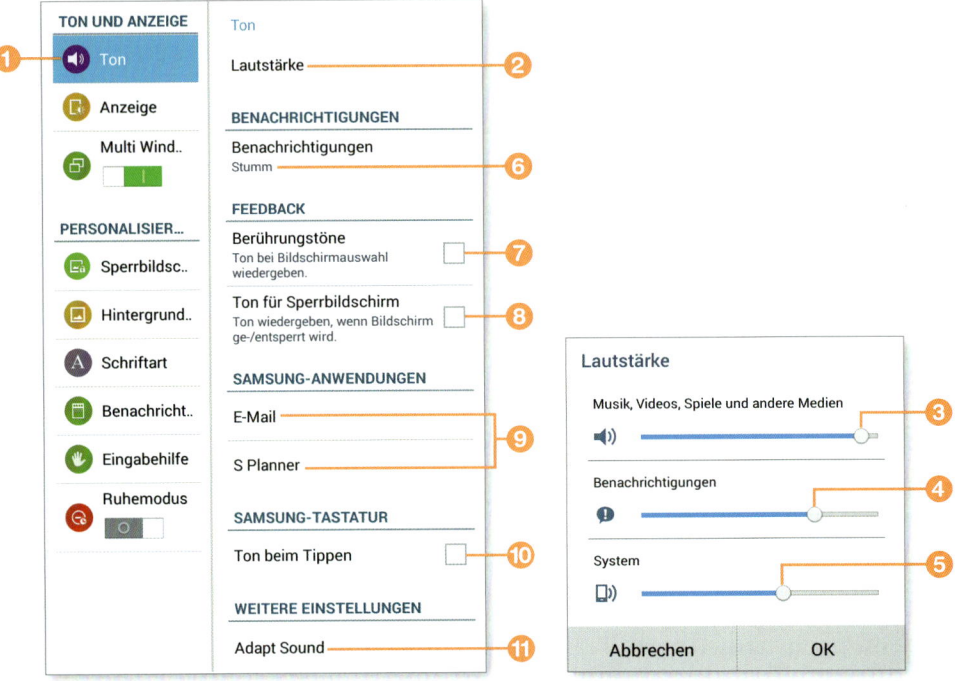

3. Getrennt davon stellen Sie die Lautstärke für Benachrichtigungen ④ und für Systemereignisse ⑤ ein.

4. Ob und welcher Ton bei **Benachrichtigungen** zu hören ist, wählen Sie aus der Liste, die angeboten wird, wenn Sie die aktuelle Einstellung ⑥ antippen. **Stumm** ist vielleicht die nervenschonendste Variante.

5. Separat können Sie unter **Feedback** noch Töne für die Auswahl von Optionen am Bildschirm ⑦ und für den Sperrbildschirm ⑧ ein- oder ausschalten.

6. Für die Apps **E-Mail** und **S Planner** ⑨ wählen Sie durch Antippen, ob bei neuen Nachrichten oder fälligen Terminen ein Klingelton hörbar sein soll, und wenn ja, welcher.

7. Wenn Sie es mögen, können Sie auch die Bildschirmtastatur unter **Ton beim Tippen** ⑩ mit einem akustischen Signal versehen und so den Ton eines Tastenanschlags imitieren.

INFO

Zum Schutze Ihres Gehörs

Unter **Weitere Einstellungen** finden Sie noch die Option **Adapt Sound** ⑪. Damit starten Sie eine Art Kalibrierung für die Verwendung von Kopfhörern, die sogar für jedes Ohr einzeln vorgenommen werden kann. Die bei diesem Test Ihrer persönlichen Frequenzwahrnehmung gefundene Einstellung wird beim Abspielen von Musik berücksichtigt, um Sie davor zu schützen, die Wiedergabe zu weit aufzudrehen. Voraussetzung dafür ist, dass beispielsweise in der App **Musik** die Einstellung **Adapt Sound** aktiviert ist.

Abgesehen von Ihren persönlichen Vorlieben sollten Sie bei den oben beschriebenen Einstellungen in Erwägung ziehen, dass ein ständig piepsendes Gerät auch für andere Ohren zu einem Ärgernis werden kann.

Die LTE-Version bietet an dieser Stelle noch Optionen, mit denen Sie die Intensität von Vibrationen bei einem eingehenden Anruf ❶ und die Klingeltöne ❷ auswählen.

In der Gruppe **Ton und Anzeige** finden Sie auch Einstellungen zur Bildschirmanzeige. Wenn Sie **Helligkeit** antippen, können Sie mit dem Schieberegler die Helligkeit ändern. Das geht aber auch über das Benachrichtigungsfeld, wenn dieser Regler dort eingeblendet ist (siehe den Abschnitt »Schnell auf Einstellungen zugreifen« ab Seite 49). Auf die Einstellung von **Bildschirm-Timeout** bin ich bereits oben eingegangen.

Die persönliche Note

Eine Reihe von Einstellungen, mit denen Sie das Tablet an Ihren persönlichen Geschmack und Ihre Bedürfnisse anpassen, finden Sie über ▦ ▶ Einstellungen ▶ Gerät unter **Personalisierung**.

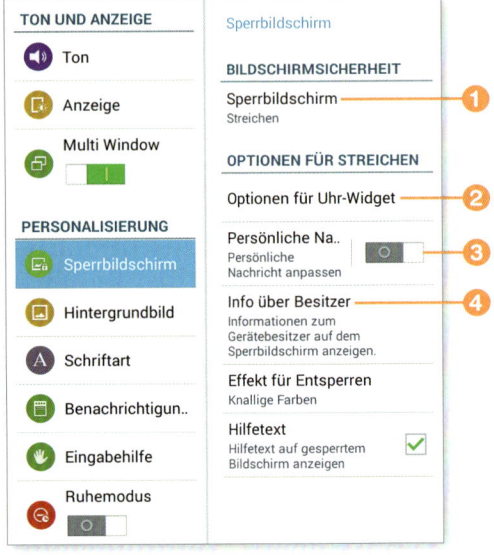

1. Die erste Option **Sperrbildschirm** ❶ erlaubt Ihnen, die Verwendung und den Inhalt des Sperrbildschirms genauer festzulegen. Vorgegeben ist **Streichen**, das heißt, die Sperre wird einfach durch einen Fingerstreich überwunden. Wenn Sie eine bessere Absicherung einrichten wollen, tippen Sie **Streichen** an. Die hier möglichen Optionen beschreibe ich im Abschnitt »Den Sperrbildschirm absichern« ab Seite 295.

2. Über **Optionen für Uhr-Widget** ❷ sollte auch die Anzeige des Datums eingeschaltet sein.

3. Wenn Sie **Persönliche Nachricht** ❸ aktivieren, können Sie Ihrer Fantasie freien Lauf lassen. Die Abbildung auf Seite 47 zeigt als Beispiel die tägliche Selbstermahnung eines Workaholics.

4. Sinnvoll ist es, unter **Info über Besitzer** ❹ anzugeben, wie ein ehrlicher Finder Ihres verlorenen Geräts Sie erreichen kann.

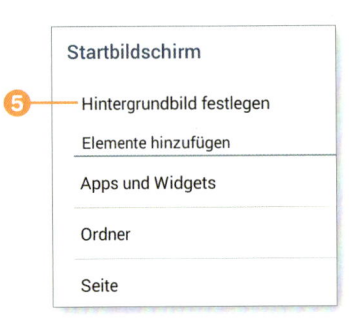

Wenn Ihnen die Hintergründe für den Sperrbildschirm bzw. die Seiten des Startbildschirms nicht gefallen, verwenden Sie einfach ein Bild dafür, das auf dem Tablet gespeichert ist.

1. Halten Sie den Finger auf eine freie Stelle des Startbildschirms.

2. Wählen Sie aus dem Kontextmenü **Hintergrundbild festlegen** ❺.

3. Entscheiden Sie, ob das Bild für den Sperrbildschirm, für den Startbildschirm oder für beide gleichzeitig gelten soll.

4. Geben Sie eine Quelle für das Bild an:

- Bilder aus der **Galerie**, also selbst aufgenommene oder heruntergeladene Bilder.

- **Hintergrund** liefert Ihnen eine Auswahl von vorgegebenen Hintergrundbildern.

5. Wenn Sie das Bild über die **Galerie** auswählen, können Sie noch den Bildausschnitt durch Ziehen an den Anfassern beeinflussen.

6. Mit **Fertig** ❻ schließen Sie den Vorgang ab.

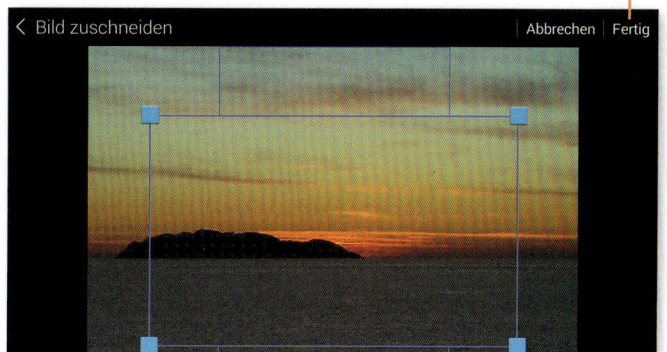

Die folgende Abbildung zeigt einen personalisierten Sperrbildschirm mit eigenem Hintergrundbild:

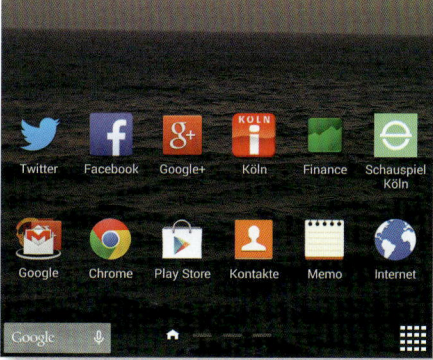

Links: Personalisierter Sperrbildschirm mit Erinnerungen
Rechts: Startbildschirm mit eigenem Hintergrund

Meist ist es sinnvoll, für den Startbildschirm ein dezenteres Bild zu verwenden, damit die Symbole gut erkennbar bleiben.

Relativ bescheiden sind unter **Personalisierung** die Auswahlmöglichkeiten zu **Schriftart**. Unter **Schriftstil** (❶ auf Seite 48) wählen Sie zwischen fünf Schriftarten.

*Wahl der Systemschrift-
art und -größe*

Nützlicher sind die Optionen zur **Schriftgröße** ❷, von den sieben Stufen sollte eine Ihrer Sichtigkeit entsprechen.

Option für Apps, bei denen die Kopfhörer eine Rolle spielen

Auf die Einstellungen zum **Benachrichtigungsfeld** gehe ich im nächsten
Abschnitt näher ein, hier sei nur eine Option erwähnt, die für die Verwen-
dung von Kopfhörern interessant
ist. Wenn Sie die Option **Empfohlene
Apps** ❸ aktivieren, erscheinen im
Benachrichtigungsfeld Symbole für

Apps wie **Musik** oder **YouTube** zum Antippen, sobald ein Kopfhörer einge-
steckt ist. Sie können diese Liste anders zusammensetzen, wenn Sie auf das
Stiftsymbol ❹ tippen.

Die umfangreichen Einstellungen zu **Eingabehilfe** sind hauptsächlich für
Personen gedacht, die mit Einschränkungen des Sehens oder Hörens zu
tun haben. Schauen
Sie sich hier doch bei
Bedarf einfach einmal
näher um.

*»Sehhilfe« ist nur eine
Gruppe der Optionen zu
»Eingabehilfe«.*

Von allgemeiner Bedeutung ist in dieser Gruppe die Option **Text-zu-Sprache-Einstellungen**. Sie haben die Möglichkeit, zwischen zwei verschiedenen Engines zur Sprachausgabe von Texten zu wählen. Dabei können Sie die Sprechgeschwindigkeit anpassen, um ein brauchbares Ergebnis zu erhalten.

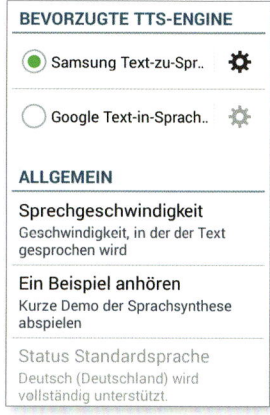

Wahl der Sprach-Engine

Schnell auf Einstellungen zugreifen

Egal, was auf dem Bildschirm angezeigt wird, am oberen Rand ist immer die Statusleiste verfügbar. Meist ist sie sowieso sichtbar; wenn eine App sie zunächst ausblendet, kann sie durch Ziehen nach unten sichtbar gemacht werden.

1. Wenn Sie die Statusleiste mit einem Finger nach unten ziehen, wird das Benachrichtigungsfeld ❶ sichtbar.

2. Eine Wischbewegung nach unten blendet alle aktuellen Benachrichtigungen ein.

3. Eine Wischbewegung vom unteren Rand ❷ des Feldes nach oben schließt das Feld wieder.

In dieses Feld schreibt das Tablet ein fortlaufendes Protokoll über alle Vorgänge, die sich auf dem Gerät abspielen, sei es, dass Sie eine App herunterladen oder dass neue E-Mails oder Nachrichten eintreffen.

Ist das Benachrichtigungsfeld geöffnet, finden Sie in der ersten Zeile das Zahnradsymbol ❸, das Sie zu den Einstellungen führt, die Sie auch über ⊞ ▸ **Einstellungen** vom Startbildschirm aus erreichen. Zusätzlich erscheint rechts daneben ein Symbol für Schnelleinstellungen ❹, mit dem Sie direkt auf wichtige Einstellungen zugreifen.

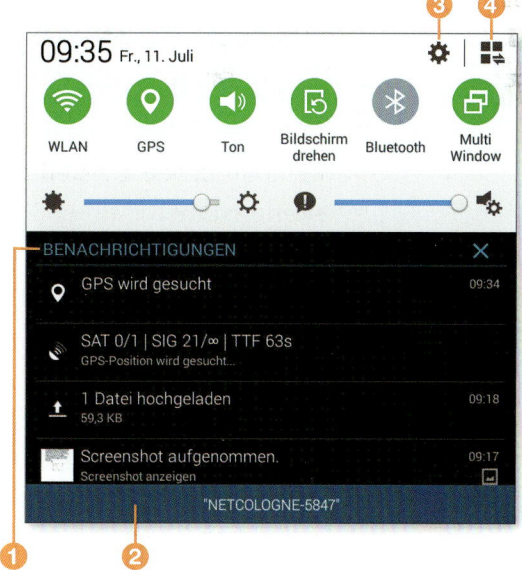

Dafür wird eine Serie von Schaltflächen angeboten, bei den LTE-fähigen Tablets sind es ein paar mehr als bei den Wi-Fi-Tablets. Diese Ansicht können Sie übrigens auch dadurch erreichen, dass Sie die Statusleiste gleich mit zwei Fingern nach unten ziehen. Ein Tipp auf eine der Schaltflächen aktiviert oder deaktiviert die entsprechende Funktion, wobei die grüne Farbe die Aktivierung anzeigt. Die meisten Schaltflächen sind selbsterklärend.

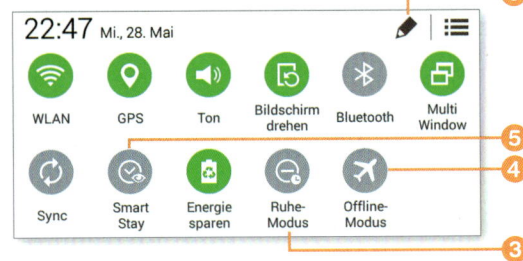

Die Symbole für die Schnellein-
stellungen auf den LTE-Tablets

Die Symbole für die Schnelleinstellungen
auf den Wi-Fi-Tablets

- **WLAN-Hotspot** ❶ aktiviert oder deaktiviert in der LTE-Version die WLAN-Tethering-Funktion, sodass andere Geräte sich über das Tablet mit dem Internet verbinden können.

- **Bildschirmspiegelung** ❷ aktiviert oder deaktiviert die Wiedergabe des Tablet-Bildschirms auf anderen Geräten, z. B. einem TV-Bildschirm.

- Im **Ruhe-Modus** ❸ werden Benachrichtigungen vom Gerät gesperrt. Wählen Sie über **Einstellungen ▸ Gerät ▸ Ruhe-Modus** aus, welche der Benachrichtigungen gesperrt werden sollen. Den **Offline-Modus** ❹ sollten Sie einschalten, wenn Sie das Tablet in ein Flugzeug mitnehmen.

INFO

Trickreiche Lösung: Smart Stay

Bei dieser Funktion ❺ beobachtet das Tablet mithilfe der Frontkamera, ob Sie Ihre Augen auf das Tablet gerichtet haben. Solange dies der Fall ist, wird der Wechsel in den Schlafmodus unterbunden, sodass Sie beispielsweise ein Video ohne Unterbrechung betrachten können.

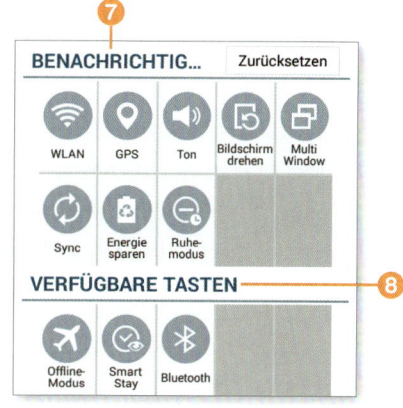

Die oben angezeigte Zusammenstellung der Symbole für Schnelleinstellungen ist nicht fixiert. Je nachdem, was Sie mit dem Tablet hauptsächlich tun, können Sie hier Anpassungen vornehmen, um Ihre Abläufe zu beschleunigen.

1. Um die Optionen in den Schnelleinstellungen neu anzuordnen, öffnen Sie mit dem Stiftsymbol ❻ die Einstellungen für das Benachrichtigungsfeld.

2. Halten Sie unter **Benachrichtigungsfeld** ❼ den Finger auf ein Element, das Sie verschieben wollen, und ziehen Sie es an die gewünschte Position, die durch einen Rahmen gekennzeichnet wird. Beim Loslassen springt das eingerahmte Symbol an die vorher freigemachte Stelle.

3. Soll ein Symbol nicht in der ersten Reihe erscheinen, die immer sichtbar ist, wenn Sie die Statusleiste herunterziehen, ziehen Sie das Symbol in den Bereich **Verfügbare Tasten** ❽. Wenn nicht alle Symbole der ersten Reihe zu sehen sind, wischen Sie nach links oder rechts.

Außerdem regeln Sie auf dieser Seite noch, ob die Helligkeit und Lautstärke auch über das Benachrichtigungsfeld eingestellt werden können. Wenn Sie die Option **Helligkeit und Lautstärke über das Benachrichtigungsfeld einstellen** per Haken aktivieren, werden dort zwei Schieberegler eingeblendet, mit denen Sie die Helligkeit ❾ und die Lautstärke ❿ manuell regulieren.

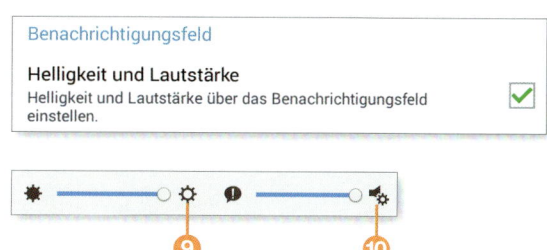

Wollen Sie eine Einstellung nicht einfach nur aktivieren oder wieder deaktivieren – die grüne Einfärbung wird dann grau –, halten Sie den Finger einen Moment auf dem Symbol. Automatisch werden die detaillierten Einstellungsmöglichkeiten angeboten, die Sie sonst über das Zahnradsymbol erreichen.

Benutzerprofile anlegen

Das Galaxy Tab 4 ist familienfreundlich und erlaubt Ihnen dank **Multi User Mode**, bis zu acht Benutzerprofile mit eigenen Speicherbereichen, Einstellungen und einer eigenen Zusammenstellung der Apps anzulegen. Allerdings ist diese Funktion nur bei den Wi-Fi-Modellen verfügbar, die gemeinsame Nutzung einer SIM-Karte wäre wohl auch konfliktträchtig.

1. Um ein Profil anzulegen, benutzen Sie ▦ ▸ **Einstellungen** ▸ **Allgemein** ▸ **Benutzer** ❶.

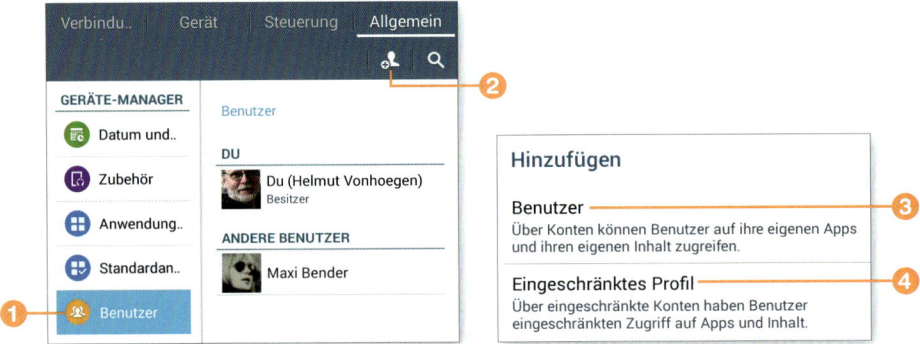

2. Tippen Sie auf das Symbol **Benutzer oder Profil hinzufügen** ❷.

3. Wählen Sie zwischen **Benutzer** ❸ und **Eingeschränktes Profil** ❹.

Im ersten Fall legen Sie einen Benutzer mit vollem Zugriff auf Konten und Apps an. Dazu wird der Einrichtungsvorgang für das Tablet noch einmal komplett durchlaufen. Sie können separate Konten, Hintergründe für den Sperr- und Startbildschirm und ein Benutzerfoto hinzufügen.

Im zweiten Fall erlauben Sie dem Benutzer nur die Benutzung von Apps, die Sie einzeln auswählen.

Der Wechsel zwischen den Benutzern oder den Profilen findet über den Sperrbildschirm statt. Beachten Sie, dass nur der Besitzer des Tablets, also der, der die Ersteinrichtung vorgenommen hat, zusätzliche Benutzer anlegen und auch wieder entfernen kann.

Format wechseln

Viele Apps lassen sich im Hoch- oder Querformat ausführen. Das Tablet richtet die Bildschirmanzeige automatisch neu aus, wenn Sie es drehen. Wollen Sie dagegen immer mit der gleichen Ausrichtung der Bildschirmanzeige arbeiten, können Sie diese automatische Anpassung auch deaktivieren.

1. Ziehen Sie mit dem Finger vom oberen Rand nach unten, um das Benachrichtigungsfeld einzublenden.

2. Tippen Sie auf **Bildschirm drehen**, um das Ausrichten der Anzeige zu stoppen. Das Symbol verliert die grüne Farbe.

Einige Anwendungen unterstützen das Drehen der Anzeige von vornherein nicht, sind also nur für eine der beiden Ausrichtungen konzipiert. Es gibt auch Anwendungen, die sich in den beiden Anzeigeformaten unterschiedlich darstellen, z.B. verwandelt sich die einfache App **Rechner** im Querformat in einen wissenschaftlichen Taschenrechner.

Die Multi-Window-Funktion nutzen

Sie können auf dem Tab 4 zwar eine ganze Reihe von Apps nacheinander starten, der Bildschirm zeigt aber normalerweise immer nur die Oberfläche einer App an. Das Tab 4 unterstützt jedoch auch die gleichzeitige Anzeige von zwei Apps, wenn Sie es wünschen. Voraussetzung ist allerdings, dass die jeweilige App diesen Modus ebenfalls zulässt.

1. Der erste notwendige Schritt ist, dass Sie die entsprechende Funktion **Multi Window** aktivieren. Dies geschieht über ▦ ▶ **Einstellungen** ▶ **Gerät** ▶ **Multi Window**. Ziehen Sie den Regler (❶ auf Seite 54) nach rechts.

2. Zusätzlich können Sie dazu noch die Option **In Multi Window-Ansicht öffnen** ❷ aktivieren, indem Sie in das Kästchen tippen. Das bewirkt, dass das Tablet automatisch ein zweites Fenster verwendet, um den Anhang zu einer E-Mail anzuzeigen. Öffnen Sie innerhalb der App **Eigene Dateien** eine Datei, erscheint sie ebenfalls in einem eigenen Fenster.

3. Wenn Sie nun zwei Apps gleichzeitig bedienen wollen, streichen Sie von der rechten Seite des Bildschirms in die Mitte, um an der rechten Seite eine Leiste mit möglichen Apps einzublenden. Die Leiste (siehe die folgende Abbildung links) wird auch eingeblendet, wenn Sie die **Zurück**-Taste festhalten.

4. Ziehen Sie die entsprechenden App-Symbole in den oberen oder unteren bzw. im Querformat in den rechten oder linken Teil des Bildschirms, um die Apps dort zu starten. In der rechten Abbildung sehen Sie oben die App **Maps** und unten die App **Galerie**.

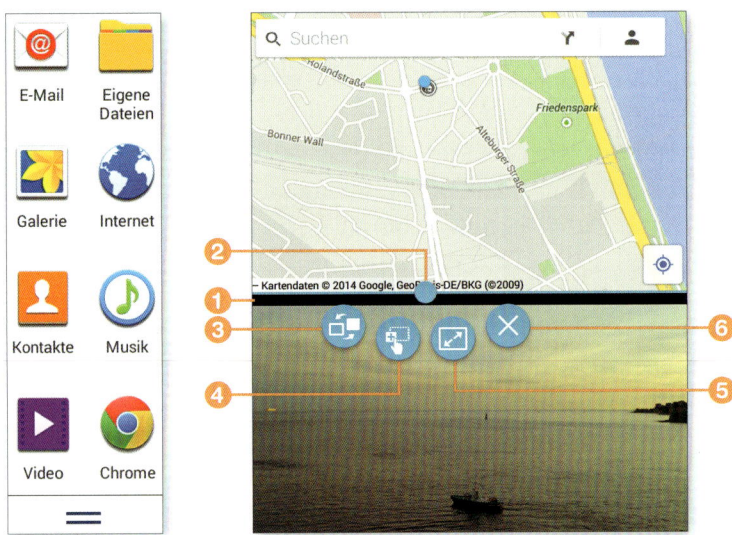

5. Die Trennlinie ❶ zwischen beiden Fenstern können Sie beliebig verschieben.

6. Wenn Sie den Kreis ❷ zwischen den Anwendungsfenstern antippen, werden folgende Optionen angeboten:

- zwischen Multi-Window-Anwendungen wechseln ❸

- Elemente wie Bilder, Text oder Links per Drag & Drop ❹, also durch »Ziehen« und »Ablegen«, zwischen Anwendungsfenstern austauschen (diese Funktion wird allerdings nicht von allen Apps unterstützt)

- **Fenster maximieren** ❺. Die ausgewählte App übernimmt das ganze Fenster, der Multi-Window-Modus wird aufgehoben.

- **Anwendung schließen** ❻. Die andere App übernimmt das ganze Fenster, der Multi-Window-Modus wird aufgehoben.

> **INFO**
>
> **Apps zweimal starten**
>
> Wenn **Multi Window** aktiviert ist, können Sie eine App auch zweimal starten, um beispielsweise zwei Webseiten oder zwei Dokumente miteinander zu vergleichen.

Um die Zusammensetzung der Multi-Window-Leiste zu ändern, tippen Sie unten auf den Doppelstrich ❼ und anschließend auf das dann darunter erscheinende Stiftsymbol. Nun lassen sich weitere Symbole von Apps, die den Multi-Window-Modus unterstützen, in die Leiste ziehen oder überflüssige herausziehen. Bestätigen Sie die Änderung mit dem Häkchen ❽.

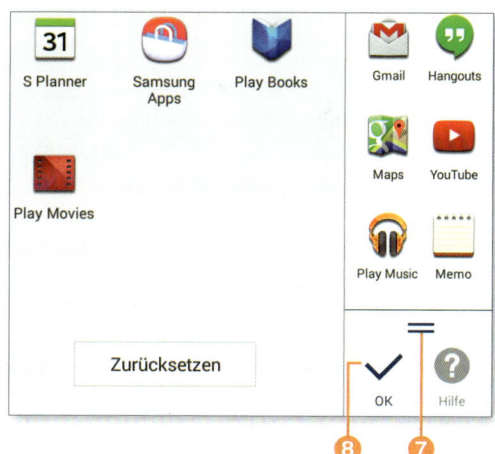

Texte eingeben

Bei den meisten Apps wird erwartet, dass Sie an bestimmten Stellen etwas eingeben. Andere Apps wie **E-Mail**, **Memo** oder die Apps aus dem Bereich Office-Anwendungen erlauben Ihnen die Eingabe umfangreicher Textpassagen. Machen wir einen kleinen Test mit der **Memo**-App, dem elektronischen Pendant der kleinen, meist gelben Notizzettel:

1. Es ist ratsam, vor der ersten Texteingabe auf dem Tablet die vorgegebene QWERTZ-Tastatur durch die deutsche Tastatur zu ersetzen, in der die Umlaute direkt angeboten werden. Gehen Sie dazu über 🔲 ▸ **Einstellungen** ▸ **Steuerung** ▸ **Sprache und Eingabe** auf das Zahnrad hinter **Samsung-Tastatur** (siehe auch die Abbildung auf Seite 59).

2. Tippen Sie unter **Eingabesprachen** die Option **Deutsch** an und wählen Sie **Deutsche Tastatur** ❶.

3. Tippen Sie **Memo** auf dem Startbildschirm an, und starten Sie mit dem Pluszeichen in der Menüleiste eine neue Notiz. Die Tastatur wird automatisch eingeblendet. Wenn Ihnen die Tasten im Hochformat zu schmal sind, drehen Sie das Gerät einfach ins Querformat.

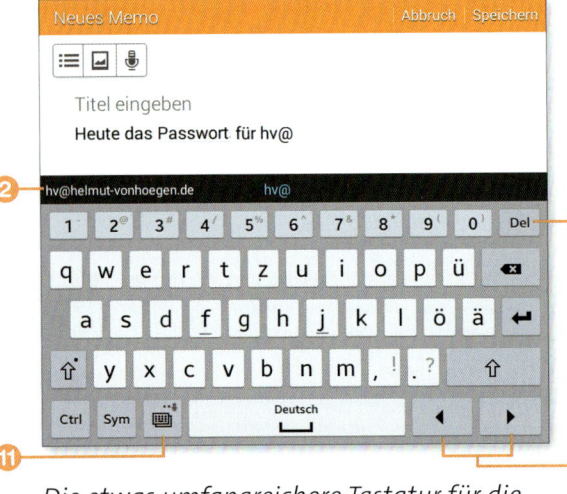

Die etwas umfangreichere Tastatur für die Versionen 8.0 und 10.1

Die deutsche Tastatur des Galaxy Tab 4 7.0 im Hochformat

4. Sobald Sie die ersten Buchstaben eines Wortes eingeben, werden Ihnen in der Zeile über der Tastatur ❷ ganze Worte angeboten, die Sie mit einem Tipp übernehmen können. Die App schätzt also die Wahrscheinlichkeit ein, mit der die ersten Buchstaben Teil eines bestimmten Wortes sind. Die App »lernt« dabei; wenn Sie also einmal Ihre E-Mail-Adresse komplett eingegeben haben, reichen beim nächsten Mal schon die ersten Buchstaben.

5. Vielleicht vermissen Sie die Möglichkeit, Akzente einzugeben. Um Platz zu sparen, sind all diese Zeichen ein wenig versteckt. Wenn Sie ein »á« brauchen, halten Sie den Finger einen Moment auf dem »a«, fahren auf das angebotene »á« und lassen wieder los.

6. Umschalttasten für Großbuchstaben (**3** auf Seite 56) finden Sie an beiden Seiten.

7. Mit den beiden Pfeiltasten rechts unten bewegen Sie den Cursor **4**. Um Zeichen links von der Einfügestelle zu löschen, benutzen Sie den Pfeil nach links **5**. Zeichen rechts davon löschen Sie mit **Del** **6**.

8. Die Taste mit dem abgeknickten Pfeil nach links **7** beendet einen Absatz und erzeugt eine neue Zeile. Diese Taste wird bei anderen Apps oft mit speziellen Funktionen wie **Öffnen**, **Suchen**, **OK** oder **Weiter** belegt.

9. Mit der **Sym/ABC**-Taste links unten **8** schalten Sie zwischen der Eingabe von Buchstaben und der Eingabe von Sonderzeichen um. Dafür stehen gleich zwei Tastaturen zur Verfügung, zwischen denen Sie mit **1/2** **9** bzw. **2/2** **10** umschalten.

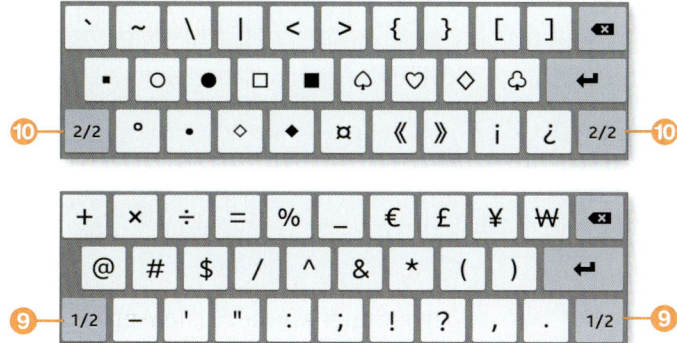

10. Mit der Taste neben der **Sym/ABC**-Taste **11** erreichen Sie in der **Memo**-App noch Tastaturen für Emoticons **12** und andere grafische Symbole. Bei den anderen Apps führt diese Taste als Vorgabe zur Spracheingabe, das ist das Symbol mit dem Mikrofon **13**. Darauf gehe ich im nächsten Abschnitt ein.

11. Wenn Sie diese Taste kurz halten, erscheint ein Kontextmenü, mit dem Sie über die Taste ganz rechts **14** auch die Tastatur **Schwebend** einblenden können, die sich mit der kleinen Lasche über den Bildschirm ziehen lässt und auch etwas kompakter ist.

12. Auf den 8.0- und 10.1-Zoll-Geräten können Sie hier auch eine geteilte Tastatur auswählen.

13. Auf der größeren Tastatur finden Sie ganz links unten noch eine `Ctrl`-Taste **15**. Ist sie gedrückt, werden einige Zeichen blau unterlegt, um Sie auf mögliche Tastenkombinationen hinzuweisen:

- `Ctrl` + `X` schneidet markierten Text aus und speichert ihn in der Zwischenablage.

- `Ctrl` + `C` kopiert markierten Text in die Zwischenablage.

- `Ctrl` + `V` fügt Text aus der Zwischenablage ein.

- `Ctrl` + `A` markiert den gesamten Text.

14. Wenn Sie bei der Taste mit dem Kontextmenü – siehe Schritt 11 – das Symbol mit dem T und dem Stift **16** antippen, lassen sich Texte auch mit dem Finger oder mit einem adaptiven Stift eingeben.

15. Die eingezeichneten Zeichen werden an der Textstelle sofort in Buchstaben und Zahlen umgesetzt, vorausgesetzt, Ihre Handschrift bewegt sich im Bereich des Erkennbaren. Die Toleranz ist hier aber erstaunlich groß.

16. Das Zahnrad ⓱ in dem Kontextmenü führt zu den Einstellungen für die Tastatur, die im Folgenden behandelt werden.

17. Die Taste für das Kontextmenü zeigt übrigens immer die zuletzt gewählte Option an (⓲ auf Seite 58).

18. Unten rechts finden Sie eine Taste mit einer Weltkugel (⓳ auf Seite 56), die für den Wechsel der Eingabesprachen verwendet werden kann. Sie erscheint aber nur, wenn mehr als eine Eingabesprache aktiviert ist. Darauf gehe ich gleich noch ein.

19. Die letzte Taste unten rechts ⓴ zeigt immer den aktuellen Inhalt der Zwischenablage.

Ausgeblendet wird die Tastatur, soweit es nicht automatisch geschieht, mit der **Zurück**-Taste.

INFO

Spezialtasten für Browser

Browser-Apps wie **Chrome** und **Internet** bieten noch ein paar spezielle Tasten für die schnellere Eingabe von Webadressen an.

Wie gut Sie mit der Tastatur zurechtkommen, hängt auch von einer Reihe von Einstellungen ab, die Sie über die schon angesprochene Schaltfläche mit dem Rad auf Ihren Bedarf abstimmen können. Sie erreichen diese auch über ▦ ▸ **Einstellungen** ▸ **Steuerung** unter **Sprache und Eingabe**.

1. Wenn Sie gleich die Sprache des Systems ändern wollen, tippen Sie unter **Sprache** ❶ die aktuelle Einstellung an und wählen die gewünschte Sprache aus der angebotenen Liste. Alle Einstellungen und Optionen er-

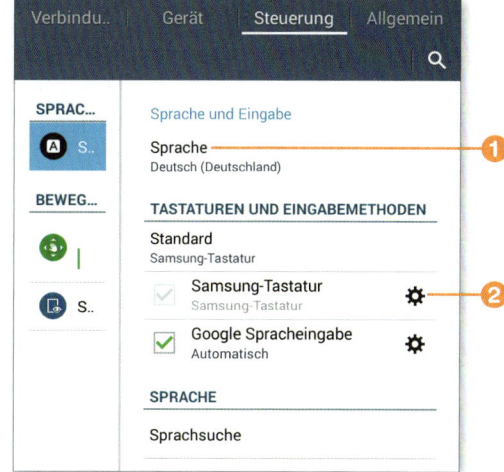

scheinen nun in dieser Sprache. Unter Umständen müssen die entsprechenden Daten aber noch heruntergeladen werden.

2. Um Texte in einer anderen Sprache einzugeben, können Sie das Tastaturlayout entsprechend ändern. Tippen Sie dazu das Zahnrad (❷ auf Seite 59) zu **Samsung-Tastatur** an.

3. Unter **Eingabesprachen** werden die aktuell verfügbaren Sprachen angezeigt, weitere können Sie über das Plussymbol hinzufügen.

4. Die aktuelle Sprache wird auf der Leertaste angezeigt. Sind mehrere Sprachen installiert, wechseln Sie die aktuelle Sprache, indem Sie mit dem Finger nach rechts oder links über die Leertaste wischen oder die Taste daneben antippen.

5. Unter **Intelligentes Tippen** müssen Sie die **Texterkennung** ❸ aktiviert lassen, falls Sie die oben angesprochene automatische Textergänzung nutzen wollen.

6. Wenn Sie den Schalter **Automatisch ersetzen** ❹ betätigen, können Sie den wahrscheinlichsten Textvorschlag, der immer bunt angezeigt wird, mit der Leertaste oder, wenn es gerade passt, mit einem Komma oder Punkt übernehmen. Diese Option ist in der Praxis aber oft wenig hilfreich, weil sie häufig Worte ersetzt, die gerade nicht ersetzt werden sollen.

7. Wenn Sie **Automatische Leerzeichen**  aktivieren, können Sie »dasHaus-istleer« eintippen und erhalten »das Haus ist leer«. Punktsieg für die Faulheit dank Technik!

8. Unter **Tastatur wischen** ist **Ohne** ⑥ vorgegeben, die beiden anderen Optionen sind wenig praktikabel. Unter **Ton** ⑦ können Sie ein Tippgeräusch einschalten. Gegebenenfalls müssen Sie etwas nach unten scrollen, indem Sie die Seite von unten nach oben wischen, um diese und weitere Optionen zu sehen.

9. Interessant für kleinere Tablets ist die **Zeichenvorschau** ⑧. Aktiviert zeigt sie das berührte Zeichen noch einmal etwas größer an.

INFO

Warum nicht gleich mit einer richtigen Tastatur arbeiten?

Das Eintippen mit der Bildschirmtastatur ist bei größeren Text-mengen zwangsläufig weniger komfortabel als die Eingabe über eine normale Tastatur. Wenn Sie häufig Texte eingeben wollen, ist es erwägenswert, sich eine Tastatur zuzulegen, die per Bluetooth mit dem Tablet verbunden ist. Dazu mehr im Abschnitt »Einrichten einer Bluetooth-Verbindung« ab Seite 82.

Spracheingabe

Statt Texte einzutippen, können Sie es auch mit der Spracheingabe versuchen. Bei nicht zu anspruchsvollen Texten funktioniert das sogar erstaunlich gut.

Die Spracheingabe wird in zahlreichen Eingabefeldern, beispielsweise bei der Eingabe von Suchbegriffen in den Apps **Chrome** oder **Internet** oder bei der Suche mit der **Google**-App, über ein Mikrofon-

Das Suchfeld bietet die Spracheingabe an.

symbol ❶ angeboten, das Sie nur antippen müssen. Bei der Eingabe von längeren Texten können Sie über die Tastatur zur Spracheingabe wechseln.

1. Tippen Sie in der jeweiligen App auf die Taste links neben der Leertaste. Wenn das Mikrofon darauf nicht schon angezeigt wird, halten Sie die Taste kurz und wählen das Mikrofon aus dem Kontextmenü.

2. Die Tastatur wird vorübergehend durch eine schon aktivierte Schaltflä-che für das Mikrofon ❷ ersetzt. Sie können also den Text sofort einspre-chen – möglichst nicht zu schnell, aber deutlich.

3. Im Dokument wird der gesprochene Text fortlaufend in ge-schriebenen Text ❸ umgesetzt, wie die Abbildung unten zeigt. Zum letzten Wort oder Satz wird fortlaufend die Schaltfläche **Löschen** ❹ angeboten. Wird ein Wort also nicht richtig erkannt, tippen Sie **Löschen** an und wiederholen den letzten Teil noch einmal.

4. Wollen Sie die Spracheingabe anhalten, tippen Sie auf den anstelle von **Sprechen** ❺ angebotenen Link **Zum Anhalten tippen**. Dann erscheint im-mer auch ein Tastatursymbol, mit dem Sie schnell wieder zur Tastenein-gabe wechseln. Wollen Sie weiter diktieren, tippen Sie auf **Zum Sprechen tippen**.

5. Falls Sie die Sprache wechseln müssen, um beispielsweise ein englisches Zitat einzufügen, wählen Sie aus dem am oberen Rand angebotenen Lis-tenfeld ❻ und tippen die gewünschte Diktiersprache an.

Damit die Spracheingabe funktioniert, muss sie über die oben schon er-wähnten Steuerungseinstellungen mit ▦ ▸ **Einstellungen** ▸ **Steuerung** un-ter **Tastaturen und Eingabemethoden** und **Google Spracheingabe** ❼ aktiviert sein.

Wenn Sie das kleine Zahnrad dahinter antippen, können Sie ebenfalls die Eingabesprache ändern. Unter **Offline-Spracherkennung** lassen sich weitere Sprachpakete herunterladen oder auch wieder deinstallieren.

Bei **Spracherkennung via** ❽ können Sie zwischen einer Komponente von Google oder von Samsung wählen. Probieren Sie einfach einmal aus, womit Sie am besten zurechtkommen.

Einstellungen zur Spracheingabe

Konten einrichten

Wenn Sie es nicht schon bei der Einrichtung des Tablets erledigt haben, können Sie jederzeit auch nachträglich Konten anlegen, die Sie für Online-Dienstleistungen benötigen.

Für Google-Apps wie **Play Store** oder **Gmail** brauchen Sie ein Google-Konto.

1. Benutzen Sie ▦ ▸ **Einstellungen** ▸ **Allgemein** ▸ **Konten** ▸ **Konto hinzufügen** ▸ **Google**.

2. Wenn Sie bereits ein solches Konto auf einem anderen Gerät eingerichtet haben, nehmen Sie die Option **Vorhandenes Konto** und geben die entsprechenden Daten an. Ist es ein ganz neues Konto, benutzen Sie **Neu erstellen**.

3. In beiden Fällen folgen Sie den Anweisungen, die Sie durch die Anmeldeprozedur führen.

Sie können ohne Weiteres auch mehrere Google-Konten einrichten, etwa um private und geschäftliche Angelegenheiten einfacher trennen zu können, z.B. für den E-Mail-Verkehr. Da es sich um ein Samsung-Tablet handelt, liegt es nahe, auch ein Samsung-Konto anzulegen. Darüber haben Sie nicht nur Zugang zu dem App-Store **GALAXY Apps**, sondern auch zu speziellen Funktionen wie **Samsung Kies**, einer Komponente, mit der Sie komfortabel Dateien zwischen PC oder Mac und Ihrem Tablet austauschen. Mehr dazu erfahren Sie im Abschnitt »Mit Samsung Kies verbinden« ab Seite 300.

Außerdem können Sie Kalender, Kontakte und Interneteinstellungen über die Samsung-Cloud synchronisieren. Die Einrichtung ist ähnlich wie bei einem Google-Konto.

1. Benutzen Sie dazu ▦ ▸ **Einstellungen** ▸ **Allgemein** ▸ **Konten** ▸ **Konto hinzufügen** ▸ **Samsung**.

2. Geben Sie in den entsprechenden Feldern ein E-Mail-Konto und das dazugehörige Passwort an.

Vorinstallierte Dienstprogramme

Samsung liefert das Tab 4 mit einer Reihe von vorinstallierten Dienstprogrammen aus. In der folgenden Tabelle finden Sie eine kurze Übersicht mit Hinweisen, wo einzelne Apps im Detail behandelt werden.

Symbol	Name	Funktion
	Memo	App für kurze Notizen, siehe Abschnitt »Memos« ab Seite 176
	S Planner	Verwaltung für Termine und Aufgaben, siehe Kapitel 5, »Kalender, Termine und Erinnerungen«
	Dropbox	Cloud-Anwendung für die Speicherung von Dateien und ihre Synchronisierung mit dem Tablet, siehe Abschnitt »Dateien und Medien in der Cloud speichern« ab Seite 304
	Drive	Anwendung, um Dateien auf Google Drive zu sichern und für andere freizugeben, siehe Abschnitt »Dateien und Medien in der Cloud speichern« ab Seite 304
	Hancom Viewer	Anwendung, um Office-Dokumente und PDF-Dateien anzuzeigen, siehe Abschnitt »Office-Dateien ansehen« ab Seite 276

Symbol	Name	Funktion
	Alarm	Wecker mit auswählbarem Alarmton
	Weltuhr	Erlaubt die gleichzeitige Anzeige der Uhrzeit in verschiedenen Zeitzonen.
	Rechner	im Hochformat ein einfacher Taschenrechner, im Querformat ein wissenschaftlicher Taschenrechner
	S Voice	Aktiviert die Sprachsteuerung des Tablets durch Befehle wie »Galerie öffnen« oder »Chrome öffnen«, siehe Abschnitt »Steuern mit S Voice« ab Seite 108.
	Google	Such-App für das Tablet und das Internet, siehe Abschnitt »Schnell suchen mit dem Such-Widget« ab Seite 94
	Google Now	Stellt Karten und aktuelle Infos zur lokalen Umgebung zusammen, siehe Abschnitt »Google Now« ab Seite 95.
	Sprachsuche	Erlaubt, das Internet per Spracheingabe zu durchsuchen, siehe Abschnitt »Tipps für effektives Suchen« ab Seite 92.
	Eigene Dateien	Gibt Ihnen den Zugriff auf die Ordnerstruktur und die im internen Speicher und auf der Speicherkarte abgelegten Dateien und Medien, siehe Abschnitt »Dateien verwalten, kopieren oder verschieben« ab Seite 287.
	Maps	Anwendung für die Standortbestimmung und Routenplanung per GPS. Mehr dazu in Kapitel 9, »Karten und Navigation«.

Vorinstallierte Dienstprogramme auf dem Galaxy Tab 4

ACHTUNG

Hinweis zu Aktualisierungen

Der Hersteller behält sich vor, die hier beschriebenen Anwendungen bei Bedarf zu aktualisieren. Es kann auch vorkommen, dass er die Unterstützung einzelner Elemente ohne besondere Ankündigung einstellt, etwa wenn Sicherheitslücken entdeckt werden, die sich nicht ohne Weiteres beseitigen lassen. So kann es im Detail Abweichungen geben zwischen dem, was in diesem Buch beschrieben ist, und dem, was auf Ihrem Tablet zu sehen ist.

Mehr Speicher einbauen

Der interne Speicher ist mit 8 oder 16 GByte zwar schon für viele Situationen ausreichend, wer aber eine Menge Musik, Videos oder Bilder immer bei sich haben will, wird hier schnell an Grenzen stoßen.

Hier hilft der Einbau einer zusätzlichen Speicherkarte, für die, wie oben schon gezeigt, auf der rechten oder der oberen Seite des Geräts ein Slot eingerichtet ist. Hier passen microSD- und microSDHC-Karten mit bis zu 32 bzw. 64 GByte hinein. Achten Sie beim Kauf darauf, dass die Karten mit dem Tab 4 kompatibel sind.

Der Einbau ist sehr einfach.

1. Heben Sie die schmale Abdeckung über dem Slot vorsichtig hoch.

2. Schieben Sie die Karte ebenso vorsichtig bis zum Anschlag in den Slot. Achten Sie darauf, dass die Seite mit den goldfarbenen Kontakten unten liegt, also zur Rückseite des Tablets zeigt.

3. Schließen die die Abdeckung wieder.

Das Tablet unterstützt das weit verbreitete Dateisystem FAT. Außerdem wird noch exFAT unterstützt, eine Erweiterung von FAT für Flash-Speicher, wie es ja die SD-Karte im Unterschied zu einer Festplatte ist. Enthält die Karte ein anderes Dateiformat, muss sie zunächst neu formatiert werden.

1. Wählen Sie über den Startbildschirm ▦ ▸ **Einstellungen** ▸ **Allgemein** und **Speicher**. Im oberen Teil finden Sie Angaben über die aktuelle Belegung des internen Speichers **❶**.

2. Unter **SD-Karte** **❷** zeigt das Tablet die Daten der Speicherkarte an.

3. Über **SD-Karte formatieren** **❸** rufen Sie die Formatierung auf. Vorhandene Daten werden dabei gelöscht, deshalb müssen Sie den entsprechenden Hinweis zunächst bestätigen.

Soll eine eingebaute Karte später z.B. gegen eine Karte mit größerer Kapazität ausgetauscht werden, können Sie die bisherige Karte entfernen.

Um diesen Schritt ohne Datenverlust auszuführen, müssen Sie zunächst die Karte vom Tablet abkoppeln:

1. Benutzen Sie wieder ▦ ▸ **Einstellungen** ▸ **Allgemein** ▸ **Speicher**.

2. Klicken Sie unter **SD-Karte** auf **SD-Karte entfernen** ❹.

3. Öffnen Sie die Abdeckung des Slots.

4. Drücken Sie kurz auf die Karte, bis sie sich vom Gerät löst, und nehmen Sie sie heraus.

5. Nun können Sie die neue Karte wie in Schritt 2 der obigen Anleitung beschrieben einfügen.

6. Schließen Sie zum Schuss die Abdeckung wieder sorgfältig.

Es sei noch erwähnt, dass es durchaus möglich ist, das Tablet auch um externen Speicher zu erweitern. Dazu brauchen Sie allerdings einen USB-Adapter, in den Sie beispielsweise Ihre USB-Sticks vom PC oder Mac stecken können. Das Tablet kann auf diese Sticks wie auf ein Laufwerk zugreifen.

ACHTUNG

Achtung: Karte nicht bei Datenzugriff entfernen!

Wenn Sie eine SD-Karte sicher und ohne Datenverlust entfernen möchten, achten Sie darauf, dass auf die Speicherkarte nicht mehr zugegriffen wird, wenn Sie diese aus dem Gerät entfernen. Wo Sie den entsprechenden Slot für Ihre Karte finden, können Sie noch einmal im Abschnitt »So ist Ihr Tablet aufgebaut« ab Seite 17 nachlesen.

Kapitel 2
Online mit dem Galaxy Tab

Ohne Zugang zum Internet wäre Ihr Tablet nur die Hälfte wert. Nicht nur der Weg zu den Webseiten ist versperrt, E-Mails lassen sich weder versenden noch empfangen. Außerdem nutzen viele Apps Daten, die sie fortlaufend aus dem Netz ziehen. Wie sehr wir uns an das Netz gewöhnt haben, merken wir immer dann, wenn uns mal für etwas längere Zeit der Zugang beispielsweise durch einen technischen Defekt versperrt wird.

Wie Sie online gehen, hängt nun allerdings davon ab, welches Tablet Sie erworben haben. Bei den preiswerteren Varianten ist es eine WLAN-Verbindung, die Sie nutzen können. Die teureren, LTE-fähigen Geräte können beides: die mobile Netzverbindung über die SIM-Karte und die WLAN-Verbindung.

Über WLAN ins Netz

Die günstigste Lösung, mit dem Tablet ins Internet zu gehen, ist zweifellos die Verbindung mit einem bereits vorhandenen WLAN-Netz. Wer zu Hause oder im Büro das Tablet als Zweitgerät neben einem Desktop-Gerät oder einem Notebook benutzt, wird meist über ein WLAN-Netz verfügen. Für die Mitbenutzung über das Tablet fallen dann keine zusätzlichen Kosten an. Auch unterwegs, in guten Hotels oder in Gebäuden mit offenen Hotspots, lässt sich WLAN meist bequem nutzen. Wenn Sie auch noch ein Smartphone besitzen, können Sie dessen Internetverbindung freigeben, sodass das Tablet darüber eine WLAN-Verbindung aufbauen kann. (Mehr zum Einsatz mobiler WLAN-Hotspots finden Sie im Abschnitt »Über WLAN ins

Netz« ab Seite 69.) Um die Verbindung zu einem bestimmten WLAN-Netz herzustellen, gehen Sie so vor:

1. Benutzen Sie ▦ ▶ **Einstellungen** ▶ **Verbindungen** ▶ **WLAN**.

2. Ziehen Sie den **WLAN**-Schalter ❶ nach rechts, um die Verbindung zu aktivieren.

Das Tablet scannt die in der aktuellen Umgebung verfügbaren WLAN-Verbindungen.

3. Tippen Sie die Verbindung ❷ an, die Sie verwenden wollen.

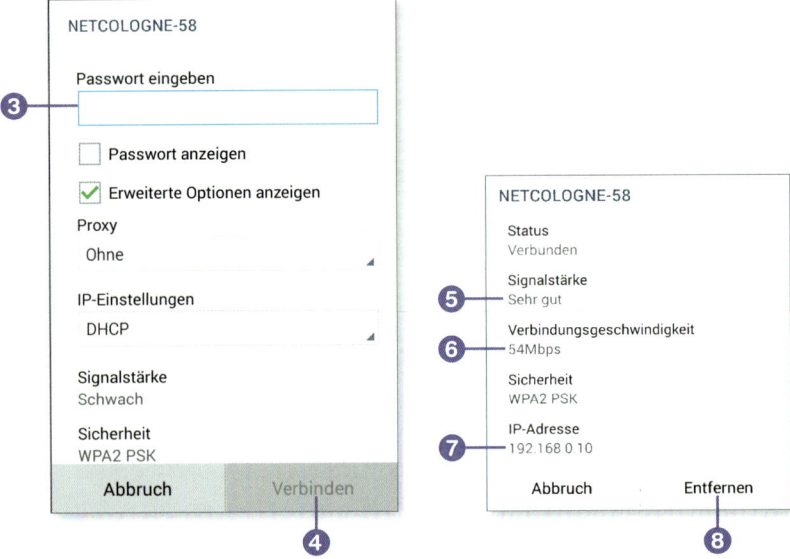

4. Wenn es sich um eine gesicherte Verbindung handelt, geben Sie das Passwort (❸ auf Seite 70) ein und tippen auf **Verbinden** ❹.

5. Kommt die Verbindung zustande, wird unter dem Namen **Verbunden** angezeigt. Ein Tipp auf den Namen zeigt die Daten der Verbindung wie die Signalstärke ❺, die Geschwindigkeit ❻ und die IP-Adresse ❼, die dem Tablet im Netz zugeordnet wird, um das Gerät eindeutig zu identifizieren. Über **Entfernen** ❽ lässt sich die ausgewählte Verbindung übrigens auch löschen.

6. Sollte das gewünschte Netz in der Liste nach dem Scannen nicht erscheinen, können Sie über **WLAN hinzufügen** ❾ versuchen, die Ihnen bekannten Daten manuell einzutragen, insbesondere die **Netz-SSID** ❿, die Absicherungsmethode ⓫ und die entsprechenden Zugangsdaten ⓬.

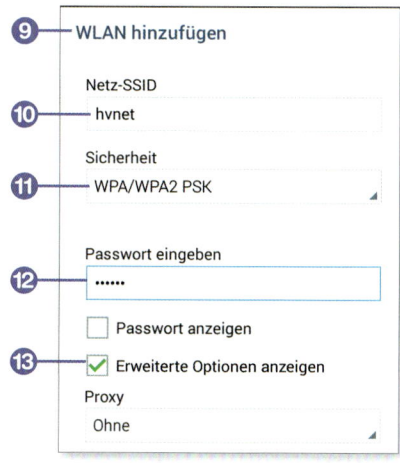
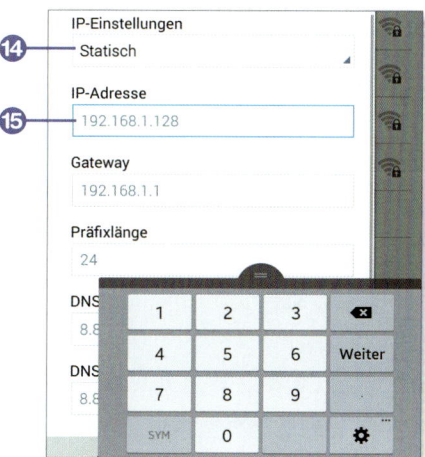

Unter Umständen erwartet der für das WLAN verwendete Router die Zuweisung einer festen IP-Adresse für das Tablet. Dazu müssen Sie erst die Option **Erweiterte Optionen anzeigen** ⓭ aktivieren. Wenn Sie unter **IP-Einstellungen** die Option **Statisch** ⓮ wählen, lässt sich unter **IP-Adresse** ⓯ dieselbe editieren. Details dazu finden Sie in der Dokumentation zu Ihrem Router.

Eine Reihe von Einstellungen zu WLAN erreichen Sie, wenn Sie ⫶ antippen: **Erweitert** (❶ auf Seite 72) erlaubt die Aktivierung der **Netzbenachrichtigung**, die Sie mit einem Symbol in der Statusleiste über verfügbare offene

Netzwerke informiert. Unter **WLAN im Standbymodus eingeschaltet lassen** sollten Sie möglichst mit der Option **Immer** arbeiten, falls das Tablet auch andere Netzverbindungen wie LTE etc. aufbauen kann, denn wenn WLAN deaktiviert wird, greift das Tab 4 automatisch auf andere eingerichtete Verbindungen zu, was Kosten verursachen kann.

Wenn Ihr Router die Schnellkonfiguration *WPS (Wi-Fi Protected Setup)* unterstützt, können Sie hier auch die Optionen **WPS – Taste drücken** ❷ und **WPS-PIN eingeben** ❸ nutzen. Die Details dazu finden Sie in der Dokumentation Ihres Routers.

Die Nutzung der WLAN-Verbindung lässt sich auch über die Schnelleinstellungen leicht ein- und ausschalten:

1. Ziehen Sie von der Statuszeile aus nach unten, um das Benachrichtigungsfeld einzublenden.

2. Tippen Sie auf die Schaltfläche **WLAN**, um den Zugang zu aktivieren (das Symbol erscheint grün) oder zu deaktivieren (das Symbol erscheint grau).

Erfreulicherweise nimmt das Angebot an freien WLAN-Hotspots im öffentlichen Raum, in Hotels oder

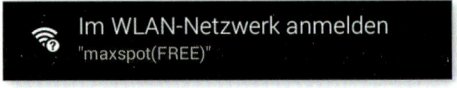

Krankenhäusern ständig zu. Wenn das Tablet einen freien Zugang entdeckt, erscheint in der Statusleiste ein Symbol dafür.

Wenn Sie die Statusleiste herunterziehen, finden Sie unter den Benachrichtigungen einen entsprechenden Hinweis. Ein Klick genügt, um die Verbindung in Gang zu setzen.

WLAN wo immer möglich nutzen

Auch wenn Sie ein LTE-fähiges Tablet haben, lohnt es sich, überall da, wo ein WLAN zur Verfügung steht, stattdessen die WLAN-Verbindung zu nutzen. In der Regel sind diese Verbindungen auch schneller. Außerdem werden viele Mobilfunkverträge nach Datenmengen abgerechnet, und selbst bei Flatrates wird die Geschwindigkeit ab einer bestimmten Datenmenge oft drastisch heruntergefahren. Solange Sie die WLAN-Verbindung nutzen, werden andere Netzverbindungen deaktiviert.

Bei den LTE-fähigen Tablets finden Sie unter den Einstellungen zu **WLAN** eine zusätzliche Option **Intelligenter Netzwechsel**. Sie bewirkt, dass automatisch zwischen WLAN und mobilen Netzwerken umgeschaltet wird, sodass es keine Lücken in der Verbindung gibt.

Wi-Fi-Direct-Verbindungen aufbauen

In der Menüleiste zu den WLAN-Einstellungen finden Sie oben rechts noch eine Schaltfläche **Wi-Fi Direct** (siehe dazu auch die obere Abbildung auf Seite 72). Mit Wi-Fi Direct ist es möglich, zwei Geräte in einem WLAN-Netz ohne den Weg über den Zugangspunkt (*Access Point*) miteinander zu verbinden, etwa um Daten auszutauschen. Das Tablet scannt dafür die Umgebung nach verfügbaren Geräten. Wird ein solches Gerät gefunden, wählen Sie es mit einem Tipp aus, um die Verbindung herzustellen.

Besonders einfach ist die Verbindung zwischen zwei Tablets.

1. Um beispielsweise das Tab 4 mit einem älteren Tab 3 zu verknüpfen, aktivieren wir auf beiden Tablets **Wi-Fi Direct** ❶ über die entsprechende Schaltfläche.

2. Wenn der Gerätescan das andere Gerät findet, wird es angezeigt. Um die Verbindung herzustellen, tippen Sie einfach auf den Namen des Geräts.

3. Auf diesem Gerät muss anschließend nur noch die Einladung zum Datenaustausch (❷ auf Seite 74) angenommen werden.

4. Nun können Sie beispielsweise über die App **Galerie** oder auch über **Eigene Dateien** Abbildungen aussuchen, die Sie auf das andere Gerät kopieren wollen.

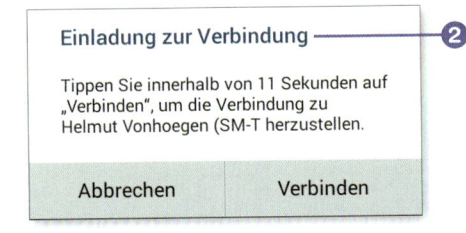

5. Über das Symbol **Senden via** bestimmen Sie **Wi-Fi Direct** als Transportweg. Ist das Tab 4 das Zieltablet, werden die übertragenen Abbildungen in einem bevorzugten Ordner abgelegt, der den Namen des anderen Tablets als Präfix verwendet.

Es ist ratsam, die Wi-Fi-Direct-Verbindung anschließend wieder über **Verbindung beenden** (❸ auf Seite 73) in der Menüleiste zu **WLAN** zu trennen.

Wenn zwischen zwei Geräten eine Wi-Fi-Direct-Verbindung besteht, ist es auch möglich, den wechselseitigen Zugriff beispielsweise auf die Bilderalben, die Musikstücke oder die Videos zu erlauben.

1. Aktivieren Sie auf beiden Geräten über ▦ ▸ **Einstellungen** ▸ **Verbindungen** die Option **Geräte in der Nähe** ❶.

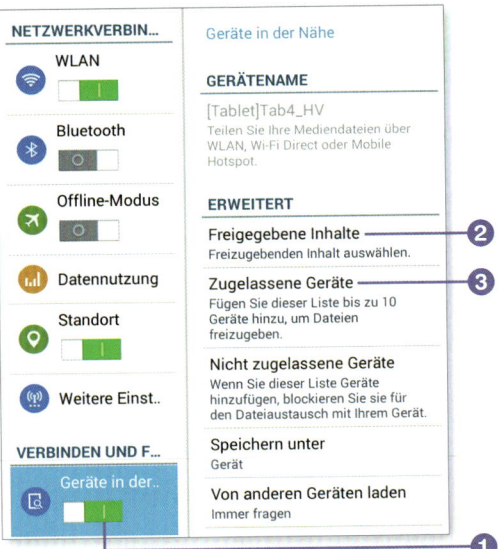

2. Legen Sie unter **Freigegebene Inhalte** ❷ fest, ob Videos, Bilder und Musik freigegeben werden sollen.

3. Wählen Sie unter **Zugelassene Geräte** ❸ diejenigen Geräte aus, die auf Ihre Inhalte zugreifen dürfen.

4. In der App **Galerie** erscheint nun beispielsweise unter den Alben ein neues Album mit dem Namen des benachbarten Geräts. Ein Tipp darauf, und Sie sehen die Bilder von dem anderen Tablet. Wenn Sie ein Bild von dem anderen Gerät auswählen, erscheint ein Symbol zum Herunterladen auf das eigene Gerät.

SIM-Karte installieren

Wenn Sie eine Version des Tab 4 erworben haben, die LTE-fähig ist, arbeitet Ihr Tablet nicht nur mit WLAN, sondern stellt einen eigenen Internetzugang und Telefonfunktionen zur Verfügung. Zunächst steht dafür die Installation einer entsprechenden SIM-Karte an.

Falls Sie einen passenden Provider gefunden haben und die entsprechende Karte freigeschaltet wurde, ist die Installation schnell erledigt. Beachten Sie aber, dass das Tablet nur Micro-SIM-Karten aufnehmen kann. Falls Sie eine Nano-SIM-Karte haben, hilft ein kleiner Adapter, den Sie in jedem Handyshop erhalten.

1. Öffnen Sie bei dem ausgeschalteten Gerät die Abdeckung des SIM-Karten-Slots. Bei den 10.1-Zoll-Geräten finden Sie den Slot am oberen Geräterand in der rechten Hälfte, sonst auf der rechten Seite (siehe dazu auch die Abbildungen auf Seite 18).

2. Führen Sie die Karten mit den goldenen Kontakten nach unten, also Richtung Rückseite des Geräts, vorsichtig in den Slot ein.

3. Drücken Sie die Karte bis zum Einklicken hinein. Schließen Sie die Slot-Abdeckung wieder.

4. Sobald eine SIM-Karte installiert ist, müssen Sie die mit der Karte gelieferte PIN eingeben, um das Tablet zu entsperren.

Die Dienstanbieter für Ihre SIM-Karte legen den Karten drei Sperrcodes bei: PIN, PIN2 und PUK.

Haben Sie mehrfach eine falsche PIN eingegeben, muss das Gerät mit der PUK entsperrt werden. Bei einigen Menüs für die Anrufeinstellungen wird die Eingabe von PIN2 verlangt.

Haben Sie eine PIN erhalten, die Sie sich nicht gut merken können, ändern Sie die PIN über ▦ ▸ **Einstellungen** ▸ **Allgemein** ▸ **Sicherheit** ▸ **SIM-PIN Optionen** ▸ **SIM-PIN ändern**. Hier können Sie auch die Eingabe der PIN ganz abschalten, was natürlich riskant ist.

Sollte die Karte einmal entfernt werden müssen, öffnen Sie die Abdeckung und drücken die Karte etwas ein, bis sie sich vom Gerät löst, und ziehen sie heraus. Schließen Sie die Abdeckung wieder.

> **ACHTUNG**
>
> **SIM- und Speicherkarte – nicht verwechseln!**
>
> Achten Sie darauf, dass Sie die SIM-Karte und die Speicherkarte nicht verwechseln. Ein Versuch, eine Karte in den falschen Slot zu drücken, kann diese leicht beschädigen. Lesen Sie im Zweifelsfall lieber noch einmal den Abschnitt »So ist Ihr Tablet aufgebaut« ab Seite 17.

Mobile Netzverbindung einrichten

Das Mobilfunknetz ist in den letzten Jahren mit unterschiedlichen Standards ausgebaut worden, deren Leistungsfähigkeit von Generation zu Generation enorm zugenommen hat.

Heute existieren mehrere digitale Funknetzgenerationen nebeneinander. Die folgende Tabelle zeigt die sprunghafte Entwicklung der möglichen Maximalgeschwindigkeiten. Dazu ist es vielleicht nicht uninteressant, zu wissen, dass 1 MBit 1.024 KBit entspricht.

Generation	Namen	Herunterladen maximal	Hochladen maximal
2G	GSM: GPRS/EDGE	236,8 KBit/s	236,8 KBit/s
3G	WCDMA: UMTS/HSDPA/HSDPA+	42,2 MBit/s	5,76 MBit/s
4G	LTE	150 MBit/s	50 MBit/s

Gebiete, die lange Zeit vernachlässigt wurden, kommen jetzt teilweise in den Genuss von LTE, was manchmal eine Alternative für schnelle DSL-Verbindungen ist, die in diesen Bereichen wegen der höheren Ausbaukosten nicht angeboten werden.

Netzabdeckungskarte von Vodafone (Quelle: www.vodafone.de/ netzabdeckung)

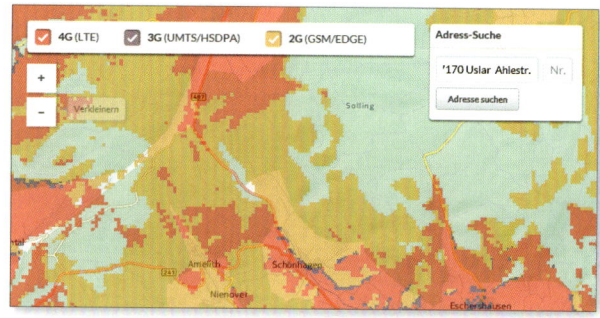

Wenn Sie auf eine mobile Netzverbindung angewiesen sind, hängt viel davon ab, wo Sie sich hauptsächlich aufhalten. Die Mobilfunknetze der verschiedenen Anbieter decken die Gebiete unterschiedlich gut ab. Um die Lage an Ihrem Wohnort zu prüfen, können Sie sich die Netzabdeckungskarten ansehen oder zeigen lassen, die die Netzbetreiber zur Verfügung stellen. Die Abbildung zeigt für den Anbieter Vodafone den Fleckenteppich für eine eher ländliche Gegend in Niedersachsen.

In der Statusleiste finden Sie im rechten Teil jeweils ein Symbol für das Netz, mit dem Sie aktuell verbunden sind.

Symbol	Bedeutung
⊘	kein Signal
📶	Signalstärke
R📶	Roaming
G	mit GPRS-Netz verbunden
E	mit EDGE-Netz verbunden
3G	mit UMTS-Netz verbunden
H	mit HSDPA-Netz verbunden
H+	mit HSPA+-Netz verbunden
4G	mit LTE-Netz verbunden
📞	laufender Anruf
☎	Anruf in Abwesenheit
✉	neue SMS oder MMS
🔕	Vibrieren aktiviert

Spezielle Symbole für LTE-fähige Geräte

INFO

Es muss nicht LTE sein

Wenn Sie in einem Gebiet leben, in dem es kaum Unterstützung für LTE gibt, können Sie auch mit einer SIM-Karte arbeiten, die nicht LTE unterstützt.

Über 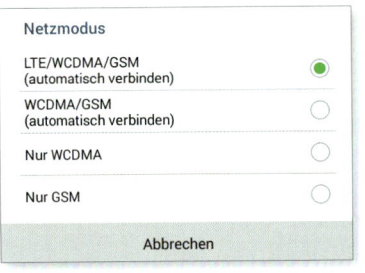 ▸ **Einstellungen** ▸ **Verbindungen** ▸ **Weitere Einstellungen** ▸ **Mobile Netzwerke** finden Sie Optionen, die Einfluss auf den Datenkonsum über das mobile Netzwerk haben.

1. Zunächst können Sie jederzeit die Option **Mobile Datenverbindung** ❶ deaktivieren, wenn Sie Zugang zu einem WLAN haben.

2. Wenn Sie im Ausland sind, kann es unter Umständen Ihr Budget schonen, wenn Sie **Daten-Roaming** ❷ ausgeschaltet lassen.

3. Unter **Netzmodus** ❸ entscheiden Sie, ob das Tablet sich automatisch mit LTE, WCDMA oder GSM verbindet, je nachdem, welche Verbindungen an einem bestimmten Ort möglich sind.

Es wird sich sicher lohnen, gerade am Anfang den mobilen Datenverkehr mit Ihrem Tablet aufmerksam zu beobachten und den Tarif bei Ihrem Provider auf das abzustimmen, was Sie wirklich brauchen. Es ist sehr schwer, hier konkrete Ratschläge zu geben, weil das Tarifangebot erstens oft sehr verwirrend ist und sich zweitens unter dem scharfen Konkurrenzdruck in diesem Marktsegment auch häufig ändert. Hoffnungsvoll ist immerhin, dass es eine klare Tendenz zu preiswerteren Lösungen gibt.

Den Datenkonsum im Auge behalten

Wenn Sie einen Überblick über Ihren Datenkonsum im Internet haben wollen, können Sie die Auswertungen ansehen, die Android automatisch vornimmt, wenn das Tablet mit WLAN oder einer mobilen Netzverbindung arbeitet.

1. Gehen Sie über 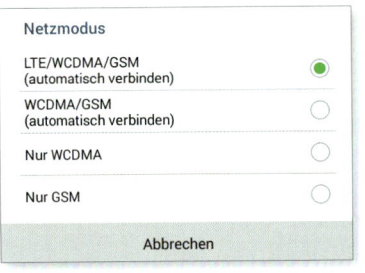 ▸ **Einstellungen** in die Gruppe **Netzwerkverbindungen**.

2. Unter **Datennutzung** ❶ wählen Sie aus dem Listenfeld zu **Datennutzungszyklus** ❷ die Periode aus, für die Sie die Auswertung sehen wollen.

3. Das Tablet generiert für den ausgewählten Zeitraum zunächst ein Histogramm ❸, das die gesamte Datenmenge im Verlauf anzeigt. Darunter erscheint die Datenmenge ❹ für den markierten Bereich, den Sie durch Ziehen der beiden Anfasser ❺ unter dem Diagramm verändern können.

4. Unter dem Diagramm sind in absteigender Reihenfolge die Datenmengen pro App dokumentiert, sodass Sie die Hauptangeklagten schnell dingfest machen können.

Über die Schaltfläche ⋮ stehen Ihnen noch weitere Optionen zur Verfügung, um die Datenmenge zu reduzieren:

■ **Daten autom. synchronisieren** können Sie abschalten. Wenn Sie die Option aktivieren, haben Sie immer noch die Möglichkeit, bei den einzelnen Konten auszuwählen, was synchronisiert werden soll und was nicht.

■ **Mobile Hotspots** erlaubt Ihnen, auszuwählen, welche WLAN-Verbindungen von Hintergrundanwendungen genutzt werden dürfen.

Auf LTE-fähigen Geräten ist die Datenmenge natürlich eine besonders kritische Größe, da selbst Flatrate-Tarife ab einer bestimmten Datenmenge häufig zu einer Drosselung der Geschwindigkeit führen. Deshalb finden Sie bei den LTE-Tablets hier noch weitere Optionen:

■ **Daten-Roaming** erlaubt oder verhindert Verbindungen in fremde Netze.

■ **Hintergrunddaten einschränken** deaktiviert die Hintergrundsynchronisierung.

■ **WLAN-Nutzung anzeigen** zeigt die mobil und die über WLAN konsumierte Datenmenge separat an.

■ Die Option **Mobile Datenverbindung** ❶ erlaubt Ihnen, den Datenkonsum über die mobile Verbindung vorübergehend auch einmal ganz abzuschalten. Die andere Möglichkeit ist, mit **Mobildatenbegrenzung festlegen** ❷ Limits zu bestimmen. Dazu ziehen Sie die roten ❸ und gelben Markierungen ❹ in dem Diagramm auf passende Werte. In der Abbildung liegt der Grenzwert beispielsweise bei 5 GByte für den ausgewählten Zyklus ❺, hier also für einen Monat. Wird der Grenzwert erreicht, wird die Datenverbindung gekappt.

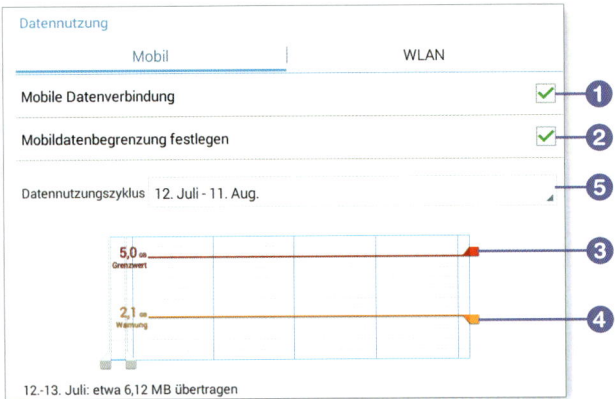

Gerätedaten sind nicht immer gleich Providerdaten

INFO Beachten Sie, dass die hier angegebenen Daten vom Tablet erfasst sind. Sie müssen also nicht exakt mit Werten übereinstimmen, die Ihnen ein Provider über Ihren Datenverbrauch in Rechnung stellt.

Hotspot für andere Geräte

Ein schöner Nebeneffekt eines LTE-fähigen Tablets ist, dass Sie die mobile Datenverbindung auch anderen Geräten zur Verfügung stellen können. Das Tablet wird dann zum mobilen Hotspot, den Geräte nutzen können, die mit WLAN-Verbindungen arbeiten. Wenn Sie also mal mit einem Notebook unterwegs sind und gerade kein offenes WLAN in der Nähe ist, wie es gute Hotels und viele öffentliche Einrichtungen inzwischen anbieten, löst das

Tablet Ihr Problem zumindest technisch. Die Kosten, die dabei entstehen, hängen natürlich von Ihrem Vertrag mit dem Netzanbieter ab.

1. Unter den Einstellungen zu **Netzwerkverbindungen** finden Sie bei den LTE-fähigen Tablets eine zusätzliche Gruppe **Tethering und WLAN-Hotspot**. *Tethering* bezeichnet eben

diese Anbindung des Tablets an ein anderes Gerät, die diesem dann einen Internetzugang über das Tablet zur Verfügung stellt.

2. Aktivieren Sie die Option **Mobiler WLAN-Hotspot ❶**.

3. Tippen Sie den Namen des aktivierten Hotspots an, um die Verbindungsdetails zu sehen.

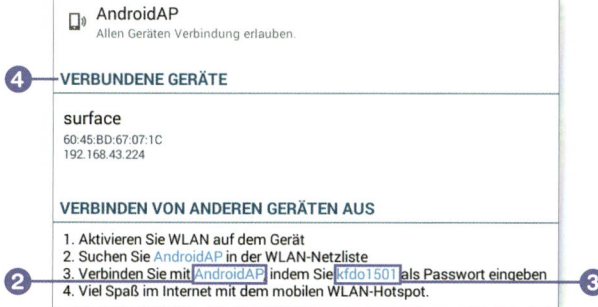

4. Notieren Sie sich den Namen ❷ und das Passwort ❸, bevor Sie auf dem Notebook nach einer WLAN-Verbindung mit diesem Namen suchen.

5. Geben Sie auf dem Notebook das Passwort zu dieser Verbindung ein, um die Verbindung herzustellen. Das Notebook erscheint anschließend unter **Verbundene Geräte ❹**.

Eine spezielle Variante ist das **USB-Tethering ❺**, bei dem Sie ein Notebook, das die Netzverbindung des Tablets mitbenutzen soll, per Kabel mit dem Tablet verbinden. Beim **Bluetooth-Tethering ❻** geben Sie die Internetverbindung des Tablets für ein Gerät frei, das per Bluetooth mit dem Tablet verbunden ist.

INFO

WLAN versus Hotspot

Beachten Sie, dass die Hotspot-Funktion automatisch die WLAN-Verbindung auf dem Tablet ausschaltet. Wenn Sie den Hotspot abschalten, wird WLAN wieder aktiviert.

Einrichten einer Bluetooth-Verbindung

Die Bluetooth-Verbindungen werden wie die WLAN-Verbindungen mit einem Schieberegler ein- und ausgeschaltet. Das Tablet sucht nach Geräten in der näheren Umgebung, mit denen vielleicht eine Koppelung möglich ist. Um die Koppelung herzustellen, geben Sie nacheinander auf beiden Seiten den gleichen, auf dem Tablet automatisch erzeugten *Passkey* ein.

Ein gekoppeltes Gerät wird unter **Gekoppelte Geräte** ❶ angezeigt. Das Zahnradsymbol bietet die Möglichkeit, das Gerät bei Bedarf anders zu benennen oder wieder zu entkoppeln.

Über ⦚ ▶ **Sichtbarkeits-Timeout** lässt sich die Sichtbarkeit des Geräts auf Intervalle zwischen zwei Minuten und einer Stunde begrenzen. Das spart Akku-Kapazität.

Zahlreiche Apps unterstützen die Übertragung von Daten mit Bluetooth, beispielsweise *Galerie*, *Music*, *Video* oder die Apps aus dem Bereich Office.

Findet zwischen per Bluetooth verbundenen Geräten eine Übertragung von Dateien statt, muss das empfangende Gerät die Übernahme bestätigen.

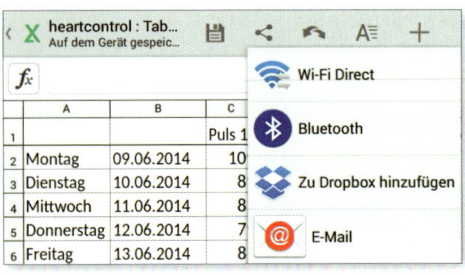

Versenden einer Tabelle aus der App Quickoffice über Bluetooth

Die empfangenen Dateien werden in dem Ordner *Download* abgelegt. Über ⯗ ▸ **Empfangene Dateien** verfolgen Sie den Übertragungsverlauf auf dem Empfangsgerät.

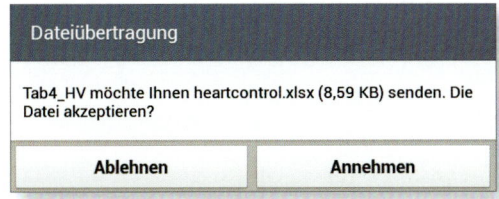 

Eine Empfangsbestätigung für eine Datei. Ein Tipp öffnet die empfangene Datei direkt aus dem Übertragungsprotokoll.

Die Koppelung mit einer Bluetooth-Tastatur, einem Headset fürs Telefonieren oder einem Soundsystem für die Musikwiedergabe funktioniert im Prinzip ähnlich. Details sollte Ihnen aber die Dokumentation des jeweiligen Herstellers verraten.

Webseiten finden und aufrufen

Um sich im Web zu bewegen, brauchen Sie einen Browser. Das ist ein auf dem Tablet installiertes Programm, mit dem Sie im Internet »herumstöbern« können; das ist das, was das englische Verb »browse« ursprünglich bedeutet.

Das Galaxy Tab 4 kommt gleich mit zwei vorinstallierten Browsern, zwischen denen Sie sich entscheiden können. Auf der Startseite vorgegeben finden Sie das Symbol **Internet**, das den von Samsung bereitgestellten Browser startet.

Über Android steht Ihnen aber auch der von Google entwickelte Browser **Chrome** zur Verfügung, den Sie als Vorgabe auf der Startseite finden. Außerdem werden im Google Play Store noch andere Browser angeboten, beispielsweise der auf dem PC weitverbreitete Firefox-Browser oder der Opera-Browser für Android.

Obwohl es seit Jahrzehnten schon ein heftiges Gerangel um die Marktanteile der verschiedenen Browser gibt – sogar das Wort »Browser-Krieg« ging lange Jahre um –, im Prinzip leisten alle Browser mehr oder weniger das Gleiche. Ich zeige Ihnen die Grundfunktionen deshalb hier an dem von Samsung für seine Tablets angepassten Browser und gehe nur kurz auf den Konkurrenten Chrome von Google ein.

 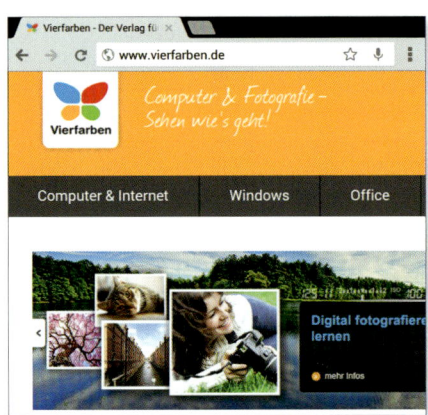

Die gleiche Webseite: links im Samsung-Browser, rechts im Chrome-Browser

Wenn Sie wissen, welche Website Sie sehen wollen, benutzen Sie den Zugang über die Adresse derselben.

1. Rufen Sie die App **Internet** vom Startbildschirm aus auf.

2. Tippen Sie das Adressfeld ❶ unter den Tabs an, damit die Bildschirmtastatur eingeblendet wird. Geben Sie die Webadresse ein; wir versuchen es hier mal mit unserer Verlagsadresse *www.vierfarben.de*, wobei Sie das *www* auch weglassen können, der Browser setzt dieses

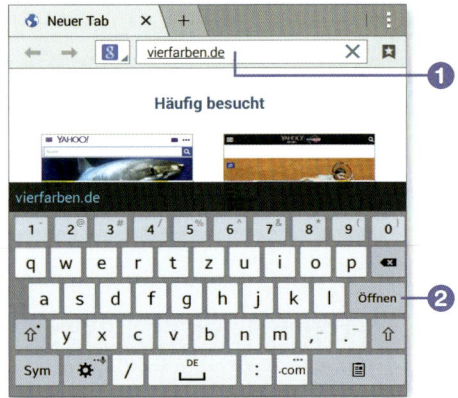

Präfix automatisch davor. Das gilt auch für das Protokollpräfix *http://*. Die Webadresse muss ein gültiger *URL* sein, das Kürzel steht für *Uniform*

Resource Locator. Es ist also eine Adresse, die eine Ressource im Internet – sei es eine Seite, ein Bild oder ein anderes Medium – in einheitlicher Form lokalisiert.

> **INFO**
>
> **Gesicherte Websites verwenden das https-Protokoll**
>
> Beim Zugang zu einer abgesicherten Website wird das Protokollpräfix *https://* verwendet, auch dieses wird automatisch ergänzt.

3. Tippen Sie auf der Tastatur die Schaltfläche **Öffnen** ❷ an.

4. Der Browser sucht die der Adresse entsprechende Ressource im Internet, in diesem Fall also die Startseite des Verlagsportals.

5. Wenn ein Teil der Seite im Display verdeckt ist, ziehen Sie mit dem Finger nach oben oder unten bzw. nach links oder rechts.

6. Häufig lassen sich Seiten auch auf die Bildschirmbreite verkleinern, wenn Sie zwei Finger darüber zusammenziehen.

7. Um bestimmte Teile größer zu sehen, spreizen Sie die Finger darüber. Oft reicht auch schon ein Doppeltipp. Mit dem Finger können Sie den vergrößerten Bereich verschieben. Ein erneuter Doppeltipp macht den Zoom wieder rückgängig.

8. Bei sehr langen Seiten wischen Sie mit dem Finger nach oben, die Seite wird sehr schnell nach unten gescrollt und stoppt am Ende.

9. Statt die Seite im Hochformat anzusehen, können Sie das Tablet auch nach links oder rechts drehen, um die Seite im Querformat zu betrachten. Das ist bei breit angelegten Seiten häufig die günstigere Vorgehensweise.

10. Um von der geöffneten Seite zu Seiten zu springen, die mit der Ausgangsseite verbunden, also verlinkt sind, tippen Sie auf die *Links*, die in der Seite angezeigt werden. Früher waren Links meist unterstrichen, heute werden oft nur andere Textfarben verwendet. Auf der Website von Vierfarben sind beispielsweise die Titel der Bücher oder die Namen der Autoren als *Hyperlinks*, wie die Verknüpfungen eigentlich heißen, angelegt. Ein Tipp darauf führt zu weiteren Informationen. Auch Bilder oder Schaltflächen arbeiten häufig als Links.

11. Wenn Sie den Finger kurz auf einem Link halten, wird das abgebildete Kontextmenü angeboten. Neben dem Öffnen der Seite, auf die der Link verweist, haben Sie hier die Möglichkeit, die Seite auf einem neuen Register zu öffnen, anstatt die bisher angezeigte Seite durch die aufgerufene Seite zu ersetzen. Außerdem finden Sie hier Optionen, um den Link zu speichern oder zu kopieren.

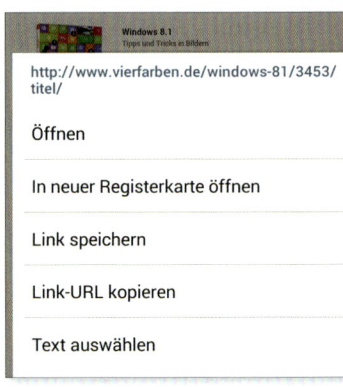

Beim Kopieren stellt Android den Link in die Zwischenablage, von der aus er an anderer Stelle übernommen werden kann. Die folgende Abbildung zeigt als Beispiel die Übernahme in eine Notiz mit der App *Memo*.

Um den Inhalt der Zwischenablage zu sehen, tippen Sie auf der Tastatur die Taste ganz unten rechts ❶ an. Der Pfeil nach unten ❷ in der Menüleiste der Zwischenablage blendet die Tastatur wieder ein.

Zum Einfügen reicht ein Tipp auf die Kopie des Links in der Zwischenablage.

INFO

Links – auf dem Tablet nicht immer erkennbar

Während auf einem mit der Maus bedienten Gerät Links auch daran zu erkennen sind, dass sie ihr Aussehen ändern, wenn sie von der Maus berührt werden, ist dies bei einem Android-Tablet nicht der Fall. Erst beim Antippen einer Stelle stellt sich heraus, ob ein Element zum Absprung vorgesehen ist.

Werfen wir zunächst noch einen Blick auf die Oberfläche der **Internet**-App.

In der obersten Leiste wird für jede geöffnete Seite eine Art Register, ein Tab ❶, angezeigt. Der letzte Tab rechts zeigt ein Pluszeichen ❷. Tippen Sie es an, um eine zusätzliche Seite zu öffnen. Sind mehrere Seiten gleichzeitig geöffnet, tippen Sie zum Wechsel zwischen den Seiten einfach den entsprechenden Tab an. Wenn nicht alle Tabs zu sehen sind, ziehen Sie mit dem Finger nach links oder rechts, bis Sie den gewünschten Tab antippen können. Kann eine Seite geschlossen werden, weil sie nicht mehr benötigt wird, tippen Sie auf das Andreaskreuz ❸ am Ende des Tabs.

Unterhalb der Tabs finden Sie links von dem Adressfeld, das gleichzeitig auch als Suchfeld dient, zwei Pfeile für die Navigation innerhalb der Websites. Der Pfeil nach links ❹ führt jeweils einen Schritt zurück, falls Sie auf der Website einem Link gefolgt sind. Statt des Pfeils können Sie auch die **Zurück**-Taste des Tablets verwenden, sie hat in diesem Fall die gleiche Funktion.

Der Pfeil nach rechts ❺ kommt ins Spiel, wenn Sie den Pfeil nach links schon einmal verwendet haben, um den Schritt zurück selbst wieder rückgängig zu machen. Häufig sind Websites über zahlreiche Ebenen miteinander verknüpft, mit den beiden Pfeiltasten finden Sie aber immer den Weg zurück an eine bestimmte Stelle.

Das Haussymbol ❻ rechts neben den beiden Pfeilen führt Sie immer sofort zu der Seite zurück, die Sie als Startseite des Browsers bestimmt haben. Dies geschieht über das Kontextmenü, das Sie mit ⦂ öffnen. Dazu komme ich noch auf einer der folgenden Seiten.

Im Adress- oder Suchfeld erscheint vielleicht am Anfang ein grauer Stern ❼, den Sie antippen können, um die aktuelle Seite in die Liste der Favoriten aufzunehmen. Sie werden aufgefordert, einen passenden Namen zu vergeben, und brauchen dies nur noch mit

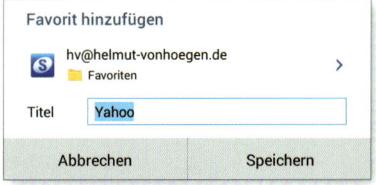

Speichern zu bestätigen. Ist die Seite bereits als Favoritenseite markiert, erscheint der Stern farbig.

Hinter dem Stern können noch weitere Symbole erscheinen. Das Symbol mit dem Schloss (❽ auf Seite 87) beispielsweise zeigt, wenn Sie es antippen, die **Seiteninfo**. Über **Zertifikat anzeigen** können Sie prüfen, ob die Seite von einer Zertifizierungsinstanz als authentisch eingestuft wurde und ob die Verbindung zu dieser Seite mit Verschlüsselung arbeitet, um den Datenaustausch abzusichern.

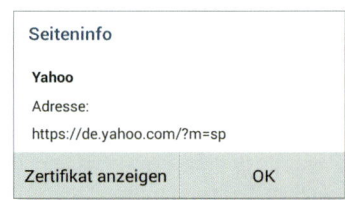

Am Ende des Feldes finden Sie ein gerundetes Pfeilsymbol ❾, mit dem Sie die Anzeige der aktuellen Webseite aktualisieren, falls

Hier finden Sie Infos darüber, ob die Seite ein Sicherheitszertifikat besitzt.

die Anzeige einmal ins Stocken geraten sollte oder falls Sie den Eindruck haben, dass nicht mehr aktuelle Daten zu sehen sind. Typisches Beispiel sind hier Liveticker von Sportereignissen, die manchmal nicht automatisch korrekt auf den letzten Stand gebracht werden, oder auch Wetter- oder Börsendaten.

Das letzte Symbol in der Leiste ist ein Fähnchen ❿, das die komfortable Favoritenverwaltung öffnet, von der gleich noch die Rede sein wird. Außerdem haben Sie darüber den Zugriff auf den Verlauf Ihrer Internetsitzung und auf lokal gespeicherte Seiten, in denen Sie auch ohne Netzverbindung, im sogenannten *Offline-Modus*, schmökern können.

Wenn Sie mit einem Tipp auf das Register mit dem Pluszeichen ein neues Register einfügen, erscheint im Adress- oder Suchfeld am Anfang eine Lupe ❶ und am Ende ein Symbol für ein Mikrofon ❷. Ein Tipp darauf gestattet Ihnen, ein Suchwort per Spracheingabe einzugeben. Mehr dazu lesen Sie im Abschnitt »Tipps für effektives Suchen« ab Seite 92. Ist das Feld nicht leer, markiert ein Tipp darauf den Inhalt, das angebotene Andreaskreuz löscht ihn komplett. Vor dem leeren Feld

Liste der Suchmaschinen

erscheint ein Listenfeld, das die aktuell als Standard verwendete Suchmaschine anzeigt. Wenn Sie die Liste per Tipp öffnen, lassen sich auch andere Suchmaschinen auswählen.

Der ganze Bereich unter den beiden Leisten ist frei für die Anzeige der Webseiten.

Umfangreiche Einstellungsmöglichkeiten bietet Ihnen innerhalb der **Internet**-App das Symbol ⋮. Wenn nicht alle Optionen des Menüs sichtbar sind, wischen Sie mit dem Finger nach oben.

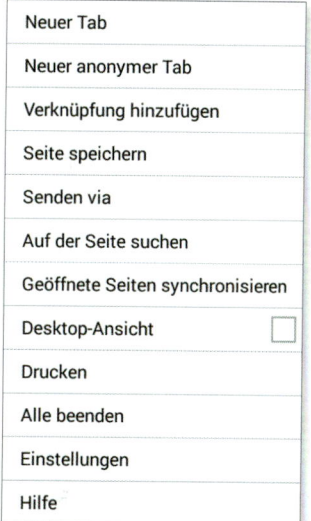

1. Mit **Neuer anonymer Tab** legen Sie einen neuen Tab an und verwenden dafür den Modus des anonymen Browsens. Hier aufgerufene Seiten erscheinen nicht im Browser- oder Suchverlauf.

2. **Seite speichern** speichert die angezeigte Seite auf dem Tablet. Die Liste der gespeicherten Seiten finden Sie über das Fähnchensymbol, wenn Sie das Listenfeld **Favoriten** antippen und schließlich auf **Gesp. Seiten** tippen. Ein weiterer Tipp dort öffnet die Seite erneut im Browser.

3. **Senden via** übermittelt den Link zur aktuellen Seite per E-Mail oder zu den ausgewählten sozialen Netzwerken.

4. Wenn Sie die Option **Desktop-Ansicht** aktivieren, erscheint die Webseite so, wie sie auf einem Desktop dargestellt wird und nicht in der speziellen Ansicht für mobile Geräte, vorausgesetzt, beide Ansichten stehen zur Verfügung. Normalerweise erkennt der Internetserver, den Sie mit einer Webadresse ansprechen, dass die Anfrage von einem mobilen Gerät ausgeht, und liefert die Webseite in der dafür optimierten Form aus, um die Datenmenge bei der Übertragung zu reduzieren.

5. Über die Option **Einstellungen** werden zahlreiche Optionen angeboten, mit deren Hilfe Sie Ihre Ausflüge ins Web möglichst komfortabel und, soweit es möglich ist, auch einigermaßen sicher unternehmen können. Ich drücke mich hier vage aus, weil die Sicherheitslage im Internet mo-

mentan eigentlich als katastrophal eingeschätzt werden müsste; wenn uns nicht der Komfort, den uns das Netz zweifellos bietet, immer wieder dazu verführen würde, die Gefahren zu vergessen. Ich gehe auf dieses Thema näher in Kapitel 13, »Das Tablet und die Daten schützen«, ein.

6. Unter **Grundlagen** können Sie veranlassen, dass Sie sich mit einem Samsung-Konto ❶ anmelden. Das hat den Vorteil, dass Sie die Lesezeichen ❷ und die geöffneten Seiten ❸ auch auf jedem anderen Gerät angeboten bekommen, auf dem Sie sich mit einem Samsung-Konto anmelden.

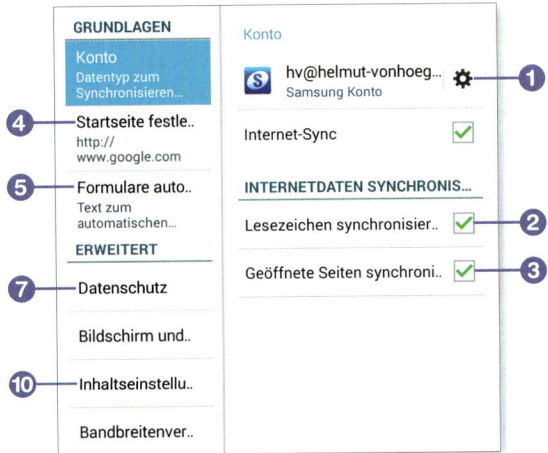

7. Außerdem legen Sie hier fest, was als Startseite des Browsers ❹ verwendet werden soll: Sie haben die Wahl zwischen einer leeren Seite, der aktuellen Seite, der von Samsung vorgegebenen Standardseite oder einer Übersicht über häufig besuchte Seiten. Über die Option **Andere** können Sie auch eine ganz bestimmte Seite wählen, deren Adresse Sie unter **Einstellen** angeben.

8. Unter **Formulare autom. ausfüllen** ❺ können Sie Profile anlegen mit den Daten, die typischerweise in Webformularen abgefragt werden. Benutzen Sie **Profil hinzufügen** (❻ auf Seite 91), um die Daten einzugeben.

9. Sie müssen diese Eingaben mit **OK** in der Menüleiste bestätigen, damit die Einträge zur Verfügung stehen, wenn ein Webformular ausgefüllt werden soll. Das kann eine Menge Arbeit sparen.

10. Es ist kein Geheimnis, dass die Kriminalität im Internet in den letzten Jahren eher zugenommen hat. Wenn Sie Ihre Internetausflüge möglichst ohne Ärgernisse genießen wollen, lohnt es sich, bei den Optionen zum Thema **Datenschutz** ❼ möglichst sorgfältig auszuwählen, was Sie zulassen und was Sie unterbinden wollen. Auch bei der Option **Passwörter merken** ❽ haben Sie die Wahl zwischen Bequemlichkeit und mehr Sicherheit, denn es gibt Schadsoftware, die versucht, die gespeicherten Passwörter auszuspionieren.

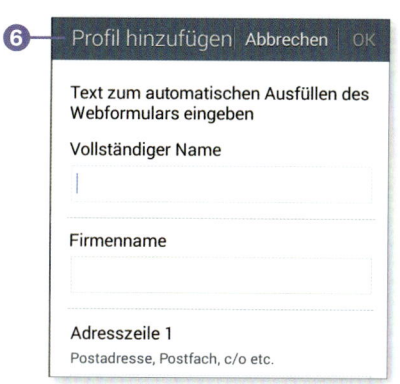
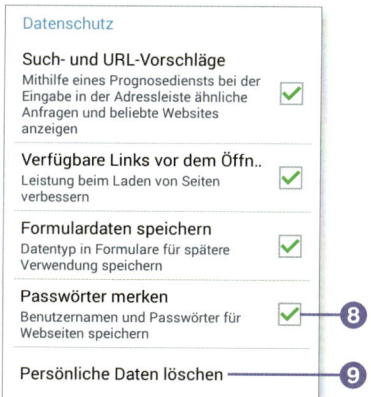

11. Wenn Sie **Persönliche Daten löschen** ❾ antippen, können Sie den Browserverlauf, den *Cache*, *Cookies* und *Sitedaten* oder Passwörter löschen und so Spuren beseitigen, die Ihre Webaktivitäten automatisch hinterlassen haben.

12. Darüber, ob Cookies gefährlich sind, ist viel gestritten worden. Wenn Sie misstrauisch sind, können Sie unter **Inhaltseinstellungen** (❿ auf Seite 90) verhindern, dass Website-Betreiber kleine Datenstückchen auf Ihrem Tablet ablegen, damit Sie beim nächsten Besuch dieser Seite als bekannt betrachtet werden. JavaScript sollte aktiviert bleiben, die Webdesigner arbeiten zunehmend mit Scripts, um die Seiten lebendiger und attraktiver zu machen. Dagegen macht es oft Sinn, die eher lästigen Pop-ups, die ja meist nur für die Werbung verwendet werden, zu blockieren.

13. Unter **Bildschirm und Text** (⓫ auf Seite 92) können Sie mit dem Schieberegler zu **Textskalierung** festlegen, ob der Text von Webseiten vergrößert werden soll. Das ist gerade auf den kleineren Tablets sehr praktisch, solange die Webseite dies zulässt.

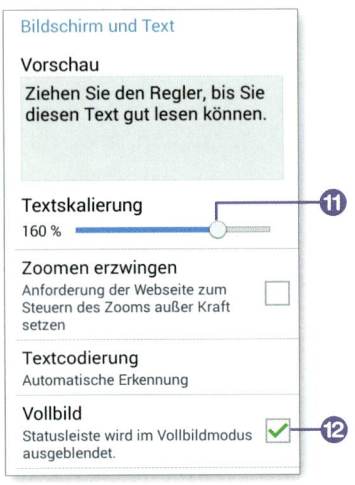

14. Um etwas mehr Platz zu gewinnen, können Sie noch die Option **Vollbild** ⑫ aktivieren.

Gerade bei der Textskalierung sollten Sie am Anfang ein wenig herumexperimentieren, bis die Einstellung zu Ihrer Sichtigkeit passt.

Tipps für effektives Suchen

Die **Internet**-App unterstützt Sie auf vielfältige Weise bei dem Ziel, möglichst schnell die für Sie interessanten Informationen oder Medien zu finden. Häufig bietet Ihnen die App, sobald Sie anfangen, in die Adresszeile eine Zeichenfolge einzutippen, schon Webadressen an, die eventuell dem entsprechen, was Sie suchen. Ein Tipp auf den entsprechenden Eintrag öffnet die Seite.

1. Wenn Sie nicht wissen, welche Website Ihnen Infos zu einem bestimmten Thema anbietet, geben Sie in der Adresszeile des Browsers anstelle einer kompletten Webadresse einfach ein zum Thema gehörendes Stichwort an.

2. Beim Eintippen der ersten Buchstaben ist das Angebot vielleicht noch weit gestreut, mit jedem weiteren Buchstaben wird die Auswahl aber akkurater.

3. Statt weitere Zeichen einzugeben, können Sie sich auch direkt in der Liste bewegen, um das gesuchte Ziel schneller zu finden. Die Liste in der Abbildung zeigt hinter einem Globus komplette Webadressen, die per Tipp sofort geöffnet werden, oder hinter einer Lupe mögliche Suchbegriffe, die Sie mit einem Tipp auf den Pfeil dahinter in das Adressfeld übernehmen.

4. Wenn Sie den Suchbegriff mit der Taste **Öffnen** bestätigen, erhalten Sie eine Ergebnisseite der Suchmaschine, die Sie als Standardsuchmaschine gewählt haben, in unserem Fall ist es also die Google-Suchmaschine.

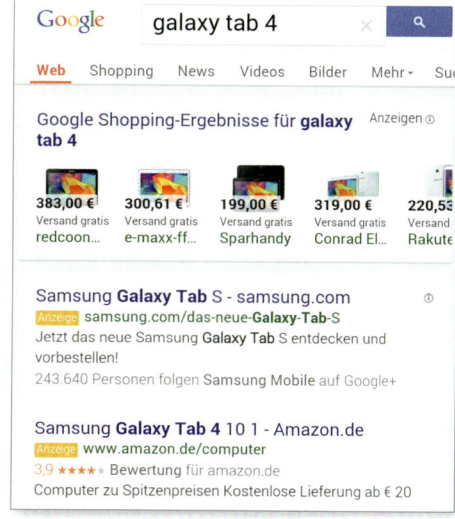

Tippen Sie den Link zu der Seite an, die Ihnen die besten Ergebnisse verspricht.

Wenn Ihnen das Eintippen zu lästig ist, versuchen Sie es mit der Spracheingabe.

1. Tippen Sie auf das Mikrofonsymbol am Ende des Adressfeldes.

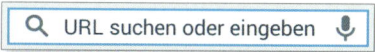

2. Sie werden aufgefordert zu sprechen. Nennen Sie dem Tablet also Ihren Suchbegriff.

3. Die App übersetzt das gesprochene Suchwort in Buchstaben im Adressfeld. Wurden Sie verstanden, tippen Sie auf **Öffnen**.

Oft kommt es vor, dass Sie eine Seite, die Sie vor einigen Tagen angesehen haben, erneut besuchen wollen. In diesem Fall hilft es oft, die Verlaufsliste zu nutzen, die die App über die von Ihnen vorgenommenen Eingaben in der Adressleiste führt.

1. Tippen Sie in der Adressleiste das Symbol mit dem Fähnchen an.

2. Wählen Sie das Register **Verlauf**. In der linken Spalte wählen Sie zwischen **Heute**, **Gestern** oder **Am häufigsten besucht**. In der rechten Spalte werden die entsprechenden Links aufgelistet. Ziehen Sie bei Bedarf mit dem Finger nach oben, bis die gewünschte Adresse erscheint.

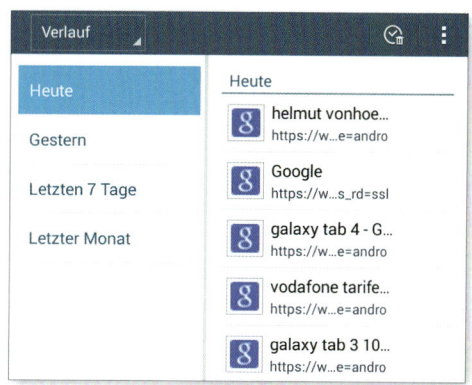

3. Ein Tipp darauf öffnet die Seite erneut.

4. Mit dem Papierkorbsymbol können Sie den Verlauf auch löschen, wenn Sie nicht wollen, dass jemand sieht, wo Sie herumgesurft sind.

> **INFO**
>
> **Suchtricks**
>
> Die verschiedenen Suchmaschinen haben unterschiedliche Mechanismen, mit denen die Suche beeinflusst werden kann. Für Google gilt, dass ein +-Zeichen vor einem Suchwort dazu führt, dass der Suchbegriff auf jeden Fall vorkommen muss. Setzen Sie mehrere Worte in Anführungszeichen, wird exakt diese Zeichenfolge gesucht.

Schnell suchen mit dem Such-Widget

Um die Suche nach Webseiten zu einem bestimmten Thema zu beschleunigen, finden Sie auf der Startseite des Tablets in der linken unteren Ecke das *Google-Such-Widget*.

1. Wenn Sie die Schaltfläche antippen, können Sie gleich einen Suchbegriff entweder eintippen oder nach dem Weckruf »Ok Google« ins Mikrofon sprechen.

2. Sofort wird Ihnen eine Ergebnisliste angezeigt. Sie müssen in diesem Fall also nicht erst die App **Internet** öffnen.

3. Die Suche lässt sich mit den Schaltflächen am unteren Bildrand auch auf Bilder, Shopping-Angebote, News, Maps, Videos, Bücher, Apps oder das Tablet selbst umlenken.

Das Widget verwendet die Funktionen der Google-App, die Sie über das Symbol **Google** aus dem Anwendungsbildschirm aufrufen.

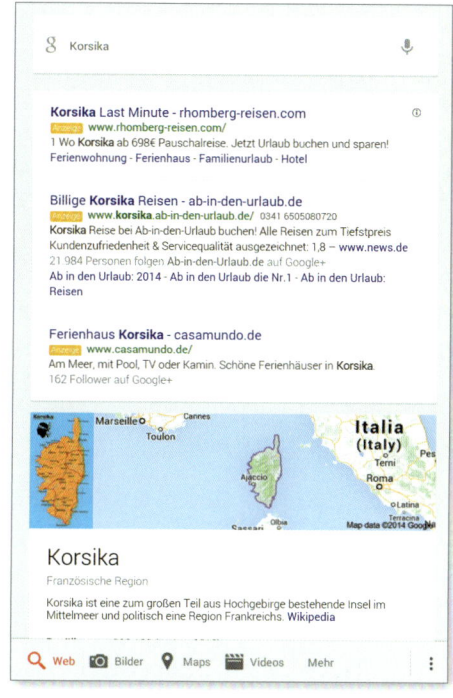

Ergebnis einer Suche
mit der Google-App

Google Now – Ihr elektronischer Butler

Google Now ist eine Erweiterung der Google-Such-App. Die Bezeichnung »intelligenter persönlicher Assistent« ist vielleicht etwas hochgegriffen, aber immerhin kann diese App eine ganze Menge. Nehmen wir einmal an, Sie haben am folgenden Montag einen Termin bei einem neuen Zahnarzt, der Ihnen empfohlen worden ist.

Wenn Sie morgens das Tablet einschalten, »überlegt« sich Ihr elektronischer Butler, wie er Ihnen dabei helfen kann. Nicht nur, dass er Sie rechtzeitig an den Termin erinnert, falls Sie ihn über *S Planner* eingetragen haben; er sucht Ihnen auch eine passende Route aus. Wenn es eine längere Strecke ist, werden die aktuellen Verkehrsberichte über Staus gleich mit ausgewertet. Gibt es schwieriges Wetter, gehen auch die Wetterdaten in seine Empfehlungen ein.

Finden an diesem Tag noch Ereignisse statt, über die Sie gerne informiert werden wollen, etwa bestimmte Sportergebnisse oder Ergebnisse von Wahlen, Bewegungen an der Börse, die für Ihr Depot von Bedeutung sind, lässt sich auch das in das Informationsangebot einbinden. Gibt es in der Nähe des Zahnarztes eine interessante Ausstellung, die Sie vielleicht anschließend noch besuchen könnten, um sich von der vielleicht nicht ganz schmerzfreien Erfahrung zu erholen, kann auch das mitgeliefert werden.

Wenn Sie sich vor Kurzem im Internet noch für bestimmte Dinge interessiert haben, die mit dem Termin in Zusammenhang stehen, etwa Preise für Zahnimplantate, wertet Google Now – falls Sie es zugelassen haben – Ihr Webprotokoll aus und gibt vielleicht noch ein paar Hinweise. So ungefähr sollten Sie sich Google Now vorstellen.

Im Folgenden zeige ich Ihnen, wie Sie Google Now handhaben:

1. Halten Sie die **Home**-Taste gedrückt, um den Bildschirm von **Google Now** einzublenden.

2. Google sucht Ihnen tagesaktuelle Informationen zusammen und legt sie auf einer Reihe sogenannter Karten ab, die Sie durch Wischen nach oben sichtbar machen.

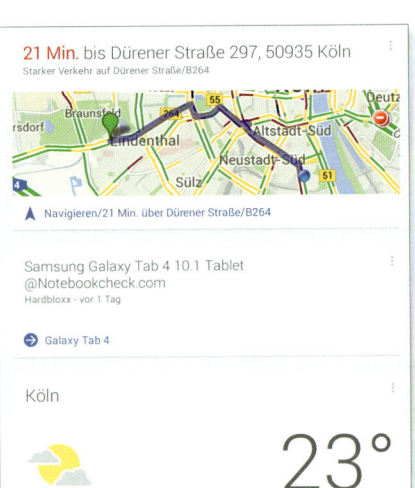

3. Viele Karten sind gleichzeitig Links zu Webseiten, die Sie durch Antippen öffnen. Die **Zurück**-Schaltfläche führt dann wieder zu Google Now zurück.

4. Die meisten Karten verfügen über Schaltflächen mit dem Symbol ⁞ und führen meist zu Abfragen, ob Sie an dem Thema generell interessiert sind oder nicht. Sie können auf diese Weise das Angebot von Google Now auf das konzentrieren, was für Sie wesentlich ist.

5. Wollen Sie eine Karte nicht mehr sehen, wischen Sie sie zur Seite.

6. Am unteren Rand des Bildschirms werden drei Schaltflächen ange-

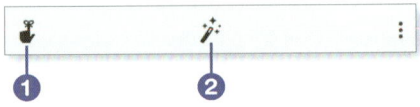

boten. Die mit dem Finger ❶ führt zur Liste der Erinnerungen und erlaubt über **Erinnerung hinzufügen** die Eingabe neuer Termine, auch per Spracheingabe.

7. Über die mittlere Schaltfläche ❷ passen Sie Google Now an. Sie können unter **Sport** Teams hinzufügen, unter **Aktienkurse** Tickersymbole, unter **Orte** beispielsweise aktuelle Reiseziele. Unter **Alles andere** fragt Google, wenn es schon einiges von Ihnen und Ihrer Umgebung weiß, gezielt nach, ob Sie dies oder das interessiert, beispielsweise Infos zu Lokalen in der Nähe Ihres Wohnorts.

8. Die Schaltfläche ⦙ rechts öffnet den in der nebenstehenden Abbildung gezeigten Einstellungsdialog.

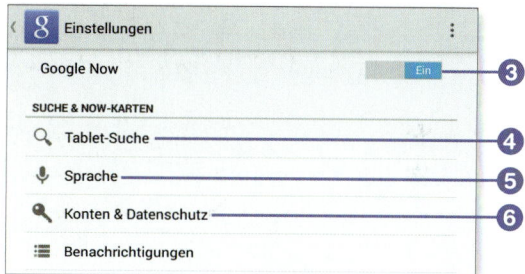

9. Wenn Ihnen diese ganze Verfolgung zu sehr auf den Leib rückt, schalten Sie hier **Google Now** einfach ab ❸. Wenn Sie nun die **Home**-Taste gedrückt halten, wird nur noch die einfache Google-Such-App angeboten.

10. Unter **Tablet-Suche** ❹ wählen Sie aus, ob die Kontaktdaten für Google Now ausgewertet werden dürfen.

11. Unter **Sprache** ❺ aktivieren Sie das Hotword »OK Google«, das die Spracheingabe startet. Wenn Sie **Sprachausgabe** anschalten, werden Erinnerungen etc. vorgelesen.

12. Bei **Konten & Datenschutz** ❻ haben Sie immerhin Gelegenheit, das schon angesprochene Webprotokoll notfalls auszuschalten.

Kurz gesagt, es hängt einiges von den gewählten Einstellungen ab, ob der Suchdienst Google Now einen Nutzen für Sie hat oder doch nur eine eher lästige Infoflutung darstellt, die nach einiger Zeit meist auch keine Beachtung mehr findet.

INFO

Apropos Webprotokoll

Googles Webprotokoll speichert über Jahre hinweg alle Ihre Suchabfragen. Wenn Sie sich ein Bild davon machen wollen, gehen Sie auf die Webseite *history.google.com* und melden sich in Ihrem Google-Konto an. Wie ein solches Webprotokoll aussieht, sehen Sie in der Abbildung rechts.

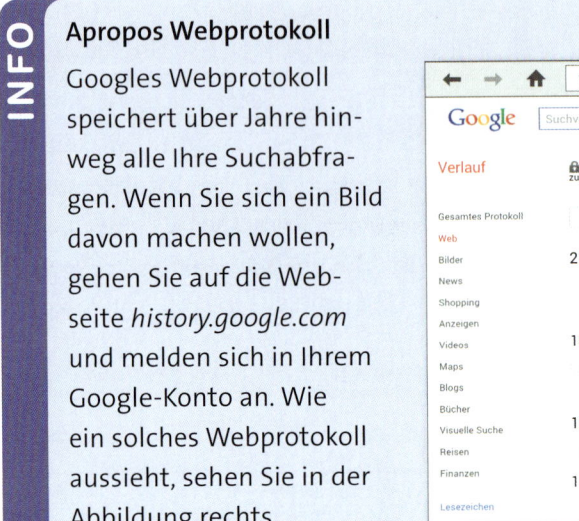

Lesezeichen anlegen und verwalten

Nichts spart beim Surfen mehr Zeit als eine gute Organisation Ihrer Lesezeichen. Wenn Sie sich auf einer Website befinden, die Sie häufiger besuchen wollen, nehmen Sie sie in die Liste Ihrer Favoriten auf.

1. Gehen Sie mit der **Internet**-App zu der Seite, die Sie mit einem Lesezeichen versehen wollen. Bei einer kleinen Website mag das die Startseite sein, bei umfangreichen Portalen können Sie gleich den speziellen Bereich auswählen, der Sie interessiert.

2. Tippen Sie in der Adressleiste auf das graue Sternsymbol ❶.

3. Geben Sie einen griffigen Titel ❷ für das Lesezeichen an,

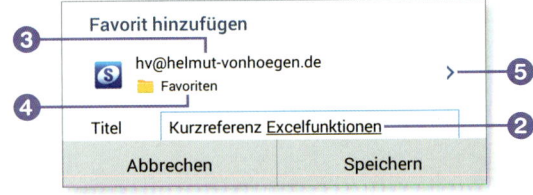

damit Sie sofort wissen, wofür es steht. Die Adresse der Seite wird automatisch übernommen.

4. Das Dialogfeld **Favorit hinzufügen** zeigt das Konto **③** an, dem die Favoritenliste zugeordnet ist, und als Vorgabe den Ordner **Favoriten ④**. Führen Sie alle Lesezeichen in einem einzigen Ordner, können Sie diese Vorgabe übernehmen. Wollen Sie die Lesezeichen nach Themen geordnet in verschiedenen Ordnern ablegen, tippen Sie auf den kleinen Pfeil rechts davon **⑤**.

5. Ist ein Ordner in der Liste schon aufgeführt, reicht ein Tipp auf den Namen.

6. Soll ein Ordner neu angelegt werden, tippen Sie auf **+ Ordner erstellen ⑥** und vergeben einen passenden Namen. Unter **Standort ⑦** wählen Sie dazu den übergeordneten Ordner aus, in dem Sie den neuen Ordner als Unterordner anlegen möchten.

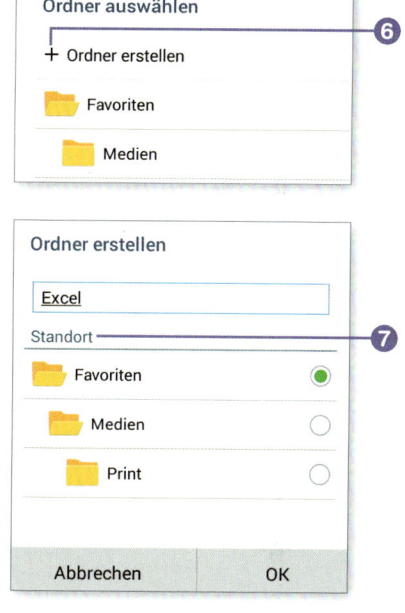

Die Favoritenverwaltung, die Sie mit einem Tipp auf das Fähnchen (**⑧** auf Seite 98) in der Adressleiste öffnen, zeigt links eine Spalte mit der Ordnerhierarchie, rechts die Lesezeichen des mit einem Tipp markierten Ordners. Über ⦚ wechseln Sie zwischen der kompakteren **Listenansicht** und der **Rasteransicht**, die Miniaturen der Webseite anzeigt.

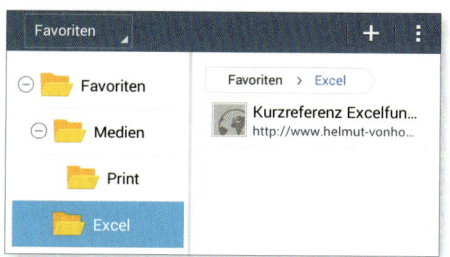 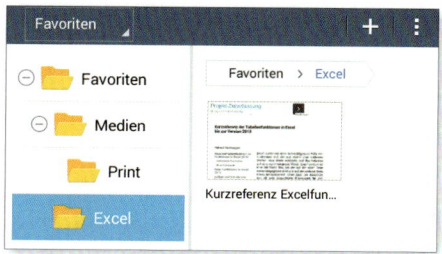

Listenansicht und Rasteransicht der Favoriten

Die Lesezeichen erscheinen zunächst einfach in der Reihenfolge, in der Sie sie anlegen.

1. Wollen Sie das ändern, benutzen Sie ⁝ ▸ **Reihenf. änd.**

2. Nun können Sie die einzelnen Elemente der Liste beliebig verschieben, indem Sie an den eingeblendeten Rastersymbolen ❶ ziehen.

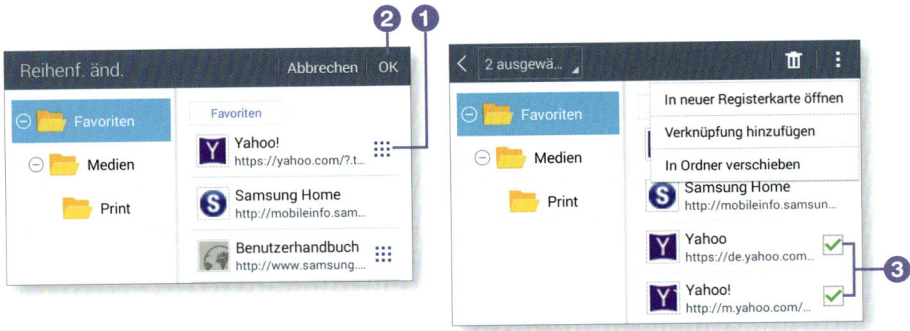

3. Bestätigen Sie die Änderungen noch mit **OK** ❷.

4. Mit ⁝ ▸ **Auswählen** werden Auswahlkästchen ❸ zu den Lesezeichen eingeblendet. Per Tipp können Sie eines oder mehrere Lesezeichen auswählen, beispielsweise um die Seiten mit ⁝ ▸ **In neuer Registerkarte öffnen** auf eigenen Tabs anzuzeigen oder um die Lesezeichen mit ⁝ ▸ **In Ordner verschieben** an anderer Stelle abzulegen. Das Verschieben lässt sich übrigens auch durch Ziehen in einen anderen Ordner erledigen.

5. Mit ⁝ ▸ **Verknüpfung hinzufügen** lassen sich wichtige Lesezeichen mit einem Fähnchensymbol auch auf den Startbildschirm legen.

6. Außerdem können Sie ausgewählte Lesezeichen mit dem Papierkorbsymbol löschen. Sie tun gut daran, die Liste Ihrer Lesezeichen gelegentlich nach veralteten Links zu durchforsten und diese zu entfernen. Soll ein Link nur korrigiert werden, benutzen Sie ⁝ ▸ **Bearbeiten** und ändern bei Bedarf die Adresse.

Ist nur ein Lesezeichen ausgewählt, wird Ihnen in der Menüleiste auch noch das Symbol **Freigeben für** angeboten, um das Lesezeichen mit anderen zu teilen.

Lesezeichen benutzen

Es gibt mehrere Wege, Lesezeichen zu benutzen. Wenn Sie, wie zuletzt beschrieben, Verknüpfungen auf den Startbildbildschirm legen, reicht ein Tipp darauf, um die entsprechende Seite zu öffnen.

Innerhalb der **Internet**-App geht der Aufruf so:

1. Tippen Sie in der Adressleiste das Fähnchensymbol an.

2. Unter **Favoriten** wählen Sie in der linken Spalte den Ordner, in dem das Lesezeichen zu finden ist.

3. Ein Tipp auf das entsprechende Lesezeichen in der rechten Spalte öffnet die Seite im Browser.

Manchmal wollen Sie zu einer Seite zurück, zu der Sie aber kein Lesezeichen angelegt haben. Wenn es noch nicht so lange her ist, benutzen Sie das Verlaufsprotokoll, wie im Abschnitt »Webseiten finden und aufrufen« auf Seite 83 bereits beschrieben.

Copy & Paste

Eines der positivsten Urteile über das Internet ist, dass es sich dabei um eine gigantische Wissensverbreitungsmaschine handelt. Texte aus dem Mittelalter, die früher nur Spezialisten an ganz bestimmten Orten für kurze Zeit einsehen konnten, stehen heute im Prinzip jedem jederzeit und überall zur Verfügung. Das andere Extrem sind »wissenschaftliche« Arbeiten, die ohne Erlaubnis oder ohne korrekte Quellenangaben aus fremden Dokumenten zusammenkopiert sind.

Im Alltag ist es in jedem Fall eine große Erleichterung, dass ein paar Tipps auf dem Tablet genügen, um einen interessanten Abschnitt auf einer Webseite oder ein Bild darauf festzuhalten, beispielsweise um es einem Freund oder einer Freundin in einer E-Mail als beachtenswert zu schicken. Wie das geht? Mit den Fingern ist es jedenfalls auch nicht viel schwieriger als mit einer Maus oder Tastatur.

1. Halten Sie den Finger kurz auf das erste Wort in dem Abschnitt einer Webseite, aus der Sie Text kopieren wollen.

2. Die App blendet zwei Anfasser vor und hinter der Markierung und dazu ein Kontextmenü mit Schaltflächen ein.

3. Ziehen Sie den zweiten Anfasser bis zum Ende des Textteils, und tippen Sie auf **Kopieren** ❶. Die Textpassage wird in die Zwischenablage kopiert.

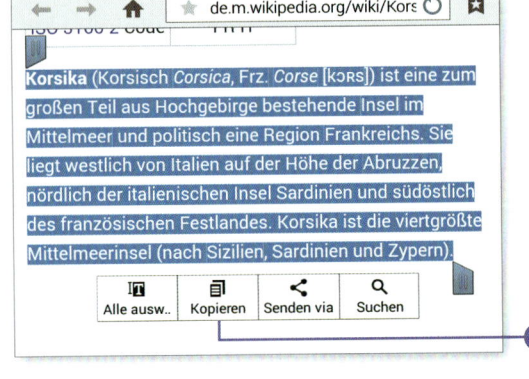

4. Nun können Sie eine andere App aufrufen, beispielsweise die **E-Mail**-App. Wie Sie dort ein Konto einrichten, lesen Sie in Kapitel 4, »E-Mails senden und empfangen«.

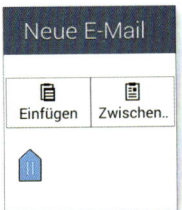

5. Wenn Sie dort das Fähnchen an der Eingabestelle der Nachricht antippen, erscheint die Schaltfläche **Einfügen**, mit der Sie die Textpassage in die E-Mail übernehmen.

Wenn Sie ein Bild von einer Webseite auf dem Tablet speichern wollen, um es beispielsweise per E-Mail einer anderen Person zu schicken, ist die Vorgehensweise ähnlich.

1. Halten Sie den Finger kurz auf dem Bild auf der Webseite, bis das Kontextmenü erscheint.

2. Benutzen Sie **Bild speichern** ❷. Das Bild wird in dem Album **Downloads** gespeichert.

3. Wechseln Sie in die **E-Mail**-App, um bei unserem Beispiel zu bleiben.

4. Tippen Sie auf das Anhangsymbol mit der Büroklammer, und wählen Sie **Eigene Bilder** und anschließend **Galerie** als die App, die das Bild liefern soll.

5. Der Bildschirm wird zwischen den beiden Apps vorübergehend geteilt.

6. Wählen Sie das Bild im Album **Download** aus, und bestätigen Sie mit **Fertig**.

Die Alternative Chrome

Wie schon angesprochen, steht Ihnen auf dem Tablet als Vorgabe auch der von Google entwickelte Browser *Chrome* zur Verfügung.

Wenn Sie diesen Browser lieber als den von Samsung angepassten Internetbrowser verwenden wollen, können Sie das Symbol der App **Internet** auch von der ersten Seite des Startbildschirms verschieben und an diese Stelle das Symbol einer App einfügen, die Sie ständig nutzen wollen. Es ist allerdings nicht schlecht, zwei Browser auf dem Tablet zu haben. Es kommt vor, dass sich eine Website auf dem einen Browser ohne Probleme öffnen lässt, auf dem anderen aber nicht. Im Folgenden zeige ich Ihnen, wie Sie auch in Chrome ganz einfach Seiten und neue Tabs öffnen und Favoriten speichern.

1. Öffnen Sie den Browser per Tipp auf das **Chrome**-Symbol.

2. Tippen Sie das Adressfeld (❶ auf Seite 103) unter der Leiste mit den Tabs an, um die Webadresse einzugeben.

3. Benutzen Sie **Öffnen** auf der Tastatur, um die Webseite einzulesen.

4. Um eine weitere Seite parallel zu öffnen, tippen Sie auf den leeren Tab ❷ am Ende der Tab-Leiste und geben eine weitere Webadresse ein.

5. Um ein Lesezeichen zur aktuellen Webseite abzulegen, tippen Sie auf den Stern ❸ am Ende des Adressfeldes.

6. Soll nun eine Seite mit einem Lesezeichen geöffnet werden, benutzen Sie ⋮ ▶ **Lesezeichen** und tippen die gewünschte Seite auf dem Register **Lesezeichen** ❹ an.

Auch bei Chrome können Sie anstelle von Webadressen Suchbegriffe eintippen oder per Spracheingabe eingeben.

Die Optionen, die über ⋮ angeboten werden, sind sehr ähnlich denen in der Internet-App. Hinzu kommen bei Chrome aber insbesondere **Lesezeichen** ❺ und **Verlauf** ❻, die in der Internet-App über das Fähnchensymbol zugängig sind.

Wenn Sie unter **Einstellungen** ▶ **Grundeinstellungen** das angezeigte Konto antippen, können Sie über **Synchronisieren** veranlassen, dass beispielsweise Ihre Lesezeichen oder die geöffneten Tabs auch auf anderen Geräten angezeigt werden, die das gleiche Konto verwenden. Über **Einstellungen** ▶ **Inhaltseinstellungen** regeln Sie, ob Sie Cookies, JavaScript oder Pop-ups zulassen und ob auf Ihre Standorteinstellungen zugegriffen werden darf. Auch die praktische Übersetzerfunktion, die Google für Webseiten anbietet, wird an dieser Stelle an- oder ausgeschaltet.

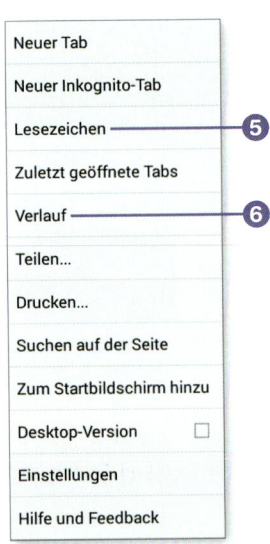

Facebook, Twitter, Google+: die digitale Lebensart

Auf dem Tablet haben Sie die Wahl, an sozialen Netzwerken über die entsprechenden Webseiten im Browser teilzunehmen oder über spezielle, an das Tablet angepasste Apps. Die Apps stellen die Dinge in einer etwas kompakteren Form dar. Das ist insbesondere auf den kleineren Tablets meist praktischer, als durch die entsprechenden Webseiten zu navigieren.

Facebook ist ein Netzwerk für den Austausch von Nachrichten, Bildern und Videos, das einerseits über Freundschaftsbeziehungen, andererseits über Vorlieben verknüpft ist. Die Webadresse ist *www.facebook.de*. Voraussetzung für die Nutzung der App ist nur eine kostenlose Anmeldung beim ersten Start. Manche haben Hunderte von Freunden und Freundinnen und lassen sie ungeniert an ihrem eigenen Leben teilnehmen.

1. Wenn Sie etwas posten wollen, tippen Sie auf die Schaltfläche mit dem Stift ❶ und verfassen Ihre Neuigkeit.

2. Unter **An** ❷ legen Sie fest, wer davon erfahren soll. Die Einstellung **Öffentlich** gibt die Mitteilung für alle frei, Sie können die Sichtbarkeit aber auch auf die **Familie** oder auf enge Freunde eingrenzen.

3. Über die Schaltfläche **Posten** ❸ stellen Sie Ihren Beitrag ins Netz.

4. Über die **Gefällt mir**-Schaltfläche ❹ bauen Sie auch Verbindungen zu Firmen und Organisationen auf. In-

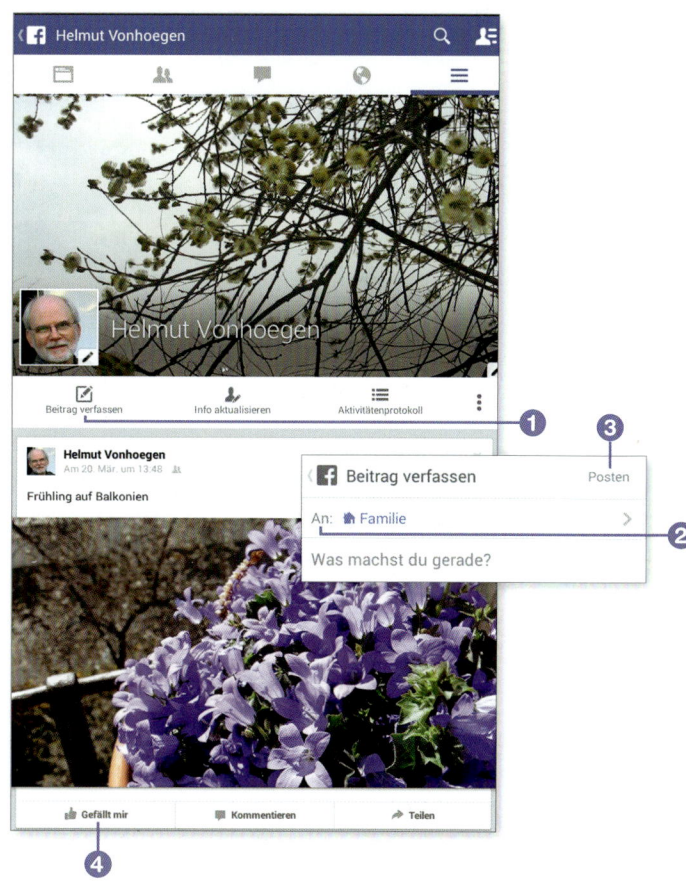

dem Sie deren Postings abonnieren, werden Sie über alle Neuigkeiten informiert.

5. Wollen Sie einen Kommentar zu etwas abgeben, tippen Sie auf die Schaltfläche **Kommentieren** ❺.

6. Sollen auch andere ein Bild, ein Video oder eine Äußerung sehen, benutzen Sie **Teilen** ❻ und geben an, wer davon erfahren soll.

Die erste Schaltfläche in der Menüleiste ❼ zeigt immer die Neuigkeiten an. Die Schaltfläche mit den drei Balken ❽ führt in die Übersicht über die verschiedenen Bereiche der App.

Twitter ist ein Netz für den Sofortaustausch von kurzen Nachrichten. Sie werden *Tweets* genannt, Schwatzhäppchen von maximal 140 Zeichen. Das Netz ist nach dem Prinzip verknüpft, »ich folge Dir« und »Du folgst mir«. Der Inhalt der Tweets reicht von banalen Scherzen bis zu hochpolitischen Nachrichten.

Insbesondere in Ländern, die keine Pressefreiheit haben, ist Twitter oft die einzige Möglichkeit, sich über Ereignisse auszutauschen. Allerdings haben die »Bösen« längst entdeckt, dass man dieses Medium auch gut für die Verbreitung von Gerüchten und Lügen nutzen kann. Interessant ist Twitter aber auch für den schnellen Austausch auf bestimmten Fachgebieten. Die Adresse der Website ist *www.twitter.com*.

Auch die App **Twitter** erwartet beim ersten Start die kostenlose Anmeldung mit einem entsprechenden Konto. Eine E-Mail-Adresse oder ein eindeutiger Nutzername und ein Kennwort genügen dafür.

1. Sobald die Anmeldung erfolgt ist, können Sie über das Feld hinter der Lupe ❶ Tweets zu bestimmten Themen suchen. Eine große Rolle spielen dabei die sogenannten *Hashtags*, Suchbegriffe, die mit dem vorangestellten Rautensymbol # gekennzeichnet werden. Links auf Webseiten werden automatisch in eine Kurzform umgewandelt, um nicht zu viele Zeichen zu verbraten.

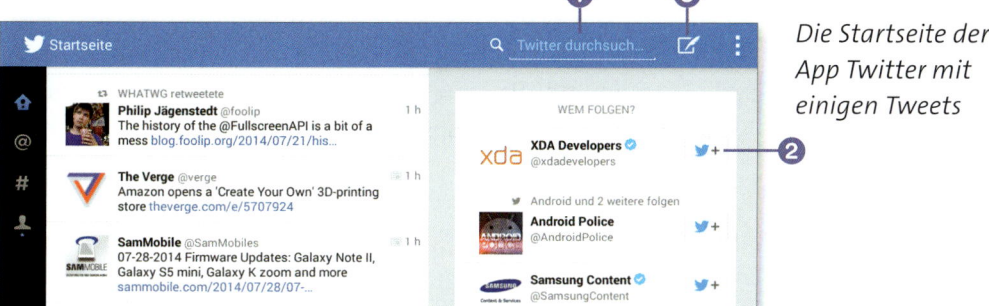

Die Startseite der App Twitter mit einigen Tweets

2. Wenn Sie über die zum Thema angezeigten Tweets jemanden finden, dessen Meinungen Sie auch sonst interessieren, benutzen Sie die Schaltfläche mit dem kleinen Vogel und dem Pluszeichen ❷, um ihm zu folgen.

3. Um selbst einen Tweet zu schreiben, tippen Sie auf das Symbol mit der Schreibfeder ❸.

4. Wenn Sie einen Verweis auf ein Foto anhängen wollen, benutzen Sie die Schaltfläche mit dem Bild am unteren Rand ❹.

5. Versenden Sie Ihre Mitteilung mit einem Tipp auf **Tweet** ❺.

6. Über das Symbol mit dem Kopf ❻ finden Sie Ihre letzten eigenen Tweets.

7. Unter **Folge ich** ❼ sehen Sie die Liste derer, denen Sie folgen. Unter **Follower** ❽ erscheint die Liste derer, die Ihnen folgen.

Vielleicht einmal eine Zahl zu Twitter: Bei der Fußball-WM in Brasilien gab es weltweit 672 Millionen Tweets.

Google+ ist mehr oder weniger eine Kopie von Facebook. Eine Besonderheit ist, dass Sie bestimmte Kreise ziehen können um die, die Bestimmtes von Ihnen erfahren dürfen. Allerdings hat es Google+ trotz aller Anstrengungen schwer, sich gegenüber Facebook und Twitter zu behaupten.

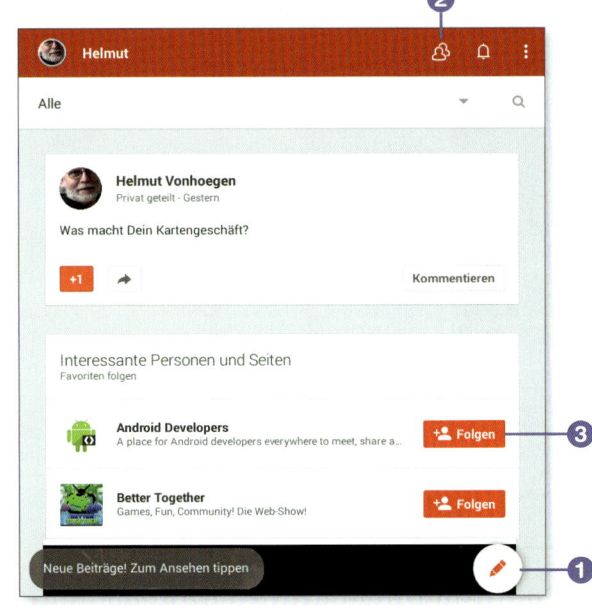

Eine besondere Anmeldung ist nicht notwendig, mit Ihrem Google-Konto haben Sie automatisch Zugang zu Google+. Die Abbildung zeigt die Startseite der App mit einigen Beiträgen. Das Symbol mit dem Stift ❶ öffnet das Dialogfeld, um eigene Beiträge einzugeben. Über das Symbol mit den Köpfen ❷ gehen Sie in den Bereich, wo Sie Ihre Kreise festlegen können. Um Beiträge bestimmter Anbieter zu abonnieren, tippen Sie auf die Schaltfläche **Folgen** ❸.

Steuern mit S Voice

Es wird immer beliebter, Geräte per Stimme zu steuern. Apples Sprachassistent Siri hat die Konkurrenten herausgefordert. Samsungs Antwort darauf ist *S Voice*.

Damit Sie die App nutzen können, brauchen Sie eine Netzverbindung, denn die Antworten auf Ihre Fragen werden auf den Servern von Samsung generiert. Das hat den Nebeneffekt, dass S Voice mit der Zeit wohl immer »intelligenter« werden kann, da es aus der Kommunikation mit den Anwendern lernt.

1. **Ein** doppelter Tipp auf die **Home**-Taste öffnet die App. Sie werden sofort gefragt, was Sie tun wollen.

2. Nennen Sie Ihren Wunsch.

3. Die App versucht, wenn sie Ihre Frage versteht, eine sinnvolle Antwort zu geben.

4. Handelt es sich um eine Anweisung an das Tablet, wird sie sofort ausgeführt.

5. Um die Spracheingabe erneut zu starten, tippen Sie entweder auf die Mikrofontaste oder benutzen den Weckruf »Hallo Galaxy«.

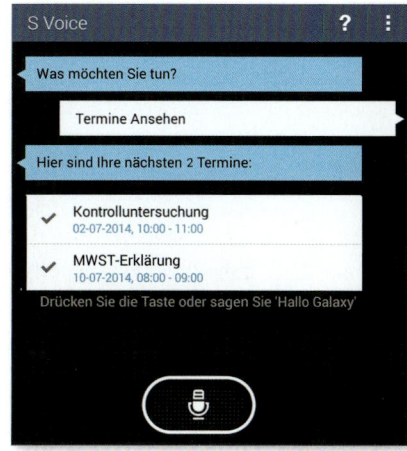

Wenn Ihnen dieser Weckruf zu albern ist, legen Sie einen anderen Weckruf fest. Gehen Sie dazu mit ⁞ zu **Einstellungen** und tippen Sie den Eintrag unter **Mit Sprache wecken** an ❶. Tippen Sie dann **Weckbefehl für S Voice anpassen** an und geben Sie viermal den neuen Weckbefehl ein.

Was S Voice sonst noch kann:

- ein Telefongespräch starten – beispielsweise mit »Andreas anrufen«, vorausgesetzt, Andreas ist einer Ihrer Kontakte

- eine SMS an einen Kontakt schreiben

- eine App starten, z. B. mit »Galerie öffnen«

- Routenplan anfordern, beispielsweise mit »Wegbeschreibung nach Aachen«

- die Wiedergabe einer Wiedergabeliste starten

- den Wecker stellen mit »Alarm für 6 Uhr einstellen«

Wenn Sie eine für S Voice unverständliche Frage stellen, wird Ihnen die Schaltfläche **Im Internet suchen** angeboten.

Ist eine Anweisung von einer anderen App ausgeführt, landen Sie mit der **Zurück**-Taste wieder in S Voice für die nächste Anweisung oder Frage. Wenn Sie das Tablet ins Querformat drehen, sehen Sie einige Beispiele für Fragen und Anweisungen.

Wetterinformationen

Das Wetter-Widget auf der Startseite gibt zwar schon einige Wetterinfos zu Ihrem Ort, aber wenn Sie mehr wissen wollen, sollten Sie sich noch eine der zahlreichen Wetter-Apps installieren. Ich nehme hier als Beispiel die kostenlose *WetterApp* von WetterOnline.

Die App erlaubt Ihnen, das Wetter für mehrere Orte parallel zu beobachten. Sie bietet neben aktuellen Infos und Vorhersagen auch einen speziellen Regenradar ❶, mit dem Sie beispielsweise das Aufkommen von Starkregen auf der Karte eines Gebiets ziemlich genau beobachten können.

Das Hauptmenü von WetterOnline (links) und die Tagesdaten für einen Ort (Mitte). Ein Regengebiet wird in der Karte farblich gekennzeichnet.

Aktuelle Finanzinformationen

Wenn Sie ständig aktualisierte Informationen über die Entwicklung an den Finanzmärkten brauchen, sollten Sie die App *finanzen.net* ausprobieren.

Sie können sich dort kostenlos anmelden und erhalten fortlaufend die Notierungen zu Aktien, Anleihen, Rohstoffen und Devisen. Über das Lupensymbol geben Sie die WKN-Nummer oder den Namen von einzelnen Papieren ein, um die Notierungen zu erhalten. Sie können auch Depots und Watchlists anlegen. Neue Nachrichten von den Finanzmärkten werden fortlaufend eingeblendet.

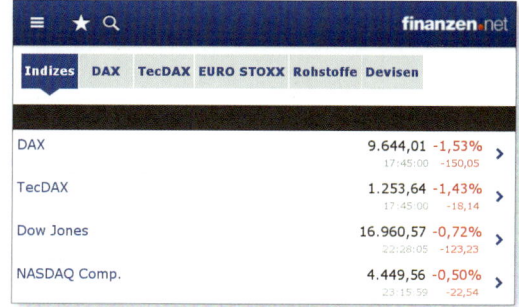

Liste der Indizes in finanzen.net

Wo spielt was? – Theater, Konzert, Museum

Theater, Konzerthallen oder Museen stellen neben Websites zu ihren Programmen auch Apps für die mobilen Geräte zur Verfügung. Ich zeige Ihnen hier als Beispiel die App des Schauspielhauses in Köln.

Das Schauspielhaus bietet neben Infos zum Programm insbesondere **Fotos** ❶ und **Videos** ❷ zu den einzelnen Stücken, sodass Sie sich schon vor dem Besuch einen ersten Eindruck verschaffen können.

Die Kölner Philharmonie-App zeigt Ihnen eine Liste mit Konzerten. Tippen Sie ein Konzert an, erhalten Sie alle Details und eine kurze Beschreibung.

Wenn Sie Freunde auf eine der Veranstaltungen hinweisen wollen, nutzen Sie einfach die Schaltfläche **Share** und versenden den Hinweis per E-Mail oder an eines der sozialen Netzwerke. Außerdem können Sie direkt aus der App Karten online buchen und sehen, wo Plätze frei sind.

Gesundheitsinfos

Neben Tausenden von Websites zu Themen rund um Gesundheit, gesunde Ernährung, Fitness etc. gibt es in den App-Stores auch immer mehr Apps, die Daten aus dem Netz für Sie aufbereiten. Zu den Online-Apps mit erwiesenem Nutzen zählt in diesem Bereich die App *Apotheke vor Ort*, die der Wort und Bild Verlag herausgegeben hat.

Die Apotheker in Ihrer Nähe können Ihnen unter Umständen angepasste Versionen der Apps per QR-Code anbieten, diesen seltsamen Quadraten aus schwarzen und weißen Punkten. Ansonsten werden Ihnen alle Apotheken in Ihrer Nähe zur Auswahl Ihrer Stammapotheke angeboten, wenn Sie die Auswertung Ihres eigenen Ortes zulassen. Die Adresse und die Öffnungszeiten sind dann immer parat. Für Notfälle werden stets die Adressen der Notdienste in Ihrem Bereich angeboten. Die App verwendet einen integrierten Barcode-Reader, mit dem Sie die häufiger verwendeten Medikamente notieren.

Wenn Sie ein Medikament in der Liste auswählen, können Sie sich anschließend mittels der Links über Inhaltsstoffe und Darreichungsform informieren. Per E-Mail bestellen Sie das Medikament entweder sofort in Ihrer Stammapotheke, oder Sie stoßen eine telefonische Rückfrage an.

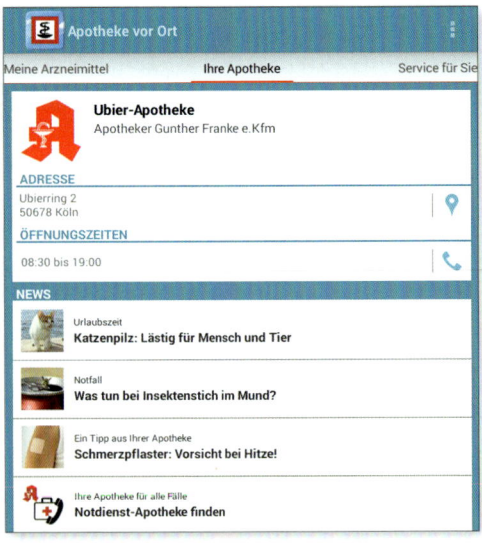

Als zusätzlicher Service wird unter anderem ein Wechselwirkungs-Check angeboten. Sie können also prüfen lassen, ob es zwischen den in Ihrer Medikamentenliste aufgeführten Medikamenten Wechselwirkungen geben könnte, die Sie beachten sollten.

Außerdem liefert die App fortlaufend neue Informationen aus dem Bereich der Heilkunde, Ratgeber zu zahlreichen Beschwerden und Infos über Heilpflanzen. Sehr nützlich ist eine ausführliche Beschreibung zur Bedeutung von Laborwerten. Damit verstehe ich die dann wenigstens mal.

Kapitel 3
Telefonieren und Kontakte pflegen

Wenn Sie ein Tablet in der LTE-Version erworben und eine entsprechende SIM-Karte, wie im ersten Kapitel beschrieben, eingebaut haben, lässt sich mit dem Tablet wie mit einem Smartphone telefonieren.

Es ist ratsam, die dafür vorgesehene App *Telefon* auf der ersten Seite des Startbildschirms zu lassen, damit Sie diese Funktion mit einem einzigen Tipp starten können.

Gespräche führen

Der Ablauf eines Telefongesprächs ist nicht viel anders als bei Ihrem Handy oder Smartphone:

1. Öffnen Sie die App **Telefon**. Tippen Sie in dem Tastenfeld ❶ die Rufnummer ein. Mit der Rücktaste ❷ löschen Sie falsche Eingaben.

2. Die eingetippten Nummern erscheinen über dem Tastenfeld ❸. Schon nach Eingabe der ersten Ziffern werden unter **Ergebnis** ❹ vermutete Treffer angeboten, die Sie mit einem Tipp übernehmen können.

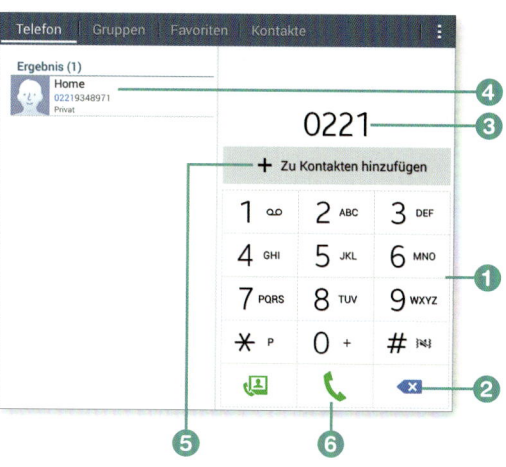

3. Wenn Sie eine neue Nummer gleich in Ihre Kontaktdaten einfügen wollen, tippen Sie auf **Zu Kontakten hinzufügen** (**5** auf Seite 113).

4. Tippen Sie auf das grüne Symbol mit dem Telefonhörer **6**, um den Anruf zu starten.

5. Kommt das Gespräch zustande, wird ein kleines Fenster mit mehreren Schaltflächen und einem Bild des Kontakts eingeblendet, falls ein solches Bild zugeordnet ist. Über das Lautsprechersymbol **7** ändern Sie die Lautstärke mit dem dann erscheinenden Schieberegler.

6. Die Schaltfläche für die Tastatur **8** blendet diese wieder ein, damit Sie während des Gesprächs Daten eingeben können, falls es nötig ist. Mit dem Pluszeichen **9** lassen sich weitere Anrufe hinzufügen, wobei das aktuelle Gespräch gehalten wird. Mit der Taste für die Stummschaltung **10** schalten Sie den Ton vorübergehend ab.

7. **Beenden** **11** stoppt das Gespräch.

Die App unterstützt auch die Nutzung von Kurzwahlnummern. Dabei werden Nummern Ihrer Kontakte verwendet, Sie müssen also erst die jeweiligen Kontakte mit den Telefonnummern anlegen, wie es weiter unten beschrieben wird.

1. Um Kurzwahlnummern festzulegen, benutzen Sie ▐ ▶ **Kurzwahleinstellungen**.

2. Tippen Sie eine der freien Nummern an, wird Ihnen Ihre Kontakteliste zur Auswahl angeboten.

3. Ein Tipp auf den entsprechenden Kontakt ordnet die komplette Telefonnummer zu.

4. Wollen Sie eine Zuordnung ändern, halten Sie den Finger auf der Nummer und benutzen **Ersetzen** oder **Entfernen**.

5. Um nun eine der Kurzwahlnummern beim Wählen zu nutzen, brauchen Sie die entsprechende Nummer in der Wähltastatur nur einen Moment festzuhalten.

Um Anrufe in andere Länder zu tätigen, halten Sie einen Moment den Finger auf der Null, bis das Pluszeichen angezeigt wird. Geben Sie anschließend den Ländercode, die Vorwahl und die lokale Nummer ein.

Telefonbuch inklusive

Es gab Zeiten, in denen eine Menge Zeit verloren ging, weil das Notizbuch mit den Adressen und Telefonnummern gerade wieder nicht zur Hand war. Bei einer sehr großen Zahl von Kontakten dauerte manchmal auch das Blättern in so einem Buch seine Zeit. Um Ihnen hier entgegenzukommen, ist die App *Telefon* mit den Daten verknüpft, die über die App *Kontakte* gepflegt werden. Darauf gehe ich weiter unten noch ausführlich ein.

In der Menüleiste der App finden Sie neben der Option **Telefon** ❶, über die Sie das Protokoll Ihres Telefonverkehrs finden, auch die Optionen **Gruppen** ❷, **Favoriten** ❸ und **Kontakte** ❹.

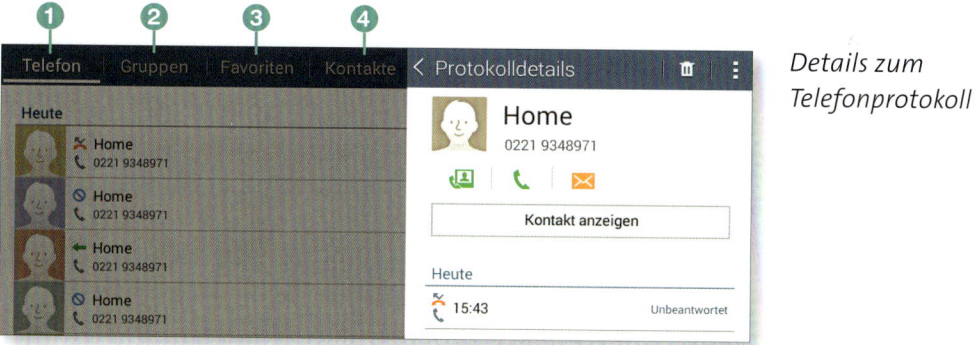

Details zum Telefonprotokoll

Das Telefonprotokoll, das die App automatisch führt, gibt Ihnen fortlaufend Auskunft über die ein- und ausgehenden Rufe, geordnet nach dem Datum. Tippen Sie einen Eintrag an, so finden Sie jeweils die Details dazu.

Wenn Sie einen Eintrag kurz halten, erscheint folgendes Kontextmenü:

1 In Wählfeld kopieren

Nummer senden

Kontakt anzeigen

Zur Sperrliste hinzufügen

Löschen

| Telefon | Gruppen | Favoriten | **Kontakte** | + | ✎ | 🗑 | ⋮ |

Suche

A

A

Andreas

Arzu

D

David

H

Home

Home ★

Telefon **2**

Privat
0221/9348971 ✉ **4**

Videoanruf 📲 **3**

Die Anzeige der Kontakte in der App Telefon

Um jemanden erneut anzurufen, nehmen Sie **In Wählfeld kopieren** **1**.

Wenn Sie die Person, die Sie anrufen wollen, über **Kontakte** suchen, finden Sie neben der Telefonnummer gleich Symbole, um einen Anruf **2** oder einen Videoanruf **3** zu starten oder um eine SMS **4** zu versenden.

Anrufe empfangen

Geht ein Anruf auf dem Tablet ein, wird ebenfalls ein eigenes Fenster dafür geöffnet. Sie sehen, wenn die Gegenseite es nicht unterdrückt, die Nummer oder den Namen.

1. Geht ein Anruf auf Ihrem Tablet ein, ziehen Sie das Telefonsymbol aus dem grünen Kreis **1** in Richtung der grünen Pfeile.

2. Wollen Sie das Gespräch nicht annehmen, ziehen Sie den roten Hörer aus dem Kreis **2** in Richtung der roten Pfeile.

3. Um abgewiesenen Anrufern wenigstens eine Nachricht zu senden, ziehen Sie die Leiste zum Abweisen nach oben und tippen auf einen der vorgegebenen Textbausteine **3**.

Eingehender Anruf
Home
0221 9348971

Um diese Bausteine zu bearbeiten, benutzen Sie über die Menüleiste der Telefon-App ⋮ ▸ **Anrufeinstellungen** ▸ **Anrufeinstellungen** ▸ **Nachrichten zum Ablehnen von Anrufen einrichten.** Werden Sie von Stalkern belästigt, lässt sich hier unter **Anruf ablehnen** auch eine **Liste für automatisches Abweisen** anlegen.

Verpasste Anrufe werden in der Statusleiste mit einem Symbol ❶ angezeigt. Wenn Sie die Leiste herunterziehen, finden Sie die einzelnen Anrufe. Über das Symbol mit dem grünen Hörer ❷ können Sie sofort zurückrufen oder mit dem Umschlagsymbol ❸ wenigstens eine Nachricht senden. Hinweise auf unbeantwortete Anrufe finden Sie praktischerweise auch auf dem Sperrbildschirm.

Wenn während eines Gesprächs ein weiterer Anruf eingeht, haben Sie die Möglichkeit, das neue Gespräch anzunehmen, aber das erste Gespräch noch zu halten ❹ oder das erste Gespräch vorher zu beenden ❺.

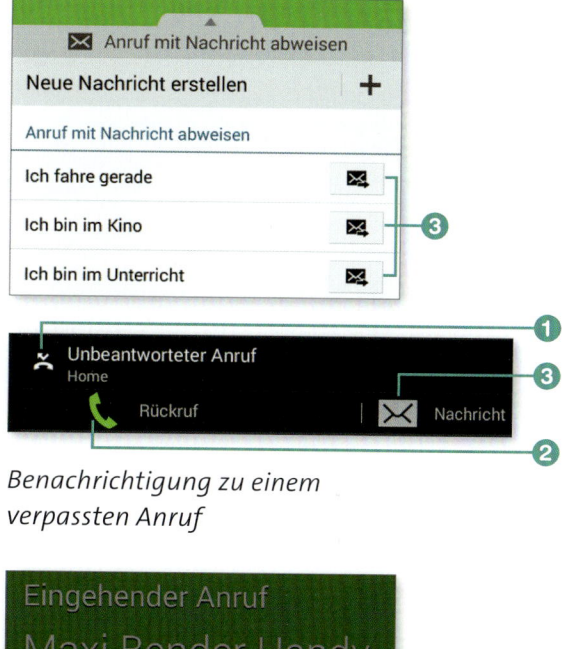

Benachrichtigung zu einem verpassten Anruf

Optionen bei einem eingehenden Anruf

Dreiergespräche und Konferenzen

Die Schaltfläche mit dem Pluszeichen, die bei einem laufenden Gespräch in der Telefon-App angeboten wird, siehe ❾ in der Abbildung auf Seite 114, erlaubt Ihnen, über das Tastenfeld oder direkt über die Kontakteliste einen weiteren Gesprächspartner anzuwählen.

In diesem Fall wird der bisherige Teilnehmer automatisch gehalten ❶, wie in der Abbildung zu sehen ist. Außerdem können Sie zwischen zwei Schaltflächen wählen:

Mit **Tauschen** ❷ wechseln Sie zwischen zwei Gesprächen. Möchten Sie eine Konferenz abhalten, bei der sich alle gleichzeitig hören, benutzen Sie **Konferenz** ❸. Das setzt allerdings voraus, dass der mit der SIM-Karte verknüpfte Tarif diese Funktion unterstützt.

Optionen für den Telefonverkehr

In der Menüleiste der App **Telefon** führt ▤ ▶ **Anrufeinstellungen** zu einer umfangreichen Reihe von Einstellungsmöglichkeiten, die ich hier nicht alle im Detail vorstellen kann.

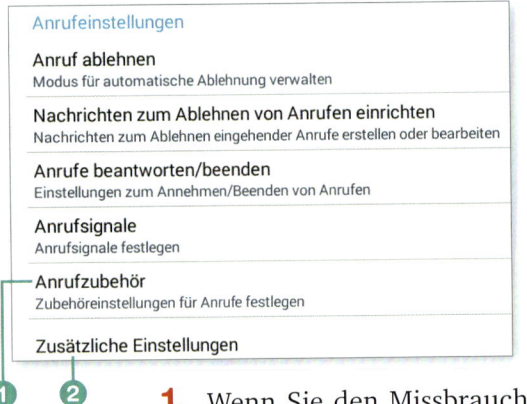

Die Optionen zum Ablehnen eines Gesprächs wurden oben schon kurz angesprochen. Unter **Anrufzubehör** ❶ sind Einstellungen zusammengestellt für den Fall, dass Sie zum Telefonieren ein Headset benutzen.

Eine Reihe unterschiedlicher Optionen finden Sie auch nach einem Tipp auf **Zusätzliche Einstellungen** ❷.

1. Wenn Sie den Missbrauch Ihres Tablets durch Unbefugte erschweren wollen, können Sie eine Liste von Rufnummern anlegen, die ausschließlich Ziel eines Anrufs sein dürfen. Dies geschieht über **Feste Rufnummern** ❸. Benutzen Sie im eingeblendeten Dialogfeld **FDN aktivieren**. *FDN* steht für *Fixed Dialing Number*. Sie müssen dabei die vom Provider bereitgestellte PIN2 eingeben. Anschließend tippen Sie **FDN-Liste** an und geben die Nummern ein. Voraussetzung ist auch hier, dass die SIM-Karte dies unterstützt.

2. Um internationale Anrufe zu blockieren, benutzen Sie die Option **Anrufsperre** 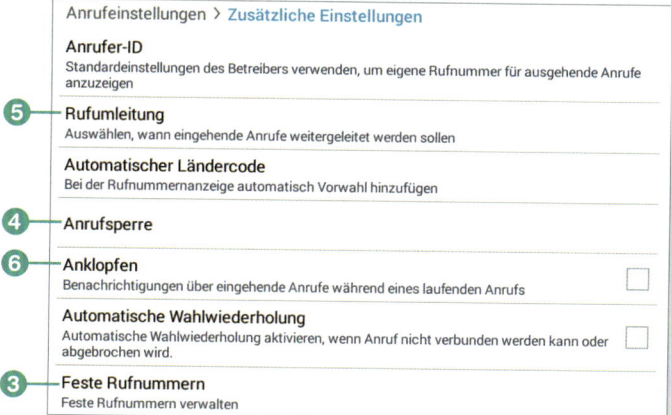 und wählen den Anruftyp aus, den Sie sperren wollen. Bestimmen Sie die Sperroption, und geben Sie zur Absicherung noch ein Passwort an.

3. Unter den **Zusätzlichen Einstellungen** finden Sie auch die Möglichkeit, eine **Rufumleitung** ⑤ einzurichten.

4. Unter **Anklopfen** ⑥ lassen Sie zu, ob während eines Gesprächs ein anderes Gespräch empfangen werden kann.

Nicht zu vergessen, der Klingelton; für einige vielleicht das Wichtigste überhaupt, wenn Sie sich die Umsätze der Klingeltonindustrie anschauen. Sie wählen ihn aus über **Anrufeinstellungen ▶ Klingelton- und Soundeinstellungen ▶ Klingel- und Tastentöne.**

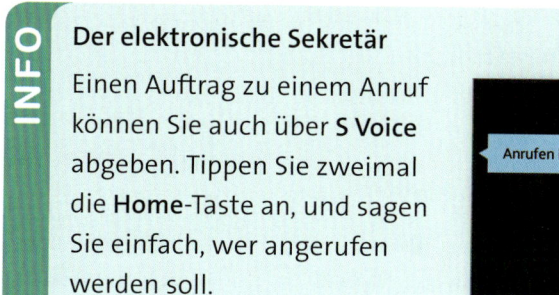

INFO

Der elektronische Sekretär

Einen Auftrag zu einem Anruf können Sie auch über **S Voice** abgeben. Tippen Sie zweimal die **Home**-Taste an, und sagen Sie einfach, wer angerufen werden soll.

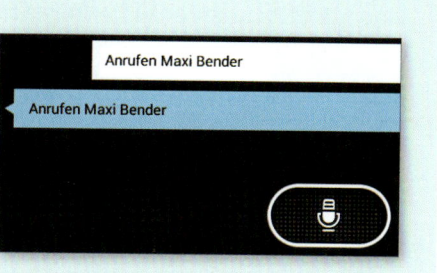

Kontakte anlegen und verwalten

Der Komfort, den ein Tablet Ihnen beim Umgang mit Ihren Kontaktdaten bieten kann, ist vielseitig. Zunächst hilft Ihnen die dafür zuständige App *Kontakte* bei der Eingabe und Pflege der Daten. Gleichzeitig unterstützt die App den Zugriff auf diese Daten von verschiedenen Geräten, die Weitergabe an andere Personen, die Synchronisierung zwischen Adressbüchern und die Sicherung beispielsweise über das Internet.

Der Umgang mit Ihren Kontakten ist in der Regel an Konten gebunden. Zwar lässt sich auch ein Adressbuch anlegen, das nur lokal auf dem Tablet verwendet werden kann, aber damit verzichten Sie auf eine Synchronisation mit anderen Geräten.

Es ist sicher sinnvoll, Ihre Kontakte vorrangig an das Konto zu binden, mit dem Sie auch den größten Teil Ihres E-Mail-Verkehrs abwickeln. Es ist aber ohne Weiteres möglich, Adressbücher für mehrere Konten parallel anzulegen und über die App Kontakte zu verwalten und bei Bedarf auch zu synchronisieren. Neben Konten bei Google, Samsung, Yahoo, Outlook.com oder einem anderen E-Mail-Provider lassen sich auch Konten bei den sozialen Netzwerken wie Facebook oder Google+ einbeziehen.

Der erste Schritt nach dem Aufrufen der App **Kontakte** ist in jedem Fall die Anlage mindestens eines Kontos, sofern es nicht bereits vorhanden ist.

1. Tippen Sie auf ▦ ▸ **Einstellungen**.

2. Unter **Allgemein ▸ Konten und Sicherung** tippen Sie auf **Konten** und benutzen **Konto hinzufügen**.

3. Wählen Sie aus der Liste der möglichen Kontentypen den gewünschten Typ aus. Bereits eingerichtete Konten sind mit einem grünen Punkt markiert.

4. Geben Sie die angeforderten Kontodaten an.

Alle Konten, die Sie in dieser Weise anlegen, erscheinen in der Liste der Konten. Tippen Sie ein Konto an, um bei Bedarf die Einstellungen dazu zu bearbeiten.

1. Um nun Kontakte zu einem Konto anzulegen, öffnen Sie die **Kontakte**-App über den Startbildschirm.

2. Wenn in der Menüleiste das Register **Kontakte** aktiv ist, erscheinen in der linken Spalte die alphabetisch sortierten Kontakte ❶, Sie selbst am Anfang der Liste ❷. In der rechten Spalte erscheinen die Daten zu dem Kontakt, der gerade – per Tipp – ausgewählt ist. Tippen Sie in der Menüleiste auf die Schaltfläche mit dem Pluszeichen ❸, um das Eingabeformular zu öffnen.

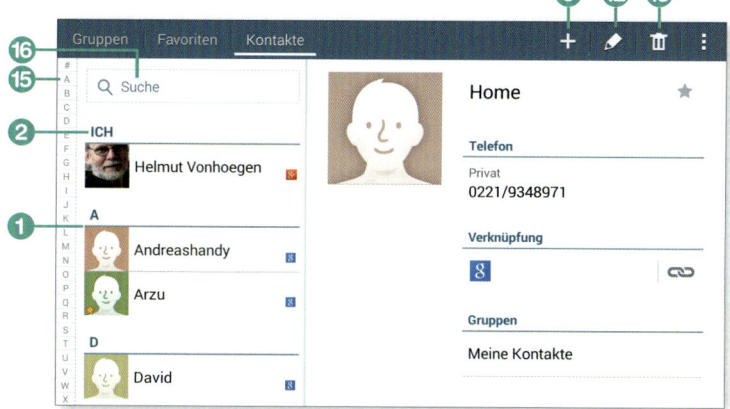

Die App Kontakte und ihre Menüleiste; die Menüleiste auf den LTE-fähigen Tablets hat hier zusätzlich das Register »Telefon«.

3. Wenn Sie vorher verschiedene Konten angelegt haben, werden Sie zuerst gefragt, für welches Konto der neue Kontakt gelten soll. Die Option **Gerät** würde den Kontakt lediglich lokal auf dem Tablet speichern. Wir nehmen hier als Beispiel die Option **Google Kontakt**.

4. Geben Sie in das erste Textfeld (❹ auf Seite 122) den Namen ein. Soll die Eingabe auf mehrere Felder verteilt werden, tippen Sie den Pfeil am Ende ❺ an. Für die Groß-/Kleinschreibung sorgt das Tablet freundlicherweise automatisch.

5. Bei **Telefon** ❻ und **E-Mail** ❼ wählen Sie zuerst in dem Listenfeld den passenden Begriff und geben die Daten in das Textfeld daneben ein. Mit dem dann erscheinenden Plussymbol lassen sich auch mehrere Nummern oder E-Mail-Adressen anlegen.

6. Wenn möglich, weisen Sie dem Kontakt über die Schaltfläche mit dem Dummy-Bild ❽ ein echtes Bild zu. Wenn Sie **Kontaktfoto ▸ Bild** wählen, können Sie das Bild über die App **Galerie** auswählen, die vorübergehend die Hälfte des Fensters belegt.

7. Außerdem können Sie den neuen Kontakt gleich einer Gruppe ❾ zuordnen. Einige Gruppen sind vorgegeben wie **Arbeitskollegen**, **Familie**, **Freunde**, über die Schaltfläche **Gruppe erstellen** legen Sie neue Gruppen an.

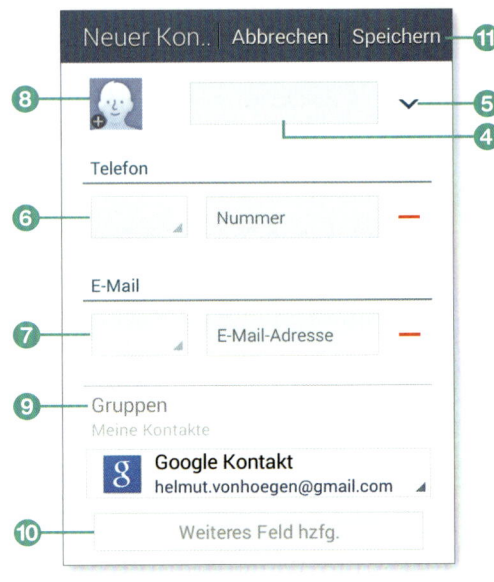

8. Bei Bedarf fügen Sie über die unterste Schaltfläche ❿ weitere Felder ein. Wenn Sie beispielsweise **Ereignisse** nehmen, lässt sich unter **Geburtstag** das entsprechende Datum ablegen. (Diese Daten erscheinen automatisch in dem Kalender **Geburtstage der Kontakte**, siehe den Abschnitt »Wiederkehrende Ereignisse anlegen« ab Seite 174.)

9. Geben Sie die nötigen Daten ein, und bestätigen Sie in der Menüleiste mit **Speichern** ⓫.

Der neue Kontakt erscheint in der Liste Ihrer Kontakte. Nun können Sie die Kontaktdaten auf vielfältige Weise nutzen. Handelt es sich um einen Kontakt, mit dem Sie besonders gern oder besonders oft zu tun haben, tippen Sie den Kontakt kurz an und anschließend auf den kleinen Stern am Ende der ersten Zeile der Kontaktdaten. Damit nehmen Sie den Kontakt in die Liste Ihrer Favoriten auf.

Ändert sich später etwas an den Daten eines Kontakts, wählen Sie den Kontakt in der Übersicht aus und benutzen die Schaltfläche mit dem Stift (⓬ auf Seite 121) hinter dem Namen, um die Daten zu bearbeiten. Zum Löschen eines ausgewählten Kontakts reicht ein Tipp auf den Papierkorb ⓭.

Kontakte finden und nutzen

Gehen Ihre Kontakte in die Hunderte, ist es von Belang, dass sie schnell zu finden sind. Zunächst hilft eine praktikable Sortierung. Vorgegeben ist die aufsteigende alphabetische Reihenfolge nach dem Vornamen.

1. Über ⋮ ▶ **Einstellungen** ▶ **Sortieren nach** können Sie stattdessen auch nach dem Nachnamen sortieren. Unter **Kontakte anzeigen nach** ⓮ legen Sie hier auch fest, ob der Vorname oder der Nachname zuerst angezeigt werden soll.

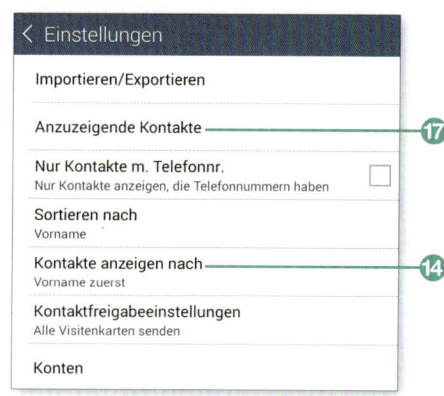

2. Mit der Buchstabenleiste (⓯ in der Abbildung auf Seite 121) ganz links bringen Sie immer die Kontakte nach vorne, die mit dem angetippten Buchstaben beginnen.

3. Außerdem finden Sie über der Liste noch ein Suchfeld (⓰ in der Abbildung auf Seite 121). Sobald Sie dort die ersten Zeichen eingeben, liefert die App schon mögliche Treffer. Mit dem Andreaskreuz im Suchfeld löschen Sie die aktuelle Suchzeichenfolge, sodass alle Kontakte wieder eingeblendet werden.

4. Arbeiten Sie mit mehreren Konten, ist es möglich, die Anzeige auf einzelne Konten zu reduzieren. Über ⋮ ▶ **Einstellungen** ▶ **Anzuzeigende Kontakte** ⓱ wählen Sie entweder nur eines der Konten aus oder legen eine **Benutzerdefinierte Liste** an.

Das Menü zu ⋮ bietet noch weitere hilfreiche Optionen an:

- **Kontakte löschen** (❶ auf Seite 124) stellt die Liste der Kontakte mit Auswahlkästchen zur Verfügung. Versehen Sie diejenigen Kontakte, die Sie aus dem Adressbuch entfernen möchten, mit einem Häkchen, und bestätigen Sie mit **Löschen**.

- Wenn Sie Kontaktdaten an andere Personen weitergeben wollen, nutzen Sie **Visitenkarte senden per** ❷. Hier werden gleich mehrere Apps angeboten, über die Sie die erzeugte *.vcf*-Datei versenden können. (Siehe Abschnitt »Bilder, Videos und andere Dateien versenden« ab Seite 155.)

- Die Option **Als Standard markieren** ❸ erlaubt es, zwischen mehreren Kontaktdaten einer Person die bevorzugte auszuwählen, beispielsweise die Mobilfunknummer oder die E-Mail-Adresse.

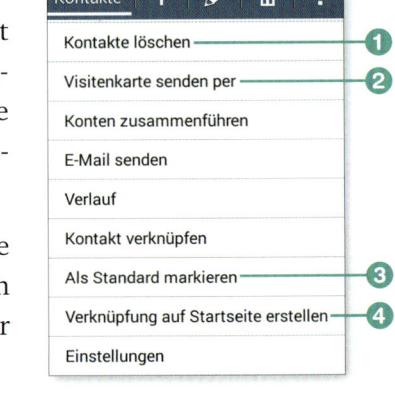

- **Verknüpfung auf Startseite erstellen** ❹ legt eine Verknüpfung des ausgewählten Kontakts auf den Startbildschirm. Das ist eine schnelle Lösung für tägliche oder gar stündliche Kontaktaufnahmen.

- Über **Einstellungen** ganz unten erreichen Sie **Importieren/Exportieren** für den Austausch von Kontaktdaten mit einem USB-Speicher oder mit der SD-Karte.

Die Menüleiste in der Übersicht der Kontakte-App zeigt neben dem Register **Kontakte** noch Register für **Favoriten** ❺ und **Gruppen** ❻ an. Auf LTE-fähigen Geräten ist das erste Register **Telefon** (siehe die Abbildung am Kapitelanfang).

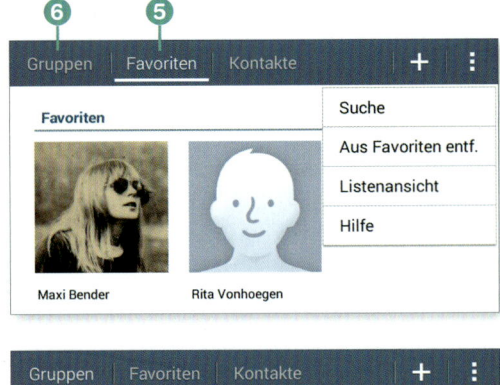

Für die Anzeige der Favoriten können Sie statt der Listenansicht über 🔢 ▸ **Rasteransicht** auch eine ganz praktische Auswahl über die Bilder der Kontakte einschalten. Auch die Option **Aus Favoriten entf.** ist in diesem Menü enthalten.

Das Register **Gruppen** listet die Kontakte, die Sie einer Gruppe

zugeordnet haben, nach Gruppen geordnet auf. Das Menü zu ⋮ enthält Optionen, mit deren Hilfe Sie einzelne Mitglieder ❼ der Gruppe oder auch ganze Gruppen ❽ entfernen können.

In vielen Fällen werden Sie die Kontakte von anderen Apps aus nutzen, beispielsweise von den Apps, die mit dem E-Mail-Verkehr zu tun haben. Sie können aber auch direkt aus der **Kontakte**-App den Versand einer E-Mail anstoßen:

1. Tippen Sie in der Kontakteliste auf den Namen des Kontakts.

2. Benutzen Sie im Datenblatt des Kontakts unter **E-Mail** die Schaltfläche mit dem Briefumschlag.

3. Wählen Sie die App, die Sie verwenden wollen, und bestätigen Sie am besten mit **Immer**. Bei der nächsten E-Mail an diesen Kontakt wird automatisch diese App verwendet.

4. Geben Sie die Kopfdaten, Empfängeradresse und Betreff, und die Nachricht ein, und bestätigen Sie mit **Senden**.

Anschließend haben Sie wieder die Kontakteliste vor sich.

> **INFO**
>
> **E-Mail an mehrere Personen senden**
>
> Wenn Sie eine E-Mail an Mitglieder einer Gruppe senden wollen, wählen Sie zunächst die Gruppe aus und benutzen dann ⋮ ▶ **E-Mail senden**. Tippen Sie auf **Alle auswählen** oder nur auf die Mitglieder, die die E-Mail erhalten sollen. **Fertig** ruft die E-Mail-App auf, mit der Sie die E-Mail verfassen wollen.

Kontakte verknüpfen

Wenn Sie mit mehreren Konten arbeiten, ist es möglich, dass einige Kontakte bei mehreren Konten vorkommen. In diesem Fall sollten Sie die Kontakte verknüpfen, damit die Daten zu einer Person zusammen angezeigt werden.

1. Halten Sie kurz den Finger auf einem Kontakt, der verknüpft werden soll.

2. Wählen Sie aus dem Kontextmenü **Kontakt verknüpfen**.

3. Tippen Sie den Kontakt an, der mit dem ausgewählten Kontakt verknüpft werden soll.

Bei beiden Kontakten erscheint unter **Verknüpfung** ein Verknüpfungssymbol, das die Liste der verknüpften Kontakte öffnet.

Nachrichten versenden

Wenn Sie mit Ihrem Tablet telefonieren können, lassen sich auch Kurznachrichten (SMS) und Multimedianachrichten (MMS) versenden. Zum Simsen haben Sie zwar nur 160 Zeichen, aber vieles lässt sich sogar noch kürzer sagen.

Auf den LTE-fähigen Geräten wird dafür die App *Nachrichten* als Vorgabe schon auf dem Startbildschirm angeboten.

1. Starten Sie mit einem Tipp die App **Nachrichten**. Die App zeigt die letzten Konversationen.

2. Tippen Sie das Symbol mit Blatt und Stift ❶ an.

3. Geben Sie die Telefonnummer des Empfängers ein, oder wählen Sie den Empfänger über das Symbol der App **Kontakte** ❷.

4. Geben Sie in dem unteren Textfeld Ihre Nachricht ❸ ein. Der Buchstabenzähler ❹ zeigt fortwährend, wie viele Zeichen Ihnen noch bleiben.

5. Soll die Nachricht mit einem Bild, einem Video, einer Visitenkarte oder einem Termineintrag erweitert werden, tippen Sie die Büroklammer ❺ an, wählen die entsprechende App ❻, wählen dort die Daten aus und fügen sie als Anhang hinzu. In diesem Fall wird aus der SMS eine MMS.

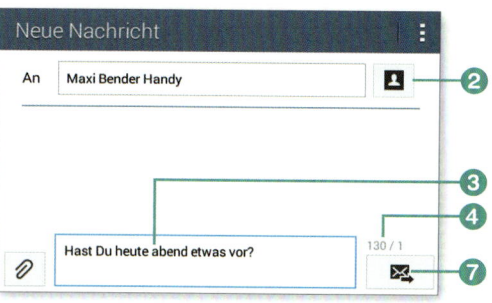

6. Starten Sie den Versand per Tipp auf das Symbol mit Umschlag und Pfeil ❼.

> **INFO**
>
> **Terminversand**
>
> Wenn Sie die Nachrichten zu einem späteren Zeitpunkt verschicken wollen, verwenden Sie ▤ ▶ **Terminierung**. Geben Sie Datum und Uhrzeit an, und bestätigen Sie mit **OK**. Das funktioniert allerdings nur, wenn das Tablet zu diesem Zeitpunkt auch mit dem Netz verbunden ist.

Um eingehende Nachrichten anzusehen, wählen Sie zunächst den Kontakt aus, da die Nachrichten nach Kontakten gruppiert sind.

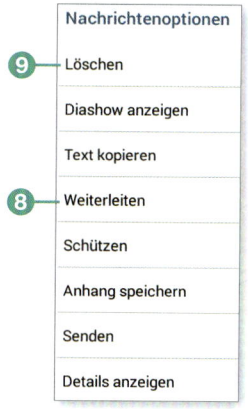

Wenn Sie eine Nachricht noch an eine andere Person weiterleiten wollen, halten Sie den Finger kurz auf der Nachricht und wählen im Kontextmenü **Weiterleiten** ❽. Nun brauchen Sie nur noch den zweiten Empfänger anzugeben.

In diesem Menü finden Sie auch den Befehl zum Löschen ❾ einer Nachricht. Wollen Sie eine ganze Konversation löschen, halten Sie den Finger kurz auf der Konversation und benutzen **Thread löschen**.

Probieren Sie ruhig auch die anderen Nachrichtenoptionen aus – viele der Möglichkeiten erklären sich dann von selbst.

Die Alternative WhatsApp

Je nach dem von Ihnen gewählten Tarif kann der häufige Versand von SMS und insbesondere von MMS ganz schön ins Geld gehen – Grund genug, um Ausschau nach preiswerteren Alternativen zu halten.

Die derzeit beliebteste Kommunikationsform ist zweifelsohne *WhatsApp*. Das erste Jahr ist kostenlos, in den Folgejahren muss nur eine minimale Benutzungsgebühr von 89 Cent pro Jahr gezahlt werden. Ein weiterer Vorteil: Die Anwendung steht auf allen Betriebssystemen zur Verfügung. Die App **WhatsApp Messenger** können Sie aus dem **Play Store** herunterladen.

Für die Einrichtung sind nur ein paar Schritte erforderlich:

1. Nach dem ersten Start der App bestätigen Sie die Lizenzvereinbarungen mit der Schaltfläche **Zustimmen und Fortfahren** ❶.

2. Nun geben Sie Ihre Mobilfunknummer ein. Wählen Sie den Ländercode aus dem Listenfeld und geben Sie die Vorwahl ohne führende Null ein ❷.

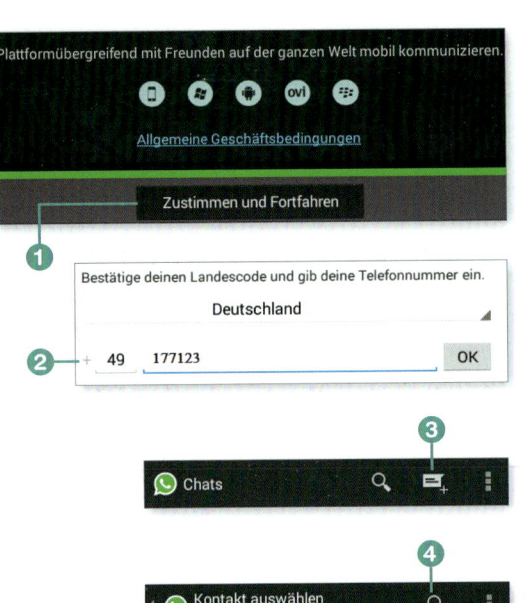

3. Wenn Sie diese Nummer mit **OK** bestätigt haben, prüft die App, ob es eine gültige Nummer ist. Dazu wird ausnahmsweise eine SMS an diese Nummer verschickt, die Sie in der **Nachrichten**-App finden.

4. Im nächsten Schritt geben Sie Ihren Namen an. Ein Profilbild ist optional. Mit **Weiter** schließen Sie die Ersteinrichtung ab.

5. Sie landen auf der Seite **Chats**, auf der Ihre Unterhaltungen angezeigt werden. Um eine erste zu beginnen, tippen Sie auf das Symbol mit dem Pluszeichen ❸. Damit öffnen Sie die Liste derjenigen Ihrer Kontakte, die ebenfalls WhatsApp installiert haben.

6. Mit der Lupe ❹ suchen Sie gezielt nach einem Kontakt, wenn er nicht gleich in der Liste zu finden ist.

7. Tippen Sie den Namen des gewünschten Kontakts an, finden Sie ein Eingabefeld ❺ für Ihre Nachricht, die im Gegensatz zur SMS nicht in der Länge begrenzt ist.

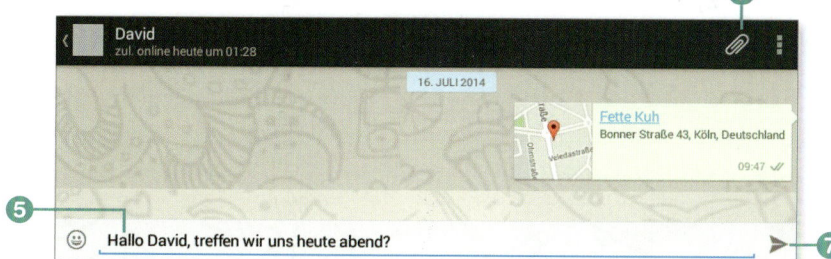

8. Wenn Sie für eine Verabredung beispielsweise noch eine Karte anhängen wollen, tippen Sie auf die Büroklammer ❻ und wählen den entsprechenden Ort aus.

9. Mit dem Pfeil ❼ geht die Post ab.

WhatsApp ist nicht die einzige Alternative zu SMS und MMS, hat aber den Vorteil, sehr weit verbreitet zu sein. Auch mit den Apps *Hangouts* und *Skype*, die ich gleich noch vorstelle, können Sie Nachrichten austauschen.

Videotelefonieren

Wenn Sie mit einem Gesprächspartner Kontakt aufnehmen, der ein Smartphone mit einer Frontkamera hat oder ein ähnliches Tablet wie Sie, steht einem Videotelefonat nicht viel im Wege, es sei denn, er oder sie möchte nicht ins Bild gerückt werden.

1. Um einen Videoanruf zu tätigen, geben Sie wie bei einem normalen Anruf die Nummer ein oder verwenden eine Nummer aus der Kontakteliste und tippen auf die Schaltfläche für Videoanrufe ❶.

2. Während des Anrufs können Sie mittels der Schaltfläche, die eine Kamera und zwei Pfeile (❷ auf Seite 130) zeigt, zwischen der Front- und der Hauptkamera wechseln.

3. Berühren Sie Ihr eigenes Bild, wird die Option **Mich verbergen** angeboten. Über **Ausgehendes Bild** lässt sich zwischen verschiedenen Bildern wählen, die der andere Teilnehmer sehen soll.

4. Wenn Sie das Bild des anderen Teilnehmers berühren, werden Ihnen noch **Foto aufnehmen** und **Video aufnehmen** angeboten. Diese Funktionen sollten Sie aber nicht ohne Zustimmung des Gegenübers nutzen. Das Recht auf das eigene Bild ist berechtigterweise eine sensible Angelegenheit.

5. Am Ende des Gesprächs benutzen Sie **Beenden** ❸.

Obwohl die Telefon-App also Videotelefonie kann, spricht einiges dafür, es doch lieber anders zu machen. Es gibt ja kostenlose Lösungen dafür, die ich Ihnen in den folgenden Abschnitten vorstelle.

Hangouts

Warum Telefongebühren zahlen, wenn es auch ohne geht. Wenn beide Seiten eine Verbindung über WLAN haben, telefonieren sie einfach über das Internet. Auch Videokonferenzen mit mehreren Personen lassen sich so veranstalten, ohne Angst, dass die Kosten aus dem Ruder laufen. Solange Sie sich in Kreisen bewegen, die alle über ein Google-Konto verfügen, können Sie es mit Google *Hangouts* probieren.

1. Laden Sie Ihren Gesprächspartner ein, mit Ihnen gemeinsam die App **Hangouts** aus dem Anwendungsbildschirm zu starten.

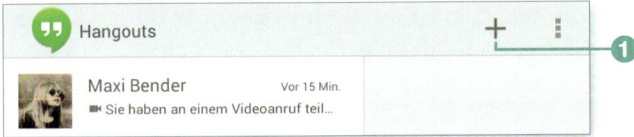

2. Mit der Plusschaltfläche ❶ in der Menüleiste starten Sie ein neues Hangout, hängen sich also mal aus dem Fenster, um zu plaudern.

3. Im ersten Textfeld geben Sie die Gmail-Adresse (siehe Abschnitt »Mailen mit Gmail« ab Seite 161) ein oder tippen in der Liste Ihrer Telefonkontakte den entsprechenden Eintrag an.

4. Soll noch eine weitere Person an dem Gespräch teilnehmen, tippen Sie einfach auf die Schaltfläche **Noch jemand?** ❷ und geben eine weitere Adresse an.

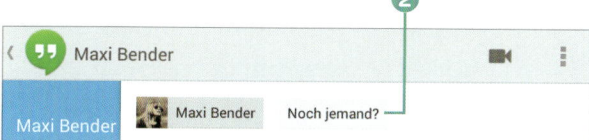

5. Die Videokonferenz starten Sie mit der Schaltfläche **Videoanruf** ❸.

6. Die Gesprächsteilnehmer erhalten die Anfrage, ob sie den Anruf annehmen wollen. Mit **Antworten** zeigt der Bildschirm dann die Bilder der Teilnehmer.

7. Ein Tipp auf den Bildschirm blendet die Steuerelemente ein. Mit der großen roten Schaltfläche ❹ stoppt jeder Teilnehmer seine Teilnahme.

Wollen Sie nur eine Nachricht senden, tippen Sie sie in das angebotene Textfeld und verschicken sie mit der Pfeilschaltfläche.

Skype für alle

Die weiter als Hangouts verbreitete Alternative für das Telefonieren über das Internet ist *Skype*. Die inzwischen von Microsoft gepflegte Anwendung steht für alle Betriebssysteme zur Verfügung. Auch hier können Sie zwischen Sprachanruf und Videoanruf wählen. Für Ihr Tablet finden Sie die kostenlose App im **Play Store**.

1. Starten Sie **Skype** über das App-Symbol. Wenn Sie Skype bereits auf einem anderen Gerät verwenden, melden Sie sich mit Ihrem Skype-Namen oder mit einem Microsoft-Konto an, anderenfalls benutzen Sie **Konto erstellen**. Sie müssen einen Skype-Namen festlegen, ein Kennwort mit mindestens 6 Stellen und eine E-Mail-Adresse.

2. Die App bietet Ihnen im oberen Teil das Telefonsymbol ❶, es öffnet das Tastenfeld für Nummern im Festnetz.

3. Mit dem Personensymbol ❷ fügen Sie Kontakte oder Rufnummern zu Ihrer Kontakteliste hinzu, die dann unter **Kontakte** ❸ zum Antippen angeboten werden.

4. Für Telefonate über das Internet brauchen Sie entweder den Skype-Namen oder die E-Mail-Adresse. Tippen Sie in der Zeile mit der Lupe den Namen oder die Adresse ein, werden Ihnen schon nach den ersten Zeichen mögliche Treffer angeboten.

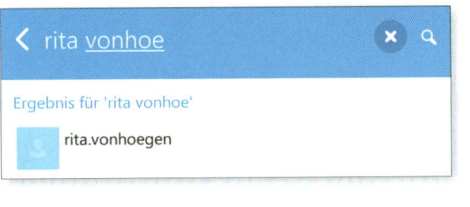

5. Um ein Gespräch zu starten, tippen Sie die Kachel eines Kontakts an ❹ und dann das Telefon- ❺ oder Videosymbol ❻.

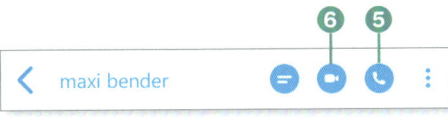

6. Sie können die App im Hintergrund weiterlaufen lassen, wenn Sie nach einem Gespräch eine andere App öffnen.

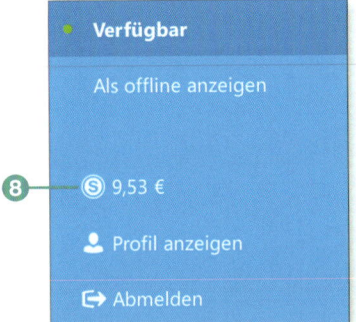

Mit Skype können Sie auch Leute im Festnetz anrufen. Diese Anrufe sind zwar nicht kostenlos, aber in der Regel preiswert. Sie müssen ein Guthaben anlegen oder ein Abo erwerben, per Kreditkarte oder Überweisung. Tippen Sie auf das Symbol Ihres Kontos ❼, sehen Sie Ihr Guthaben. Ein Tipp darauf führt zur Verwaltung des Guthabens ❽.

Kapitel 4
E-Mails senden und empfangen

Es gibt inzwischen viele Möglichkeiten, sich über das Internet mit anderen Leuten auszutauschen. Soziale Netzwerke, Messenger- oder Chat-Apps decken einen großen Teil der Verständigung über das Web ab. Dennoch bleiben E-Mails, inzwischen bereits als traditionell eingestuft, wohl immer noch die am weitesten verbreitete Form der Netzkommunikation.

Daran hat auch die leider offenbar nicht beherrschbare *Spam*-Plage nichts geändert. Dass Sie auf Ihrem Tablet zu jeder Zeit und überall auf Ihre E-Mails zugreifen können, statt wie bei einem Tischgerät an einen Ort gebunden zu sein, macht die Sache sogar besonders attraktiv.

ACHTUNG

E-Mail-Account beim Internet Service Provider

Der E-Mail-Verkehr wird von *Internet Service Providern* (ISP) betrieben. Um ihn nutzen zu können, müssen Sie sich ein Konto, einen Account, bei einem dieser Provider besorgen. Einige dieser Konten sind kostenlos, etwa GMX oder Yahoo, andere sind es nicht. Der Provider stellt Ihnen entsprechende Zugangsdaten zur Verfügung. Diese sollten Sie an einem sicheren Ort aufbewahren, damit Sie im Notfall ein Konto auch wieder neu einrichten können. Unbefugte sollten diese Daten möglichst nicht finden, damit sie nicht in Ihrem Namen etwas anstellen, wofür Sie zahlen müssen.

In den folgenden Abschnitten erfahren Sie, wie Sie E-Mail-Konten auf dem Tablet einrichten und Ihre elektronische Post möglichst reibungslos betreiben. Das Galaxy Tab 4 stellt Ihnen für E-Mails zwei eingebaute Apps zur Verfügung:

E-Mail ist die App für beliebige E-Mail-Konten, die Sie bei Providern angemeldet haben. Sie können mehrere Konten parallel betreiben, wobei jedes Konto mit eigenen Einstellungen arbeiten kann.

Gmail verwenden Sie hauptsächlich für Gmail-Konten, die Sie bei Google registriert haben.

E-Mail-Konten einrichten

Die *E-Mail*-App finden Sie als Vorgabe auf der zweiten Seite des Startbildschirms. Wenn Sie einen Account bei einem Provider erworben (siehe auch den Kasten »Provider-Apps für E-Mails« auf Seite 166) und die entsprechenden Zugangsdaten zur Hand haben, genügen ein paar Eingaben, um das Konto auf dem Tablet einzurichten. Da es unterschiedliche Kontentypen gibt, beschreibe ich deren Einrichtung nacheinander.

ACHTUNG

POP3 oder IMAP?

POP3 – Kürzel für *Post Office Protocol* – ist ein einfaches Protokoll für den Abruf von E-Mails von einem Mail-Server, der die übergebenen Nachrichten normalerweise nur vorübergehend aufbewahrt. Die Alternative IMAP – Abkürzung für *Internet Message Access Protocol* – ist dagegen ein komplexeres Protokoll, das das Anlegen einer hierarchischen Ordnerstruktur auf dem Webserver erlaubt. Auf dem sogenannten Client, in diesem Fall Ihrem Tablet, werden immer nur Kopien der E-Mails abgelegt. E-Mails verbleiben so lange auf dem Server, bis Sie sie löschen. Das erleichtert auch den parallelen Zugriff von mehreren Geräten aus.

Einrichten eines POP3-Kontos

Da die Provider unterschiedliche Kontentypen anbieten, je nachdem, was als Posteingangsserver verwendet wird, beginne ich mit dem weitverbreiteten POP3-Konto. Hier ist häufig eine manuelle Einrichtung des Kontos notwendig, aber das sollte Sie nicht schrecken.

1. Öffnen Sie die App **E-Mail** mit einem Tipp. Wenn für diese App noch kein Konto eingerichtet ist, wird Ihnen zunächst die Einrichtung eines ersten Kontos angeboten.

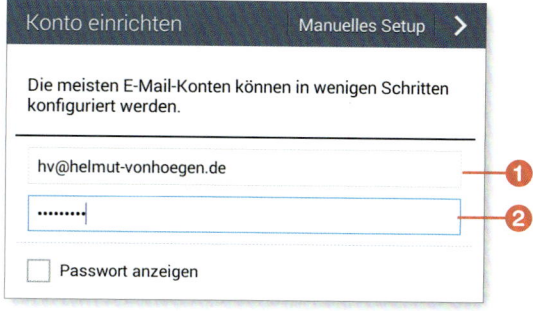

2. Geben Sie die mit dem Provider vereinbarte E-Mail-Adresse ❶ ein, und bestätigen Sie diese auf der Tastatur mit **Weiter**.

3. Anschließend geben Sie das beim Provider hinterlegte Passwort ❷ ein und bestätigen es mit **OK**.

4. Im nächsten Schritt entscheiden Sie über die Art des Kontos. In diesem Fall ist die richtige Option **POP3-Konto** ❸. Tippen Sie die entsprechende Schaltfläche an.

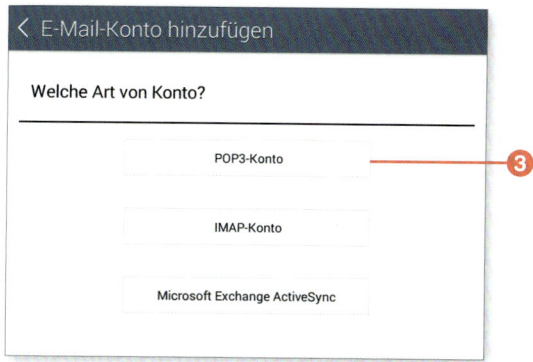

5. Die App zeigt nun ein Formular, in dem Sie die Daten eingeben, die Ihnen Ihr Provider zur Verfügung gestellt hat. Dazu gehören zunächst der Benutzername ❹ und noch einmal das Passwort ❺. Unter **POP3-Server** ❻ geben Sie die Webadresse des Mail-Servers an. Die Angaben zu **Sicherheitstyp** ❼ und **Port** ❽ – hier 110 – können Sie in der Regel übernehmen.

6. Unter **E-Mails von Server löschen** ❾ wählen Sie, ob die E-Mails beim Löschen aus Ihrem Posteingang auch auf dem Server gelöscht werden

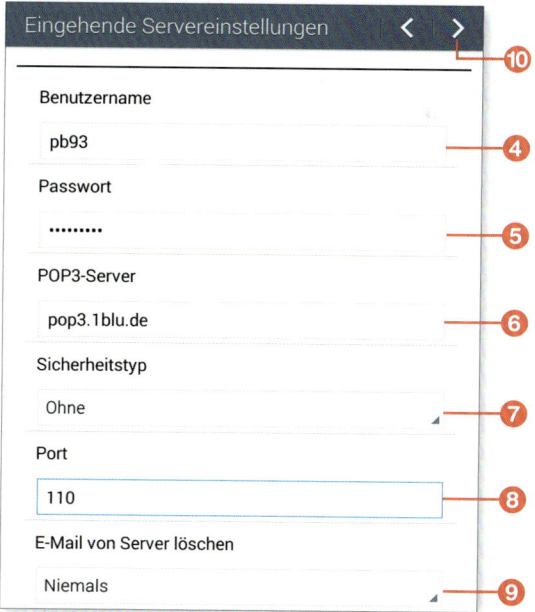

sollen oder nicht. Wenn Sie sicherstellen wollen, dass E-Mails von verschiedenen Geräten parallel abgerufen werden können, sollten Sie hier die Einstellung **Niemals** wählen.

7. Wenn Sie in der Menüleiste ▷ (❿ auf Seite 135) antippen, wird getestet, ob eine Verbindung zu dem Posteingangsserver aufgenommen werden kann.

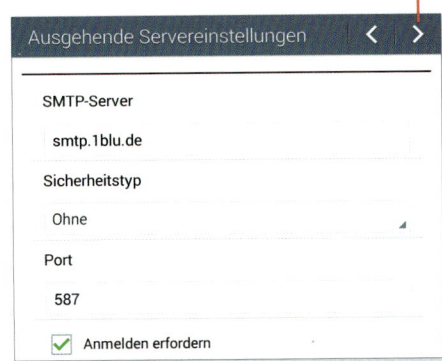

8. Auf der nächsten Seite des Formulars geben Sie die Daten des SMTP-Servers ein, also des Postausgangsservers.

9. Ein Tipp auf ▷ ⓫ führt zu den Kontooptionen. Sie geben hier an, wie häufig neue E-Mails abgerufen werden, ob die E-Mails mit anderen Geräten synchronisiert werden sollen und ob Sie beim Eingang neuer E-Mails eine Benachrichtigung erhalten.

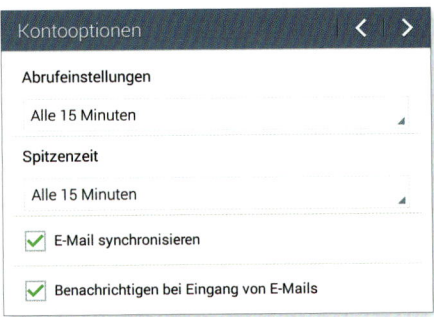

10. Auf der letzten Seite können Sie dem Konto noch einen freundlichen Namen geben. Das ist insbesondere dann sinnvoll, wenn Sie mit mehreren Konten arbeiten und diese gut unterscheiden wollen. Im zweiten Feld geben Sie noch an, wie Ihr Name auf einer E-Mail angezeigt werden soll. Bestätigen Sie mit **OK**.

ACHTUNG

Was ist, wenn die Zugangsdaten nicht stimmen?

Sie erhalten die Nachricht, dass die Einrichtung nicht abgeschlossen wurde. Über **Details bearbeiten** landen Sie wieder auf der vorherigen Seite. Fehlerquellen sind häufig Tippfehler, die Missachtung der korrekten Schreibweise oder falsche Portnummern für einen der beiden Server. Der Eingangsserver verwendet ja eine andere Portnummer als der Ausgangsserver.

Wenn das Konto komplett eingerichtet ist, zeigt die App die Ansicht an, in der Sie Ihre E-Mails senden und empfangen.

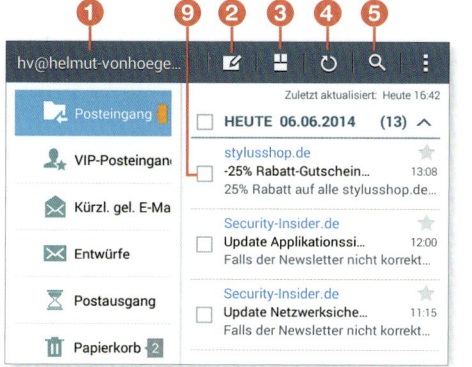

Die E-Mail-App mit der Ordnerleiste und einer Liste von E-Mails

Optionen der E-Mail-App

Im linken Bereich finden Sie Schaltflächen für verschiedene Ordner: **Posteingang**, **Entwürfe**, **Postausgang** etc. Im rechten Teil des Fensters werden die Nachrichten des links ausgewählten Ordners aufgelistet.

In der Menüleiste finden Sie links eine Schaltfläche ❶, die den Namen des Kontos anzeigt. Haben Sie mehrere Konten, öffnen Sie die Liste mit einem Tipp auf diese Schaltfläche und wählen das gewünschte Konto. Das Blatt mit dem Stift ist die Schaltfläche, die die Eingabe einer neuen Nachricht startet ❷. Das Symbol mit dem geteilten Blatt ❸ schaltet in die Split-Ansicht um, bei der der Inhalt der ausgewählten Nachricht in dem geteilten Fenster erscheint. Die Schaltfläche mit dem Kreispfeil ❹ ruft neue Nachrichten vom Server sofort ab, also ohne Rücksicht auf die Intervalle, die Sie für den Abruf – wie oben beschrieben – angegeben haben. Die Lupe ❺ dient dem Suchen von Nachrichten. Darauf gehe ich im Abschnitt »Nach E-Mails suchen« ab Seite 153 näher ein.

Bevor Sie mit dem Mailen beginnen, sollten Sie noch prüfen, ob andere vorgegebene Einstellungen für den elektronischen Postverkehr in Ordnung sind. Diese Einstellungen finden Sie über die Schaltfläche ⁞.

Sortieren ❻ öffnet eine Auswahlliste, mit deren Hilfe Sie festlegen, in welcher Reihenfolge die E-Mails in den verschiedenen Ordnern erscheinen. Sie können beispielsweise auf- oder absteigend nach dem Datum oder nach dem Namen der Absender sortieren lassen.

Unter **Anzeigen als** (**7** auf Seite 137) können Sie anstelle der Standardansicht auch eine Konversationsansicht wählen, bei der E-Mails nach den Stichwörtern in **Betreff** gruppiert oder E-Mails zusammengehalten werden, die zwischen bestimmten Personen hin und her geschickt wurden.

Sehen Sie besser fern oder nah, sollten Sie unter **Schriftgröße** **8** eine Standardgröße für die Textanzeige wählen, die bequem für Sie ist.

Sind E-Mails aufgelistet, können Sie diese per Tipp auf die Kästchen **9** auswählen. Im Menü erscheint dann auch die Schaltfläche **Löschen**.

Eine umfangreiche Liste von Optionen finden Sie über die Option **Einstellungen** **10**. Darauf gehe ich weiter unten noch ein.

Ein IMAP-Konto einrichten

Bei der Einrichtung eines IMAP-Kontos verwendet die *E-Mail*-App weitgehend die gleichen Formulare wie beim POP3-Konto, um die erforderlichen Daten abzufragen. Statt der POP3-Server-Adresse geben Sie die IMAP-Server-Adresse an. Als **Port** wird in der Regel eine andere Nummer verwendet. Zusätzlich können Sie hier noch ein IMAP-Pfad-Präfix angeben, wenn der Provider Ihnen ein solches mitgeteilt hat.

1. Wenn Sie ein weiteres Konto hinzufügen wollen, wählen Sie in der E-Mail-App über ⋮ die Option **Einstellungen**.

2. Unter **Kontoeinstellungen** tippen Sie auf **Konto hinzufügen**.

3. Geben Sie die E-Mail-Adresse und das Passwort ein.

4. Benutzen Sie anschließend die Schaltfläche für das **IMAP-Konto**.

5. Geben Sie die vom Provider bereitgestellten Daten wie oben beschrieben ein.

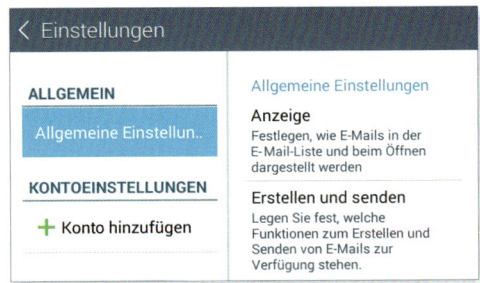

Mit einem Exchange Server verbinden

Der E-Mail-Verkehr im professionellen Bereich wird häufig über *Microsoft Exchange Server* abgewickelt, die eine komfortable Verwaltung umfangreicher Konten- und Datenmengen erlauben. Um in der E-Mail-App ein Konto dafür anzulegen, beantworten Sie die Frage nach der Art des Kontos mit der Schaltfläche **Microsoft Exchange Active Sync**.

Wenn die Zugangsdaten korrekt sind, kann die App einen Teil der Informationen über den entsprechenden Mail-Server automatisch auslesen und auf den folgenden Seiten anzeigen. Ansonsten füllen Sie das Formular zu den Exchange-Server-Einstellungen mit den Daten aus, die Ihnen Ihr Systemadministrator dafür zur Verfügung stellt. Unter Umständen müssen Sie die Option **Client-Zertifikat verwenden** aktivieren und das Zertifikat über die Schaltfläche **Client-Zertifikat** anfordern. Kann die App mit den Zugangsdaten arbeiten, geben Sie wie bei den anderen Konten noch die Kontoeinstellungen an.

Konten bei Yahoo oder Google

Vielleicht haben Sie ja noch ein Konto bei *Yahoo*. In diesem Fall ist die Einrichtung besonders einfach, weil die App sich automatisch die dafür benötigten Daten über den Webserver holt. Sie brauchen nur Ihre E-Mail-Adresse und das entsprechende Passwort.

1. Benutzen Sie, wie in Schritt 2 der obigen Anleitung beschrieben, die Schaltfläche **Konto hinzufügen**.

2. Geben Sie Ihre Yahoo-E-Mail-Adresse ein und das Passwort dazu.

3. Mit ❯ werden die Infos über die zugehörigen Mail-Server von Yahoo automatisch übernommen. Sie brauchen nur noch die übrigen Kontooptionen anzugeben, also die Abrufeinstellungen und einen freundlichen Namen für das Konto.

Wenn Sie anschließend die Einstellungen für dieses Konto prüfen, sehen Sie, dass es sich beim Eingangsserver von Yahoo um einen IMAP-Server handelt und dass für **Sicherheitstyp** die Option **SSL** aktiviert ist, die Übertragung Ihrer Zugangsdaten findet also immer verschlüsselt statt.

In der gleichen Weise, wie Sie das Yahoo-Konto einrichten, können Sie auch verfahren, um ein Google-Konto einzurichten. Auch hier handelt es sich um einen Eingangsserver vom Typ IMAP. Für das Mailen über ein Google-Konto stellt Ihnen Android aber, wie eingangs schon angesprochen, als Alternative die *Gmail*-App zur Verfügung, die im Abschnitt »Mailen mit Gmail« ab Seite 161 behandelt wird.

E-Mails schreiben und senden

Und wie schreiben wir jetzt mithilfe der *E-Mail*-App eine E-Mail? Hier die Abfolge der Schritte:

1. Tippen Sie auf dem Startbildschirm **E-Mail** an, um die App zu öffnen.

2. Sind mehrere Konten angelegt, tippen Sie zuerst auf die Schaltfläche ❶ und dann auf das Konto ❷, von dem aus Sie senden wollen.

3. Tippen Sie nun auf die Schaltfläche **Verfassen** ❸.

4. Die App blendet den Bereich ein, in dem Sie die Kopfdaten und die Nachricht eingeben: Unter **An** ❹ geben Sie zunächst die Empfänger- adresse ein.

5. Sobald Sie den ersten Buchsta- ben über die automatisch einge- blendete Tastatur eingeben, wird Ihnen meist schon eine Liste der Personen angeboten, deren E- Mail-Adresse mit diesem Buch- staben beginnt. Ein Tipp wählt die Adresse aus. Ist die Adresse ganz neu, tippen Sie einfach die komplette Adresse ein. Wollen Sie mehrere Adressen eingeben, fügen Sie als Trennzeichen je- weils ein Komma ein.

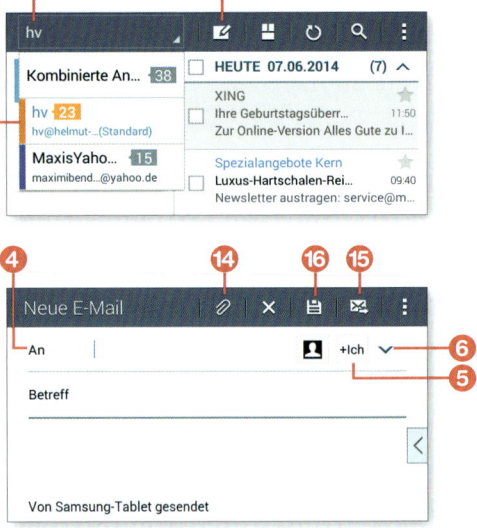

6. Wollen Sie von Ihrer E-Mail eine Kopie im eigenen Posteingang behalten, tippen Sie noch auf die Schaltfläche **+Ich** ❺.

7. Soll eine Kopie noch an andere Personen geschickt werden, tippen Sie den Pfeil am Ende der Zeile ❻ an, um die weiteren Adressfelder einzublenden.

8. Verfahren Sie in den Feldern **Cc** ❼ und **Bcc** ❽ entsprechend. Die Abkürzungen stehen für *Carbon Copy* und *Blind Carbon Copy*. Die Bcc-Adresse wird den anderen Empfängern nicht angezeigt.

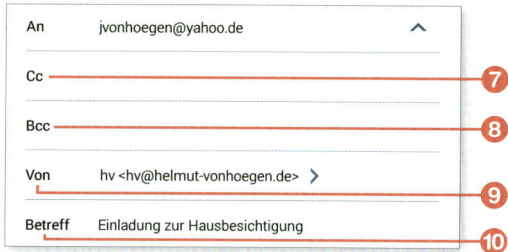

9. Unter **Von** ❾ ist die Adresse Ihres aktuellen Kontos bereits eingetragen. Notfalls können Sie das hier aber noch über den Pfeil am Ende ändern und einen anderen Absender bestimmen.

10. Nicht vergessen sollten Sie den **Betreff** ❿. E-Mails ohne Betreff gelten manchen schon per se als verdächtig. Außerdem ist ein Stichwort im **Betreff** immer auch ein präzises Suchkriterium, um später bestimmte E-Mails wiederzufinden. Während der Eingabe wird der Inhalt von **Betreff** in der Menüleiste angezeigt.

11. In dem großen Feld ⓫ darunter geben Sie schließlich Ihre Nachricht ein. Tippen Sie in das Feld, werden die Kopfdaten vorübergehend ausgeblendet, sodass Sie mehr Platz für eine übersichtliche Eingabe haben. Ein Wisch nach unten zeigt sie wieder an.

12. Wenn Sie Ihre Nachricht etwas formatieren wollen, blenden Sie mit einem Tipp auf den Pfeil ⓬ die For-

matsymbole ein. Um beispielsweise ein Wort farbig anzuzeigen, halten Sie kurz den Finger darauf, bis es ganz markiert ist, und tippen auf das Symbol für die Textfarbe ⑬. In der Farbpalette tippen Sie das gewünschte Farbmuster an und bestätigen dies mit **OK**.

13. Wenn Sie an die Nachricht noch etwas anhängen wollen, z.B. ein Bild, tippen Sie in der Menüleiste auf die Schaltfläche mit der Büroklammer (⑭ auf Seite 140). Wählen Sie unter **Anhängen** die Quelle für den Anhang aus. Auf dieses Thema gehe ich im Abschnitt »Bilder, Videos und andere Dateien versenden« ab Seite 155 noch näher ein.

14. Soll die Nachricht nicht sofort, sondern zu einem späteren Zeitpunkt verschickt werden, benutzen Sie ⋮ ▸ **Senden planen**. Über die beiden Schaltflächen zu **Zeit und Datum** stellen Sie das Datum und die genaue Zeit für den Versand ein.

15. Wollen Sie dem Empfänger signalisieren, dass Ihre Nachricht wichtig ist, nehmen Sie ⋮ ▸ **Priorität** ▸ **Hoch**. Der Empfänger findet dann ein rotes Ausrufezeichen vor der Betreffzeile.

16. Wenn Sie zu einer E-Mail eine Lesebestätigung haben wollen, benutzen Sie ⋮ ▸ **Verfolgungsoptionen** ▸ **Lesebestätigung**.

17. Zum Abschluss tippen Sie in der Menüleiste auf **Senden** (⑮ auf Seite 140). Die Nachricht wird zunächst in dem Ordner **Postausgang** abgelegt. Ist der Versand erfolgreich, erscheint die Nachricht in dem Ordner **Gesendet**. Ist im Moment keine Internetverbindung verfügbar, bleibt die Nachricht so lange im Postausgang, bis sie gesendet werden kann. Das geschieht automatisch, wenn die Netzverbindung wieder zur Verfügung steht.

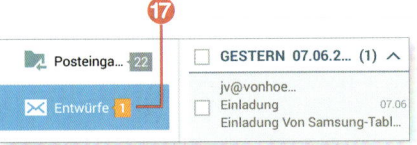

Unfertige Nachricht im Ordner »Entwürfe«

Wenn Sie die E-Mail nicht gleich abschicken wollen, etwa weil die Nachricht noch unvollständig ist, tippen Sie in der Menüleiste **Speichern** (⑯ auf Seite 140) an. Die Nachricht wird dann in dem Ordner für die Entwürfe ⑰ abgelegt. Ein Tipp auf die Nachricht in diesem Ordner, und Sie können sie fertigstellen.

Vielleicht haben Sie eine Nachricht verfasst und stellen am Ende fest, dass sich das so nicht sagen lässt, oder Sie sind aus anderen Gründen mit Ihren Ausführungen unzufrieden. Dann bitte einfach in der Menüleiste **Verwerfen** antippen. Sie werden noch gefragt, ob die Nachricht nicht wenigstens als Entwurf gespeichert werden soll. In diesem Fall tippen Sie auf **Speichern** ❶. Ansonsten tippen Sie auf **Verwerfen** ❷, um die Nachricht komplett zu löschen.

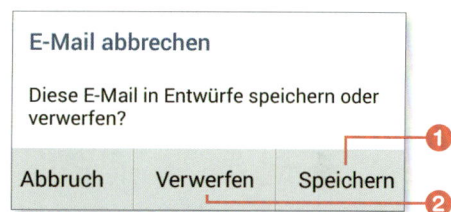

Wenn Sie beim Schreiben einen Fehler in einer Nachricht entdecken, tippen Sie am besten die Stelle an. Ein blinkender Strich markiert die Einfügestelle. Mit dem Finger können Sie den darunter angezeigten Anfasser verschieben, um die Einfügestelle zu versetzen. Möchten Sie ein Wort oder mehrere ersetzen, halten Sie den Finger auf einem der Worte, bis es markiert ist, und dehnen Sie dann die Markierung mithilfe der Anfasser aus. Jedes Zeichen, das Sie dann eintippen, ersetzt die Markierung.

E-Mails empfangen und lesen

Über den Eingang von E-Mails werden Sie sofort in der Statusleiste mit einem Briefumschlagsymbol informiert. Wenn Sie die Leiste mit dem Finger herunterziehen, finden Sie eine entsprechende Benachrichtigung. Ein Tipp darauf öffnet die E-Mail-App sofort.

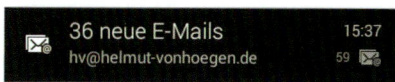

Auch auf dem Symbol der E-Mail-App im Startbildschirm erscheint fortlaufend die Zahl der ungelesenen Nachrichten.

1. Um Ihre E-Mails anzusehen, öffnen Sie die **E-Mail-App**. Die Anwendung zeigt im linken Bereich eine Liste verschiedener Ordner, im rechten Bereich erscheinen die Kopfzeilen der Nachrichten ❶ des Ordners, den Sie per Tipp

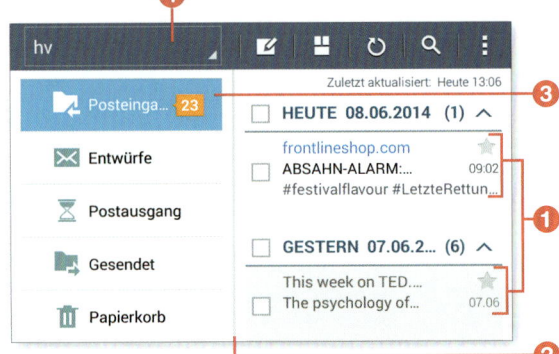

auswählen. Die Grenze zwischen den Bereichen lässt sich durch Ziehen verschieben ❷. Der ausgewählte Ordner erhält einen blauen Hintergrund ❸. Die eingegangenen Nachrichten finden Sie zunächst in dem Ordner **Posteingang**. Noch ungelesene Nachrichten sind an dem weißen Hintergrund zu erkennen. Die Anzahl der ungelesenen Nachrichten wird hinter dem Ordnernamen angezeigt. Gelesene Nachrichten werden grau hinterlegt.

2. In der Menüleiste erscheint links wieder die Schaltfläche ❹, die als Vorgabe den Namen des Kontos anzeigt, das Sie als Standardkonto für den Versand bestimmt haben. Wie Sie ein Standardkonto festlegen, lesen Sie im Abschnitt »Einstellungen für die E-Mail-App« ab Seite 158. Wollen Sie die E-Mails eines anderen Kontos sehen, tippen Sie diese Schaltfläche an und dann das gewünschte Konto.

3. Als Alternative können Sie hier auch die Option **Kombinierte Ansicht** wählen. In diesem Fall werden die E-Mails aller Konten in den verschiedenen Ordnern in zeitlicher Abfolge angezeigt, wobei unterschiedlich eingefärbte Balken erkennen lassen, zu welchem Konto eine Nachricht gehört.

4. Über der Liste mit den Kopfdaten zeigt die App immer an, wann zuletzt E-Mails abgerufen worden sind ❺. Mit der Schaltfläche **Aktualisieren** ❻ in der Menüleiste können Sie aber auch sofort einen Abruf anstoßen.

5. Die Kopfdaten der E-Mails sind in der Standardansicht nach dem Datum gruppiert. Mit den kleinen Pfeilen **7** hinter dem Datum können Sie einzelne Zeiträume aus- oder einblenden.

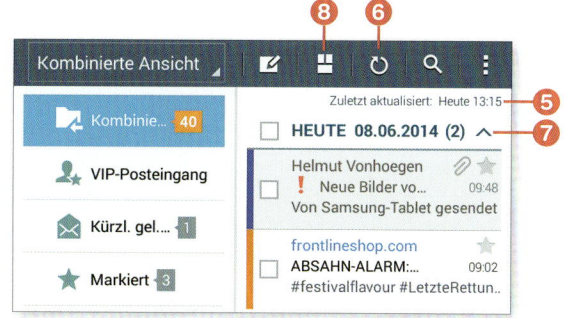

6. Wenn Sie die Nachrichtenliste und die jeweils ausgewählte Nachricht in zwei Hälften des Fensters sehen wollen, tippen Sie auf die Schaltfläche mit dem geteilten Blatt **8**. Diese Schaltfläche teilt den Bildschirm im Hochformat vertikal, im Querformat horizontal.

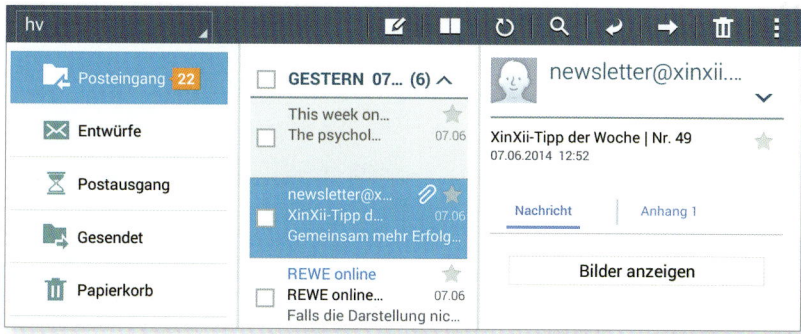

7. Um die E-Mail zu lesen, tippen Sie auf die Kopfdaten. Die App blendet die komplette Nachricht ein. Wenn die Datenmenge größer ist, wird Ihnen vielleicht ein Link **Weitere Details laden** **9** angeboten, den Sie antippen sollten. Ein möglicher Anhang kann nämlich erst angezeigt werden, wenn die E-Mail komplett auf dem Tablet angekommen ist.

8. Da Sie selbst der Empfänger sind, wird Ihre Adresse ausgeblendet, ein Tipp auf den kleinen Pfeil (**1** auf Seite 146) blendet sie ein.

9. Rechts oben zeigt die Nachricht einen kleinen Stern **2**. Wenn Sie ihn antippen, wird die Nachricht als bedeutend markiert. In der kombinierten Ansicht finden Sie diese Nachrichten dann unter **Markiert**.

10. Ist die Nachricht länger als der Bildschirm, ziehen Sie mit dem Finger nach oben, um weiterzulesen.

11. Enthält eine Nachricht einen Anhang, tippen Sie auf den Link **Anhang** ❸. Wenn Sie ein Bild in der Vorschau sehen wollen, tippen Sie auf **Vorschau** ❹.

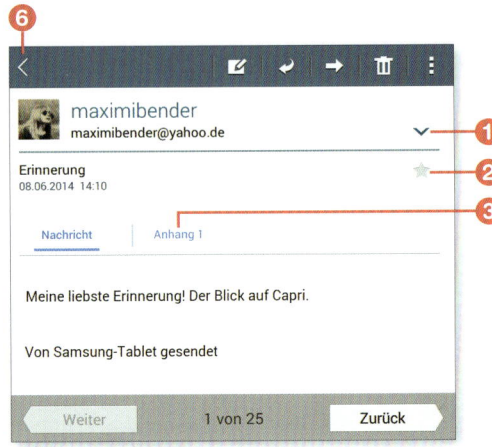

12. Das Tablet zeigt das Bild dann im geteilten Fenster an, vorausgesetzt, Sie haben diese Einstellung aktiviert, wie im Abschnitt »Die Multi-Window-Funktion nutzen« ab Seite 53 beschrieben. Mit **Speichern** ❺ legen Sie das Bild auf dem Tablet in dem Ordner */download/* ab, den Sie in der App *Eigene Dateien* vorfinden.

13. Die App stuft die Nachricht anschließend als gelesen ein.

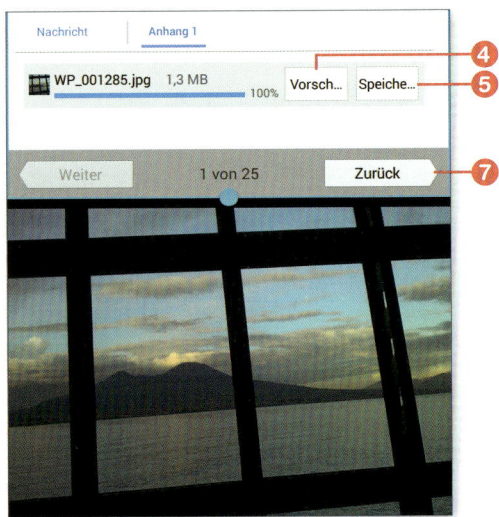

14. Wenn Sie mit dem kleinen Pfeil ❻ am Anfang der Menüleiste oder der **Zurück**-Taste ❼ wieder in die Ordneransicht wechseln, wird die Nachricht mit einem grauen Hintergrund angezeigt.

ACHTUNG

Bilder erst nach Prüfung der E-Mail anzeigen

Wenn Sie bei den Einstellungen für das Konto die Anzeige von Bildern aus Sicherheitsgründen nicht aktiviert haben, erscheint in einer Nachricht, die Bilder als Inhalt und nicht als Anhang enthält, eine Schaltfläche **Bilder anzeigen**, die genau dies dann tut.

Wenn Sie nur einen Blick auf die Nachricht werfen wollen, benutzen Sie ⋮ ▸ **Als ungelesen markieren** ❶.

Das Menü zu einer geöffneten Nachricht enthält noch einige weitere Optionen, die ich hier kurz erläutern will:

Verschieben ❷ wird verwendet, um die Nachricht in einen anderen Ordner zu verlegen. Die Liste der Ordner wird angeboten, ein Tipp auf den Zielordner verschiebt die Nachricht dorthin.

E-Mail speichern ❸ erlaubt Ihnen, die Nachricht unter einem angegebenen Namen zu speichern.

Als VIP festlegen ❹ kennzeichnet eine Adresse mit dem Symbol 👤⭐ als bevorzugt. Um die Hervorhebung wieder zu entfernen, nehmen Sie die Option **Von VIP-Liste entfernen**, die dann angeboten wird. E-Mails von diesen Personen erscheinen in der **Kombinierten Ansicht** in einem eigenen Ordner **VIP-Posteingang**.

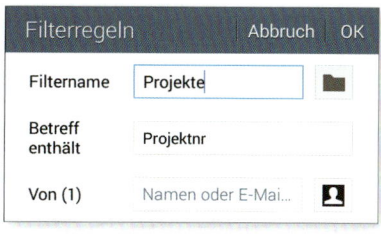

Definition eines Filters

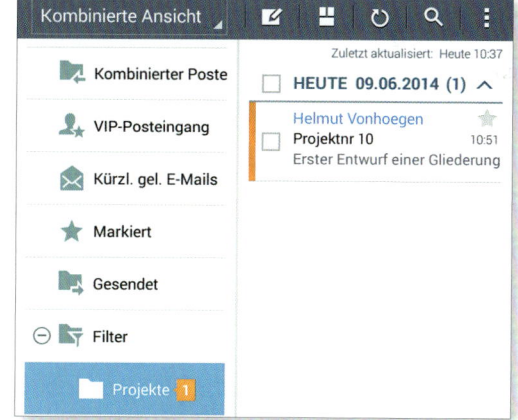

Filter sind probate Mittel, um einlaufende Nachrichten zu gruppieren.

Filterregel hinzufügen ❺ gibt Ihnen die Möglichkeit, Mails aus der Flut herauszufischen, die bestimmte Zeichenfolgen im **Betreff** enthalten bzw. von bestimmten Absendern stammen.

Die von dem Filter erfassten Nachrichten werden in der kombinierten Ansicht in virtuellen Ordnern für jeden Filter angezeigt.

Schalten Sie später **Kombinierte Ansicht** wieder ab, finden Sie die herausgefilterten Nachrichten im Ordner **Posteingang**.

Drucken ❻ stößt den Ausdruck der Nachricht an. Mehr dazu im Abschnitt »Drucken per WLAN oder Bluetooth« auf Seite 291.

Die Option **Schriftgröße** ❼ bezieht sich hier auf die Anzeige der E-Mail. Quälen Sie Ihre Augen nicht, wenn es mit der Altersweitsichtigkeit angefangen hat. Die Optionen zu **Einstellungen** ❽ beschreibe ich wie gesagt weiter unten.

Es wäre sicher lästig, nach dem Lesen einer Nachricht immer wieder in die Ordneransicht zu wechseln, um dort die nächste Nachricht anzutippen. Deshalb finden Sie am Fuß der Nachricht bequeme Pfeilschaltflächen, um zur nächsten ❾ oder vorherigen Nachricht ❿ zu navigieren.

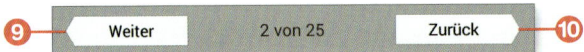

Lästig wäre auch, wenn Sie sich die E-Mail-Adresse eines neuen Senders irgendwie manuell notieren müssten, um sie in die Liste Ihrer Kontakte aufzunehmen. Stattdessen:

1. Tippen Sie in der Nachricht auf den Namen des Absenders.

2. Tippen Sie auf **Neuer Kontakt**.

3. Die **Kontakte**-App wird geöffnet, und die aus der Nachricht verfügbaren Daten werden in das Formular für einen neuen Kontakt übertragen.

4. Wählen Sie aus der Liste das Konto aus, dem der Kontakt zugeordnet werden soll.

5. Ergänzen Sie die Angaben, soweit es notwendig ist.

6. Schließen Sie die Anlage des Kontakts mit **Speichern** in der Menüleiste ab.

Weitere Informationen zum Umgang mit Kontakten finden Sie in Kapitel 3, »Telefonieren und Kontakte pflegen«.

E-Mails beantworten oder weiterleiten

Sie antworten auf eine Nachricht in der gleichen Weise, wie Sie eine Nachricht schreiben. Die App leitet Sie aber direkt zur Beantwortung und übernimmt dabei als Vorgabe die Nachricht, auf die Sie antworten, sodass bei einem mehrfachen Hin und Her am Ende die gesamte Kommunikation in der letzten Nachricht zusammengehalten wird.

1. Wenn Sie auf eine geöffnete Nachricht antworten wollen, benutzen Sie in der Menüleiste die Schaltfläche **Antworten** ❶.

2. Die App übernimmt die Absenderadresse als Empfängeradresse ❷.

3. Im **Betreff** ❸ wird hinter dem Kürzel **AW** der Betreff der ersten Nachricht automatisch übernommen. Das können Sie natürlich ändern.

4. Die App blendet den Kopfbereich der E-Mail zunächst aus, sodass Sie die Nachricht sofort eintippen können. Ein Wisch nach unten blendet den Kopf wieder ein.

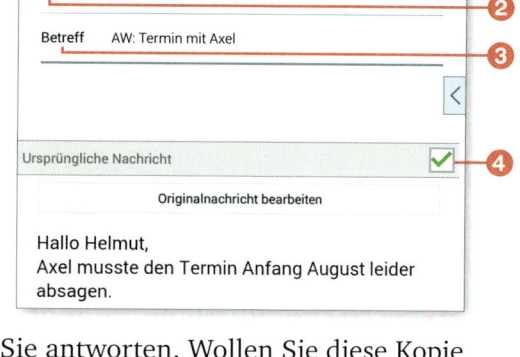

5. Unterhalb des Bereichs für Ihre Antwort ist die Option **Ursprüngliche Nachricht** ❹ aktiviert, die Nachricht enthält also den Ursprungstext, auf den Sie antworten. Wollen Sie diese Kopie unterbinden, löschen Sie das Häkchen mit einem Tipp, und der Empfänger sieht in Ihrer E-Mail nicht mehr seinen an Sie gerichteten Text.

6. Ansonsten schreiben Sie Ihre Antwort wie gehabt und schicken sie mit **Senden** ❺ ab.

Ähnlich wie das Antworten funktioniert auch das Weiterleiten einer Nachricht:

1. Tippen Sie über der geöffneten Nachricht in der Menüleiste auf die Schaltfläche **Weiterleiten** (**6** auf Seite 149).

2. Geben Sie unter **An** und bei Bedarf auch unter **Cc** und **Bcc** die Adressen an, an die die Nachricht weitergeleitet werden soll.

3. Wenn Sie noch etwas zu der Nachricht hinzufügen wollen, schreiben Sie es über der Kopie der Originalnachricht.

4. Mit **Senden** leiten Sie die Nachricht weiter.

Normalerweise wird beim Weiterleiten auch ein eventueller Anhang mitübertragen. Sie können vorhandene Anhänge aber vorher auch einzeln löschen, dazu reicht ein Tipp auf das rote Minuszeichen hinter dem jeweiligen Dateinamen. Soll ein zusätzlicher Anhang eingefügt werden, benutzen Sie wie gehabt das Symbol mit der Büroklammer.

PicsArt_1401862516649.jpg (437,4 KB) —

E-Mails löschen

Nachrichten, die Sie entweder gar nicht anschauen wollen, etwa unerwünschte Werbung, oder Nachrichten, die Sie zwar lesen, aber nicht archivieren wollen, um Speicherplatz auf Ihrem Tablet zu sparen, können Sie ganz einfach löschen.

1. Ist die Nachricht geöffnet, tippen Sie auf den Papierkorb **1** in der Menüleiste.

2. Wollen Sie mehrere E-Mails in der Ordneransicht löschen, haken Sie die E-Mails in der Liste ab **2** und tippen dann auf den Papierkorb.

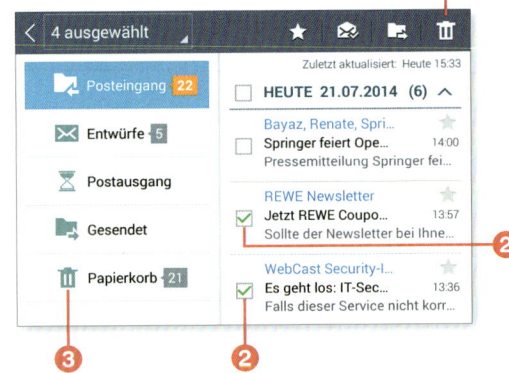

3. In beiden Fällen muss das Löschen nur dann noch einmal bestätigt werden, wenn Sie über ⋮ ▸ **Einstellungen** ▸ **Allgemein** die Option **Löschen bestätigen** aktiviert haben.

Die gelöschten Nachrichten landen in dem Ordner **Papierkorb** ❸, sodass Sie die Chance haben, eine Nachricht im Notfall wieder in den Ordner **Posteingang** zurückzuschieben.

1. Tippen Sie den Ordner **Papierkorb** an und haken Sie Nachrichten ab, die Sie zurückholen wollen.

2. Benutzen Sie **Verschieben** in der Menüleiste. Geben Sie **Posteingang** als Zielordner an.

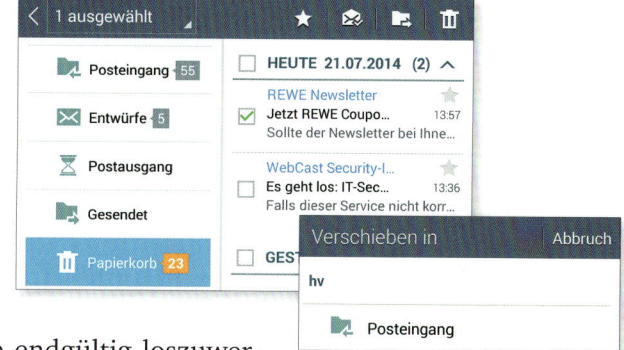

Um alle Nachrichten im Papierkorb endgültig loszuwerden, tippen Sie den Ordner an und benutzen ⋮ ▸ **Alles löschen**.

E-Mails sortieren und verwalten

In der Ordneransicht werden die eingegangenen Nachrichten normalerweise in der Reihenfolge ihres Eintreffens angezeigt, wobei automatisch Gruppen für Heute, Gestern, die letzten 7 Tage und dann für größere Zeiträume gebildet werden.

1. Sie ändern diese Reihenfolge, wie oben schon erwähnt, über ⋮ ▸ **Sortieren**. Die zeitliche Reihenfolge kann mit **Datum (älteste)** umgekehrt werden, es ist aber auch eine Sortierung nach anderen Kriterien möglich. Manche sehen gerne die E-Mails nach Absendern alphabetisch geordnet, auch der Eintrag bei **Betreff** mag manchmal ein sinnvolles Ordnungskriterium sein.

2. Wenn Sie einfach nur nach **Gelesen/ungelesen** sortieren, behält die App innerhalb der beiden Gruppen die zeitliche Reihenfolge bei. Das gilt auch, wenn Sie zuerst alle E-Mails sehen wollen, die Anhänge haben, oder wenn Sie nach der Priorität sortieren lassen.

3. Die Option **Markiert** fasst zuerst alle Nachrichten zusammen, die Sie per Tipp auf den kleinen Stern als bedeutend gekennzeichnet haben.

In der Ordneransicht werden Ihnen noch einige andere Hilfen für die Verwaltung Ihrer Nachrichten angeboten. Wenn es sich um ein IMAP-Konto handelt, lassen sich auf dem Mail-Server über einen Webzugang beliebige Ordnerstrukturen aufbauen.

Sie haben dann die Möglichkeit, Nachrichten nach ihrem Inhalt oder auch nach Absendern auf unterschiedliche Ordner zu verteilen. Das Yahoo-Konto gibt beispielsweise eine Reihe von Ordnern vor.

1. Um zusätzliche Ordner anzulegen, benutzen Sie ⋮ ▸ **Ordner erstellen**.

2. Wählen Sie zuerst den Ordner aus, innerhalb dessen der neue Ordner angelegt werden soll.

3. Geben Sie einen passenden Namen ein. Es dauert vielleicht ein wenig, bis der neue Ordner auf dem Yahoo-Server angelegt ist.

4. An dem ausgewählten Ordner erscheint ein Pluszeichen, das den neuen Ordner einblendet.

5. Um nun Nachrichten in diesen Ordner zu verschieben, wählen Sie die Nachrichten durch Abhaken aus und benutzen dann in der Menüleiste **Verschieben**.

6. Tippen Sie den neuen Zielordner an.

Wenn nur ein paar Nachrichten zu verschieben sind, ziehen Sie einfach die Kopfdaten auf den Zielordner.

Bei einem POP3-Konto unterstützt die **E-Mail**-App das Anlegen eigener Ordner allerdings nicht, Sie müssen dort mit der vorgegebenen Struktur aus **Posteingang**, **Entwürfe**, **Postausgang**, **Gesendet** und **Papierkorb** auskommen.

Eine spezielle Möglichkeit der kombinierten Ansicht ist die Filterung, die auf Seite 147 schon vorgestellt worden ist. Über ⋮ ▸ **Einstellungen** ▸ **Allgemeine Einstellungen** ▸

Filterregeln können Sie Ihre Filter bequem verwalten oder mithilfe der Plus-schaltfläche ❶ zusätzliche Filter anlegen.

Nach E-Mails suchen

Sie wollen noch einmal in einer früheren Nachricht etwas nachsehen, wissen aber nicht mehr, wer Ihnen wann etwas zu dem Thema geschickt hat. Da hilft vielleicht die Suche mit einem entsprechenden Stichwort.

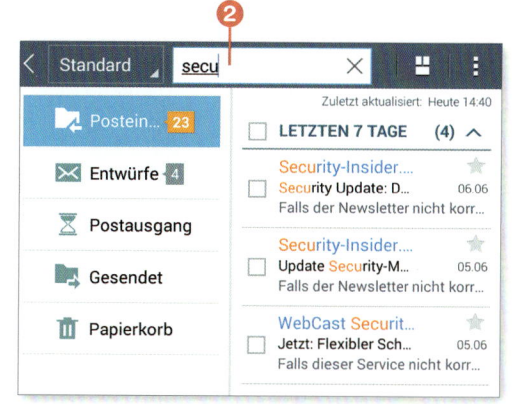

1. Wählen Sie in der Ordneransicht der **E-Mail**-App entweder ein bestimmtes Konto oder **Kombinierte Ansicht**, falls Sie die Suche auf alle Konten ausdehnen wollen.

2. Benutzen Sie in der Menüleiste die Schaltfläche mit der Lupe. Ein Tipp darauf öffnet das Suchfeld ❷.

3. Geben Sie das Suchwort oder auch nur die ersten Buchstaben davon ein, und bestätigen Sie über die Tastatur mit **OK**.

Alle Nachrichten, in denen die gesuchte Zeichenfolge vorkommt, werden aufgelistet, die Fundstellen zeigen die Zeichenfolge mit roter Schrift.

4. Wenn Sie eine Nachricht antippen, finden Sie die Fundstellen darin markiert. Kommt die Zeichenfolge mehrfach vor, navigieren Sie mit den kleinen Pfeilen ❸, die dann in der Menüleiste erscheinen, von Stelle zu Stelle.

5. Um wieder zur vorigen Ansicht zu gelangen, tippen Sie auf den Pfeil nach links am Anfang der Menüleiste. Löschen Sie den Suchbegriff mit dem Andreaskreuz im Suchfeld, und tippen Sie noch einmal auf den linken Pfeil, um wieder in die normale Ordneransicht zu gelangen.

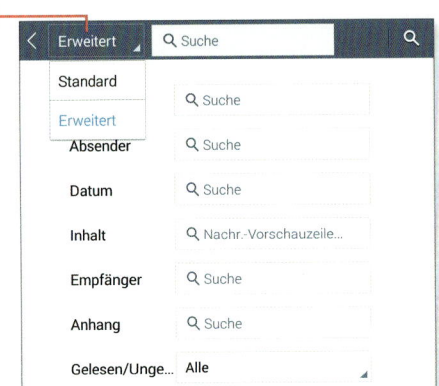

Neben dieser **Standard**-Suche können Sie hier auch mit der Option **Erweitert** arbeiten, wenn Sie das Listenfeld vor dem Suchfeld ❹ antippen.

Hier können Sie innerhalb bestimmter Elemente Ihrer E-Mails wie **Inhalt**, **Absender**, **Datum** etc. gezielt suchen.

INFO

Suche fortsetzen

Wenn Sie die Suche für ein IMAP-Konto ausführen, erscheint unter der letzten angezeigten Fundstelle unter Umständen ein Link **Auf Server weiter suchen**, der es erlaubt, die Suche auf dem Server fortzusetzen.

Es sei an dieser Stelle erwähnt, dass die auf dem Tablet gespeicherten E-Mails nicht für die Suche über das Such-Widget vom Startbildschirm offen sind.

Kontaktadressen verwenden

Es ist schon angesprochen worden, dass Sie beim Eingeben der Empfängeradressen für eine E-Mail auf Ihre mit der App *Kontakte* gepflegten Daten zurückgreifen können.

1. Wenn Sie die Schaltfläche **Kontakte** ❶ bei den Feldern **An**, **Cc** oder **Bcc** antippen, wird Ihnen die Liste Ihrer Kontakte in alphabetischer Gruppierung zur Auswahl angeboten. Über der Liste ist ein Suchfeld ❷, in dem Sie beispielsweise durch ein eingetipptes »J« das Angebot auf Adressen, die mit J beginnen, reduzieren.

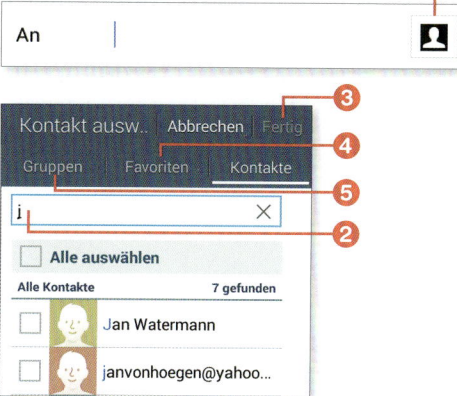

2. Sobald Sie eine oder mehrere der Adressen mit einem Häkchen versehen haben, können Sie die Auswahl mit **Fertig** ❸ bestätigen.

3. Die Adressen werden in Form von Schaltflächen übernommen. Tippen Sie eine solche an, finden Sie die Optionen: **Entfernen**, **Bearbeiten**, **In Cc verschieben** oder **In Bcc verschieben**.

Anstatt Adressen aus der gesamten Kontaktliste auszuwählen, können Sie in der Menüleiste auch die Schaltfläche **Favoriten** ❹ verwenden, falls Sie Ihre wichtigsten Kontakte in eine solche Favoritenliste aufgenommen haben, wie es im Abschnitt »Kontakte anlegen und verwalten« ab Seite 120 beschrieben wurde.

Besonders praktisch ist die Möglichkeit, die Schaltfläche **Gruppen** ❺ zu nutzen, um eine Nachricht beispielsweise gleich an alle Personen aus dem engeren Familienkreis oder an alle Mitglieder eines Vereins zu schicken. Wie Sie Gruppen in der **Kontakte**-App anlegen, erfahren Sie in demselben Abschnitt.

Bilder, Videos und andere Dateien versenden

Im Abschnitt »E-Mails schreiben und senden« haben Sie bereits erfahren, wie Sie an eine Nachricht etwas anhängen können, ein Bild beispielsweise. Das Galaxy Tab bietet Ihnen hierzu zahlreiche Möglichkeiten. Ist eine App in der Lage, ein Format zu liefern, das die E-Mail-App an eine Nachricht anhängen kann, erscheint diese App auch als mögliche Quelle für einen Anhang.

1. Um an eine Nachricht etwas anzuhängen, tippen Sie die Schaltfläche mit der Büroklammer (❶ auf Seite 156) an.

2. Um ein Bild anzuhängen, verwenden Sie **Eigene Bilder** ❷, um mit der App **Galerie** das Bild auszusuchen. Wenn Sie diese Einstellung grundsätzlich für E-Mails verwenden wollen, bestätigen Sie mit **Immer**, ansonsten mit **Nur einmal**.

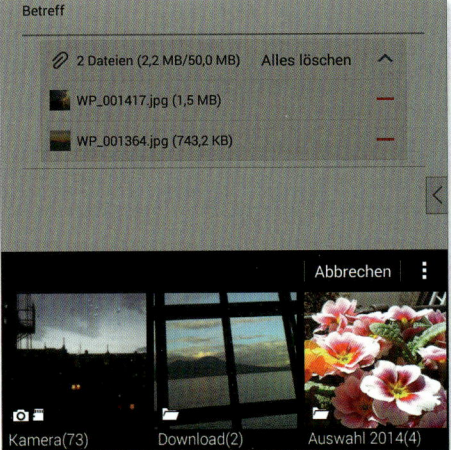

3. Damit Sie die Bilder aus der **Galerie** auswählen können, wird das Fenster automatisch geteilt. Tippen Sie das gewünschte Bild an, um es auszuwählen, und bestätigen Sie mit **Fertig**.

Stattdessen können Sie auch schnell ein Foto schießen, indem Sie mit **Foto aufnehmen** die **Kamera**-App aufrufen. Nach dem Schnappschuss können Sie bei Bedarf die Dateigröße auf bis zu 10 % des Originals komprimieren, damit nicht so viele Daten übers Netz wandern müssen.

Wenn Sie ein Video verschicken wollen, werden verschiedene Quellen angeboten, sobald Sie **Video** antippen: Videos aus der **Galerie**, aus der App **Fotos** oder direkt von **Dropbox** oder einem anderen Cloud-Speicher, den Sie nutzen. Wollen Sie eine Audioaufnahme versenden, benutzen Sie **Audio** und wählen das Stück in dem Ordner aus, in dem es gespeichert ist.

Neben Bildern, Videos und Musikstücken lassen sich natürlich auch Dokumente oder sonstige Dateien wie PDF-Dateien oder gepackte Zip-Dateien anhängen. In diesem Fall gehen Sie über die Option **Eigene Dateien** zu dem jeweiligen Ordner, in dem die Datei abgelegt ist.

Haben Sie in der App *S Planner* ein Ereignis zu einem bestimmten Termin notiert, können Sie diesen Termin als Anhang weiterleiten. Benutzen Sie die Option **S Planner**, und haken Sie das betreffende Ereignis dort ab. **OK** übernimmt den Termin in Form einer *vCalender*-Datei vom Typ *.vcs*.

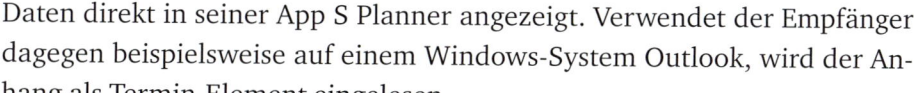

Tippt der Empfänger diesen Anhang auf einem Android-System an, werden die Daten direkt in seiner App S Planner angezeigt. Verwendet der Empfänger dagegen beispielsweise auf einem Windows-System Outlook, wird der Anhang als Termin-Element eingelesen.

Ähnliches gilt für die Weitergabe von Kontaktdaten. Verwenden Sie im Menü zur Büroklammer die App **Kontakte**, haken Sie den gewünschten Kontakt ab, und bestätigen Sie mit **Fertig**. Der Anhang wird als *vCard*-Datei vom Typ *.vcf* angefügt.

Wollen Sie einem Kunden eine Karte schicken, die Ihren Standort anzeigt, benutzen Sie im Menü die Option **Standort**.

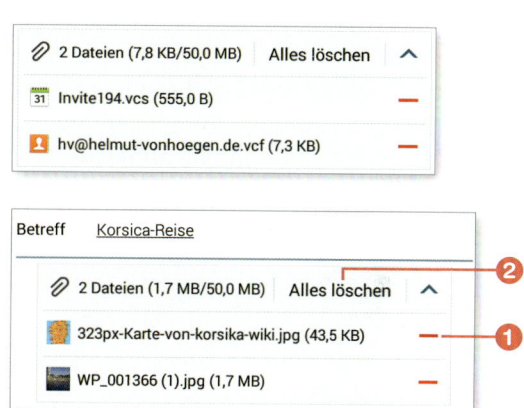

Das Tablet listet die Anhänge unter der Betreffzeile auf, jeweils mit den Daten über die Dateigröße und bei Bildern mit einer Miniaturabbildung. Soll ein irrtümlich eingefügter Anhang gelöscht werden, tippen Sie einfach auf das Minuszeichen ❶ hinter dem Eintrag. **Alles löschen** ❷ entfernt alle Anhänge in einem Zug.

Etwas außer der Reihe ist die Option **Memo**, die auch über die Büroklammer angeboten wird. Tatsächlich wird der Inhalt einer mit der Memo-App verfassten Notiz aber nicht in die Liste der Anhänge mit aufgenommen, die Notiz erscheint an der aktuellen Einfügeposition im Text der Nachricht selbst.

Eine E-Mail-Signatur verwenden

Vielleicht möchten Sie am Ende jeder Nachricht eine bestimmte Signatur mitversenden.

1. Über die **Kontoeinstellungen**, die Sie über ▤ ▶ **Einstellungen** in der **E-Mail**-App erreichen, finden Sie die Option **Signatur**.

2. Wenn Sie den kleinen Schieber ❶ nach rechts ziehen, wird die automatische Signatur aktiviert.

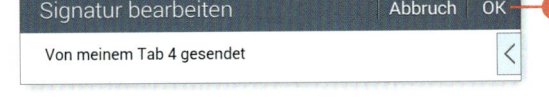

3. Um den vorgegebenen Text **Von Samsung-Tablet gesendet** ❷ zu überschreiben, tippen Sie ihn an.

4. Geben Sie Ihre eigene Signatur ein, und bestätigen Sie mit **OK** ❸.

Der Umfang der Signatur ist nicht begrenzt, Sie können also beispielsweise Ihre kompletten Adressdaten dort ablegen. Da es sich um eine Einstellung für ein Konto handelt, sind Sie frei, für jedes Konto eine eigene Signatur zu erstellen.

Einstellungen für die E-Mail-App

Wie schon angesprochen, erlaubt die *E-Mail*-App, jedes einzelne Konto separat zu handhaben. Das geht bis zur Vergabe unterschiedlicher Klingeltöne beim Einlaufen von E-Mails auf verschiedenen Konten, falls Sie so etwas mögen.

1. Über ▤ ▶ **Einstellungen** ▶ **Allgemein** finden Sie zunächst die Option **Allgemeine Einstellungen** ❶ und darunter **Kontoeinstellungen** ❷ mit einer Auflistung der einzelnen Konten.

2. Tippen Sie unter **Allgemeine Einstellungen** auf **Anzeige** ❸, um unter **Nachrichten-Vorschauzeile** ❹ festzulegen, ob und wie viele Zeilen der Nachricht in der Auflistung zu sehen sind. In der Regel sollte wenigstens eine Zeile zu sehen sein, damit Sie Spam-Mails möglichst schnell erkennen und löschen können.

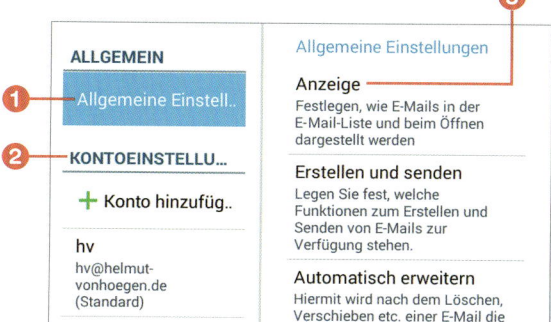

3. Unter **Titelzeile in Liste** ❺ geben Sie wahlweise **Absender** oder **Betreff** an.

4. Wenn Sie viele E-Mails mit häufig wiederkehrenden Formulierungen schreiben, erleichtern Sie sich das Leben, wenn Sie über **Erstellen und Senden ▸ Schnellantworten** ❻ eine Liste solcher Textbausteine anlegen. Um diese Textbausteine bei der Eingabe zu verwenden, tippen Sie in der Formatsymbolleiste zum Text Ihrer Nachricht das Symbol **T+** an und in der Liste den gewünschten Textbaustein.

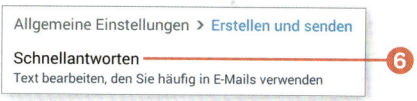

5. Da die App das Löschen einer Nachricht nicht rückgängig machen kann, ist es vielleicht auch sinnvoll, die Option **Löschen bestätigen** ❼ zu aktivieren.

6. Damit Sie keine wichtige E-Mail verpassen, können Sie unter **VIP** ❽ ▸ **Klingelton auswählen** einen passenden Alarmton festlegen. Wenn Sie mit mehreren Konten arbeiten, lässt sich aber auch für jedes Konto ein anderer Klingelton bestimmen, falls Sie sich das merken können. Dazu wählen Sie in der linken Spalte die einzelnen Konten nacheinander aus.

Unter den Einstellungen für die einzelnen Konten finden Sie zunächst die wichtige Option **Sync-Einstellungen** ❶.

1. Mit **E-Mail synchronisieren** aktivieren oder deaktivieren Sie hier die Synchronisierung dieses Kontos.

2. Unter **Abrufeinstellungen** ❷ können Sie bei Bedarf die bei der Anlage des Kontos festgelegten Einstellungen ändern bzw. verfeinern. So ist es beispielsweise möglich, den Abruf neuer E-Mails während der Arbeitszeit und an Werktagen auf ein kürzeres Intervall ❸ festzulegen als zu den arbeitsfreien Zeiten.

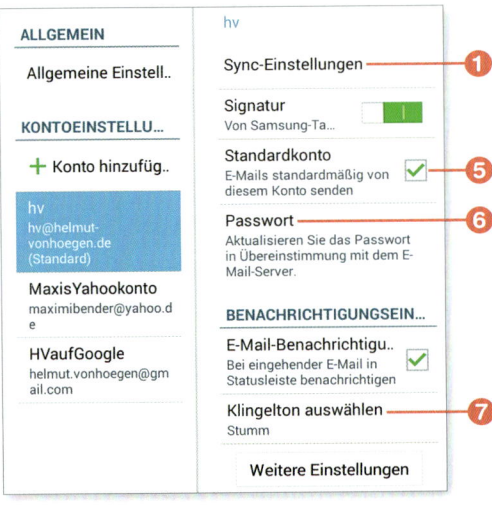

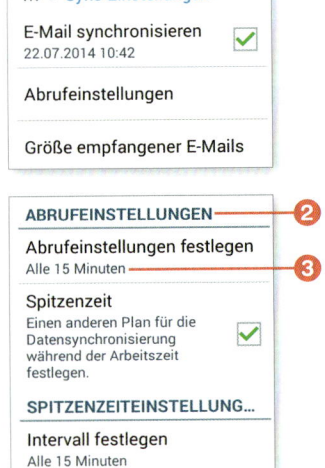

3. Wollen Sie verhindern, dass Ihr Tablet mit übermäßig großen E-Mails bzw. Anhängen überflutet wird, lässt sich unter **Größe empfangener E-Mails** (❹ auf Seite 161) ein Grenzwert festlegen.

4. Benutzen Sie zum Senden immer ein bestimmtes Ihrer Konten, aktivieren Sie für dieses Konto die Einstellung **Standardkonto** ❺.

5. Sollte es notwendig sein, das Passwort für das Konto zu ändern, übertragen Sie die Änderung, die Sie bei dem entsprechenden Provider vorgenommen haben, indem Sie auf **Passwort** ❻ tippen.

6. Unter **Klingelton auswählen** 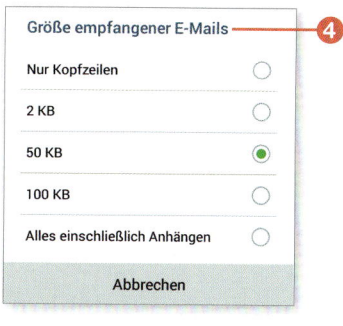 **7** wählen Sie speziell für dieses Konto einen Klingelton.

7. Unter **Weitere Einstellungen** können Sie bei Bedarf den Namen des Kontos **8** und die Anzeige Ihres eigenen Namens **9** in den Nachrichten ändern.

8. Die Option **Bilder anzeigen** **10** sollten Sie aus Sicherheitsgründen deaktiviert lassen, weil Bilder in Spam-Mails manchmal zum Einschmuggeln von Schadsoftware benutzt werden. Die Einstellungen zu **Sicherheitsoptionen** **11** erlauben die Verschlüsselung und Signierung von E-Mails.

9. Unter **Servereinstellungen** **12** finden Sie noch einmal die bei der Einrichtung des Kontos angegebenen Daten.

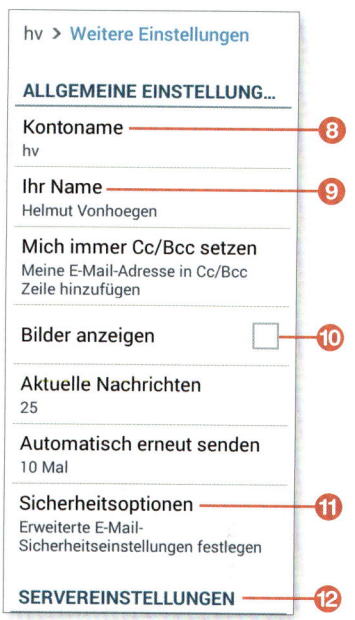

Auch bei der Auswahl der Einstellungen für den E-Mail-Verkehr ist es ratsam, am Anfang ein wenig Aufmerksamkeit darauf zu verwenden, ob die gewählten Einstellungen optimal auf das abgestimmt sind, was Sie brauchen. Das hängt natürlich auch von der Menge der Nachrichten ab, die tagein, tagaus bei Ihnen eingehen.

Mailen mit Gmail

Wie zu Beginn dieses Kapitels angesprochen, steht für Ihren E-Mail-Verkehr neben der App *E-Mail* auch die App *Gmail* als vorinstallierte App zur Verfügung. Diese App ist speziell auf Gmail-Konten abgestimmt, kann aber auch andere Konten nutzen. Wenn Sie für das Tablet ein Google-Konto eingerichtet haben, können Sie mit der App gleich starten.

1. Öffnen Sie **Gmail** über den Startbildschirm mit einem Tipp auf den Ord-ner **Google** und dann auf **Gmail**.

2. Sie sehen den Posteingang mit den zuletzt eingegangenen Nachrichten. Die ungelesenen haben auch hier einen weißen Hintergrund, die gele-senen einen grauen.

3. Die vorgegebene Auflistung orientiert sich an sogenannten *Konversatio-nen*. Zur Kennzeichnung werden Symbole oder Absenderbilder verwen-det. Verschiedene E-Mails zum gleichen Thema lassen sich dadurch als Thread, also als hierarchische Abfolge von Beiträgen, behandeln, wie Sie es vielleicht aus Internetforen kennen. Ein Tipp auf ein bestimmtes Symbol oder Absenderbild ❶ wählt die entsprechende Konversation aus.

4. Wenn Sie das App-Symbol in der Übersicht ❷ antippen, wird eine Über-sicht über die dem Konto zugehörigen Kategorien und Labels angezeigt.

Nachrichten werden in Gmail über Kategorien und zugeordnete Labels – Etiketten – gruppiert, die teils vorgegeben, teils frei definierbar sind. Ein Tipp zeigt je-weils die Liste der dazu gehörenden Nachrich-ten.

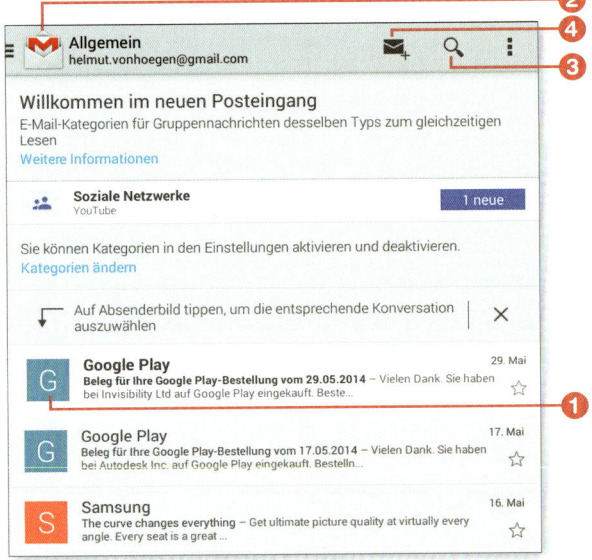

5. Über **⫶** benutzen Sie **Aktualisieren**, um sofort neue Nachrichten abzu-rufen.

6. Über **⫶** ▶ **Labels verwalten** haben Sie die Möglichkeit, für die einzelnen Labels festzulegen, ob nur die dazugehörigen E-Mails der letzten 30 Tage auf das Tablet heruntergeladen werden sollen oder alle oder keine. Voreingestellt ist **30 Tage** und sorgt dafür, dass der Speicher des Tablets nicht überflutet wird.

7. Um im Nachrichtenbestand zu suchen, verwenden Sie in der Menüleiste das Lupensymbol ❸.

8. Um eine neue Nachricht zu verfassen, tippen Sie auf das Symbol **Schreiben** ❹.

9. Sie geben die Adressdaten und den Betreff ein und darunter die eigentliche Nachricht. Ist die Adresse dem Tablet bekannt, brauchen Sie meist nur die ersten Buchstaben einzutippen und übernehmen dann die komplette Adresse aus der eingeblendeten Liste.

10. Um etwas an die Nachricht anzuhängen, tippen Sie die Büroklammer ❺ an und wählen den Anhangstyp.

11. Ist alles komplett, schicken Sie die Nachricht mit dem Sendepfeil ❻ in der Menüleiste ab.

Anschließend zeigt die App wieder die Übersicht über die eingegangenen E-Mails. Um eine eingegangene Nachricht zu lesen, können Sie mit dem Finger in der angezeigten Liste navigieren.

1. Ein Tipp auf die Kopfzeilen einer Nachricht öffnet diese. Bei umfangreichen E-Mails navigieren Sie wieder mit dem Finger oder zoomen mit einem Doppeltipp oder durch Spreizen zweier Finger.

2. Wollen Sie weitere Nachrichten sehen, ziehen Sie mit dem Finger nach links oder rechts.

3. Um auf eine E-Mail zu antworten, benutzen Sie in der Menüleiste im Kopf der Nachricht das Pfeilsymbol **Antworten** oder **Allen antworten**, wenn es mehrere Absender sind (❶ auf Seite 164). Zum Weiterleiten nehmen Sie den Pfeil nach rechts ❷. Die Symbole im rechten Teil der Menüleiste dienen zum Archivieren ❸ oder Löschen ❹ der Nachricht, zum Markieren als ungelesen ❺ oder zum Verschieben in einen anderen Ordner ❻.

4. Ein Tipp auf das App-Symbol **7** in der Menüleiste führt wieder in die Nachrichtenliste zurück.

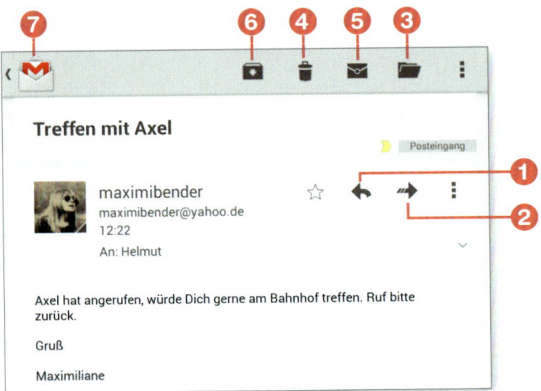

5. Um mehrere Nachrichten in der Übersicht auszuwählen, tippen Sie die Symbole oder Fotos zu den Nachrichten an. Dann stehen für diese Auswahl zusätzliche Optionen über **⫶** zur Verfügung.

6. Um die Nachrichten thematisch zu ordnen, können Sie ihnen Labels zuweisen. **Labels ändern** bietet die Liste der bisherigen Labels an. Ein Tipp ordnet die Nachricht dem Label zu.

Labels ändern
Markieren
Als wichtig markieren
Ignorieren
Spam melden
Phishing melden

Wenn Sie in der Nachrichtenübersicht das App-Symbol antippen, finden Sie unter der Labelliste die Option **Einstellungen**, über die Sie die Arbeitsweise von Gmail vielfältig beeinflussen können. In der nebenstehenden Tabelle sind die Optionen für **Allgemeine Einstellungen** aufgeführt.

INFO

Neue Labels

Ändern können Sie die Zusammensetzung der Labels nur, wenn Sie sich auf der Internetseite von Gmail anmelden und dort über das Zahnradsymbol die Option **Einstellungen ▶ Labels** benutzen.

Aktionen »Archivieren« und »Löschen« anzeigen	Sie wählen hier, ob nur die Symbole **Archivieren** oder **Löschen** oder – was sinnvoller ist – beide in der Menüleiste erscheinen.
Zum Archivieren wischen	Wenn aktiviert, genügt eine Wischbewegung, um eine Nachricht in der Übersicht zu archivieren.
Bild des Absenders	Zeigt jeweils ein Bild neben dem Namen in der Konversationsliste.
Allen antworten	Auf Nachrichten von mehreren Absendern wird allen geantwortet.
Nachrichten automatisch anpassen	Optimiert die Bildschirmanzeige einer Nachricht.
Automatisch fortfahren	Bestimmt, wie es nach dem Löschen oder Archivieren in einer Konversationsliste weitergeht.
Aktionsbestätigungen	Hier legen Sie fest, ob die Aktionen **Löschen**, **Archivieren** oder **Senden** bestätigt werden müssen.

Die andere Gruppe von Einstellungen betrifft das einzelne Konto, kann also bei mehreren Konten unterschiedlich eingerichtet werden.

Art des Posteingangs	Wahl zwischen **Standard-Posteingang** und **Sortierter Eingang** (nach Labels).
Kategorien des Posteingangs	Neben dem normalen E-Mail-Verkehr können hier Nachrichten aus sozialen Netzwerken oder Foren etc. eingebunden werden.
Benachrichtigungen	Können aktiviert oder deaktiviert werden.
Ton für Posteingang	Jedem Konto können Sie einen eigenen Klingelton zuordnen.
Signatur	Hier geben Sie Text ein, der automatisch am Ende der Nachricht erscheint.
Abwesenheitsnotiz	Erlaubt Ihnen, für einen definierten Zeitraum eine Abwesenheitsmeldung zu veranlassen.
Gmail synchronisieren	Aktiviert oder deaktiviert die Synchronisierung mit dem Webserver.

E-Mails: zu synchronisie- rende Tage	Legt die Anzahl der Tage fest, für die, wenn die Verbindung zum Netz besteht, Nachrichten heruntergeladen werden.
Labels verwalten	Zeigt den Synchronisierungsstatus der verschiede- nen Labels. Erlaubt die Synchronisierung für einzelne Labels.
Anhänge herunterladen	Wenn aktiviert, werden Anhänge über WLAN heruntergeladen.
Bilder	Bietet die Optionen **Immer anzeigen** oder **Vor dem Anzeigen erst fragen**.

INFO

Provider-Apps für E-Mails

Wenn Ihnen beide Apps nicht gefallen, suchen Sie im **Google Play Store**, ob es vielleicht eine spezielle App Ihres Providers gibt. Für ein GMX-Konto finden Sie dort beispielsweise die App *GMX Mail*. Auch Yahoo hat eine eigene *Yahoo Mail*, um nur diese beiden zu nennen.

Kapitel 5
Kalender, Termine und Erinnerungen

Zeit ist Geld, so heißt es. Wenn es stimmt, ist gutes Zeitmanagement einiges wert. Das Tablet ist eine handliche Hilfe dabei, weil es überall zur Hand sein kann. Die vorinstallierte App *S Planner* bietet zudem eine übersichtliche Kalenderanwendung.

Sie können dabei wählen, ob Sie Ihre Terminplanung nur lokal auf dem Tablet, über ein Google-Konto oder über ein Samsung-Konto abwickeln. Über den lokalen Kalender lassen sich keine Daten mit anderen Geräten austauschen. Wenn Sie dagegen mit einem der Konten arbeiten, lagern Sie Ihre  Daten automatisch auch auf den entsprechenden Servern, sodass Sie von allen Geräten, die Kontakt mit diesen Servern aufnehmen können, darauf zugreifen können.

Natürlich hat die NSA-Affäre hier die Frage akut werden lassen, ob Sie diesem weltweiten Datenfluss Ihre Daten anvertrauen können. Es ist sicher ratsam, an diesem Punkt nüchtern abzuwägen. Daten, die nicht brisant oder besonders intim sind, können anders behandelt werden als etwa Dokumente, die Betriebsgeheimnisse enthalten, um nur ein Beispiel zu nennen. Es ist aber auch überhaupt kein Problem, in der App parallel mit lokalen und *Cloud*-gestützten Kalendern zu arbeiten.

Einen Kalender einrichten

Wenn Sie ein Konto verwenden möchten, spricht einiges für das Google-Konto; es macht Sie unabhängiger von dem Gerätehersteller Samsung. Es könnte ja sein, dass Ihnen irgendwann einmal ein Android-Tablet von einem anderen Hersteller besser gefällt. Ich gehe im Folgenden deshalb davon aus, dass Sie mit einem Google-Konto arbeiten. Wie Sie ein solches einrichten, lesen Sie im Abschnitt »Konten einrichten« ab Seite 63.

1. Wenn Sie die App **S Planner** öffnen, erhalten Sie ein Kalenderblatt, das als Vorgabe die aktuelle Monatsansicht zeigt.

2. Über die erste Schaltfläche in der Menüleiste ❶ wählen Sie die gewünschte Ansicht. Im Querformat werden die Optionen dieses Listenfeldes übrigens als eigene Schaltflächen ❷ angeboten.

3. Mit **Heute** ❸ wählen Sie das aktuelle Datum aus. Dieses Datum wird mit einem blauen Kreis ❹ markiert.

4. Über die Lupe ❺ blenden Sie die Liste der Aufgaben und Ereignisse ein und können gezielt darin mit einem Stichwort suchen.

5. Das Pluszeichen ❻ startet die Eingabe eines Termins. Dazu gleich mehr im Abschnitt »Termine eintragen« ab Seite 171.

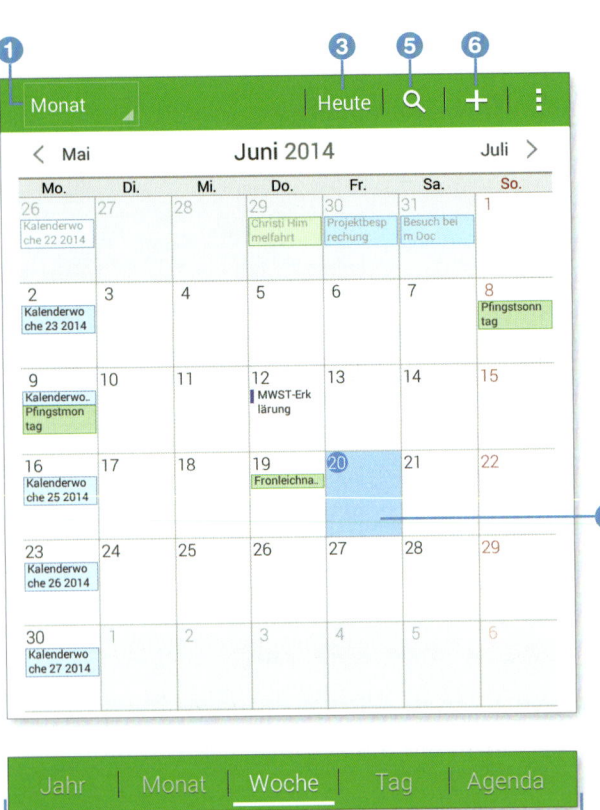

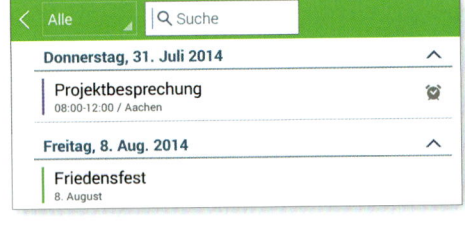

6. Mit ▐ ▶ **Kalender** öffnen Sie die Liste der angelegten Kalender. Sie können per Häkchen bestimmen, aus welchen Kalendern Aufgaben und Ereignisse in den angezeigten Blättern erscheinen sollen. Wenn Sie also beispielsweise einen Kalender mit einem Google-Konto und parallel einen privaten Kalender nur auf dem Tablet führen wollen, können die Termine trotzdem im gleichen Blatt angezeigt werden. Über **Konto hinzufügen** ❼ lassen sich weitere Konten einbeziehen.

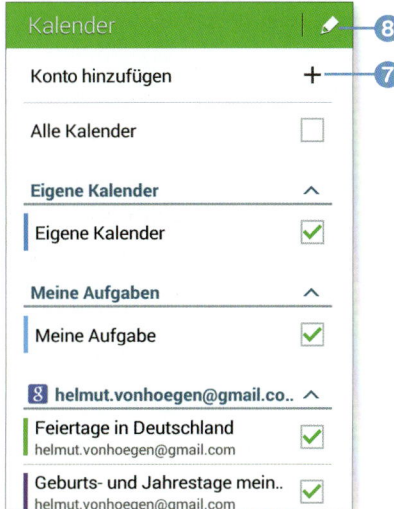

Um zusätzliche lokale Kalender anzulegen, ist das Verfahren allerdings etwas anders:

1. Tippen Sie zunächst das Stiftsymbol ❽ an.

2. Tippen Sie auf das Pluszeichen ❾ hinter **Kalender erstellen**.

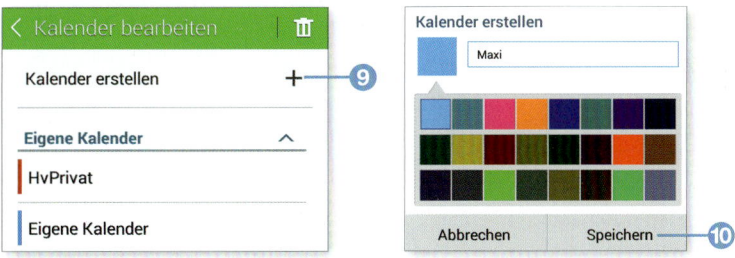

3. Geben Sie den Namen des Kalenders ein. Ordnen Sie noch eine Farbe mit einem Tipp auf ein Muster zu.

4. **Speichern** ❿ legt den neuen lokalen Kalender an. Ist auf dem Tablet gleichzeitig ein Google-Konto aktiviert, übernimmt die App S Planner den Kalender für dieses Konto automatisch.

5. Mit ▐ ▶ **Einstellungen** ▶ **Anzeigeeinstellungen** finden Sie noch einige Optionen für die Darstellung der Kalenderblätter. **Erster Tag der Woche** (⓫ auf Seite 170) ist für Deutschland der Montag.

6. Die App übernimmt die Zeitzone, die für das Tablet eingestellt ist. Sie können mit der Option **Zeitzone festlegen** 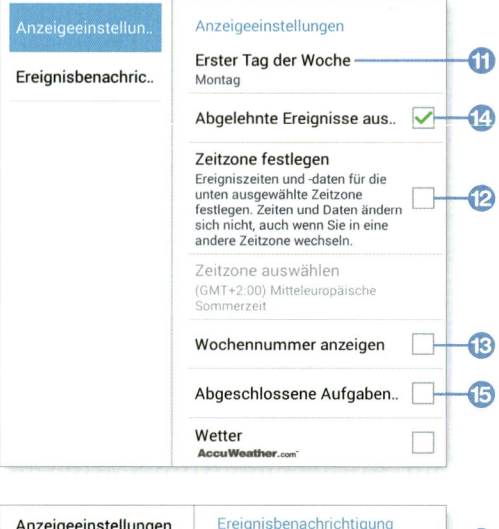 den Bezug auf diese Zeitzone fixieren, auch für den Fall, dass Sie in eine andere Zeitzone wechseln.

7. Eine sehr praktische Angelegenheit ist die Option **Wochennummer anzeigen** ⑬.

8. Um Ihre Terminlisten übersichtlicher zu halten, können Sie abgelehnte Ereignisse ⑭ oder abgeschlossene Aufgaben ausblenden ⑮.

9. Mit den Optionen zu **Ereignisbenachrichtigung** ⑯ legen Sie fest, wie Sie auf bevorstehende  Termine hingewiesen werden, ob per Alarm oder über eine Benachrichtigung in der Statusleiste. Den Klingelton wählen Sie aus einer Liste ⑰. Außerdem lassen sich unter **Schnellantworten** ⑱ einige Standardtexte für E-Mail-Benachrichtigungen ablegen, um Ihnen etwas Tipparbeit abzunehmen.

Alle beschriebenen Einstellungen lassen sich jederzeit ändern, wenn sich herausstellt, dass Sie nicht dem entsprechen, was Sie haben wollen.

Wahl der Kalenderansicht

Mit der ersten Schaltfläche in der Menüleiste der App im Hochformat oder den ersten fünf Schaltflächen im Querformat wechseln Sie zu den verschiedenen Ansichten, die die App anbietet:

- **Jahr**: Kalenderblatt für das ganze Jahr

- **Monat**: Monatsblatt mit Wochenzeilen und Tageszellen. Ereignisse zu einem Tag werden unter dem Kalenderblatt angezeigt.

- **Woche**: Wochenblatt mit Stundenzellen für die einzelnen Tage

- **Tag**: Blatt mit Zellen pro Stunde. Infos zu ganztägigen Ereignissen erscheinen im Kopf des Blattes.

- **Agenda**: Hier sehen Sie die von Ihnen festgelegten Termine pro Jahr als fortlaufende Liste. Über das Menü zu wählen Sie, was in der Liste erscheinen soll.

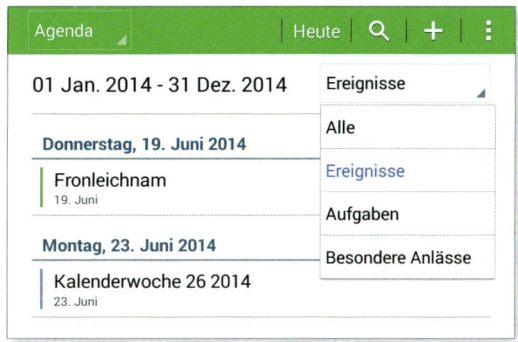

Alle Ansichten außer **Agenda** bieten oben kleine Pfeilschaltflächen, um andere Perioden auszuwählen. Stattdessen können Sie auch im Kalenderblatt nach links oder rechts wischen, um jeweils die vorherige oder die nachfolgende Periode zu sehen.

Wenn Sie zu weiter entfernten Terminen springen wollen, tippen Sie den Titel des Kalenders an, beispielsweise den Monatsnamen. Mithilfe der kleinen Pfeile lässt sich dann sehr schnell ein beliebiger Termin auswählen.

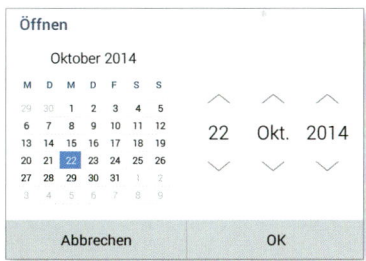

Termine eintragen

Angenommen, Sie haben Ende des Monats eine Verabredung zu einem Gespräch über ein neues Projekt und möchten diesen Termin nun in Ihren Kalender eintragen. Das funktioniert wie folgt:

1. Tippen Sie in der Monatsansicht den Tag an, um ihn auszuwählen. Der Hintergrund wird blau eingefärbt.

2. Tippen Sie erneut auf diesen Tag, um das Formular für die Termineingabe zu öffnen. Oder tippen Sie auf das Pluszeichen in der Menüleiste.

3. In der Menüleiste ist **Ereignis** vorgegeben. Das Listenfeld ❶ bietet aber auch die Option **Aufgabe**.

4. Geben Sie im ersten Textfeld ❷ dem Ereignis eine kurze Bezeichnung, hier beispielsweise »Projektbesprechung«.

5. Unter **Von** und **Bis** ❸ wählen Sie Beginn und voraussichtliches Ende. Wenn Sie die vorgegebenen Uhrzeiten antippen, erscheinen wieder kleine Pfeilschaltflächen zur Einstellung der Zeit, die Sie mit **Einstellen** übernehmen.

6. Falls das Ereignis den **Ganzen Tag** in Anspruch nimmt, aktivieren Sie die entsprechende Option ❹.

7. Mit dem Pfeil davor lässt sich bei Bedarf noch die Zeitzone ändern.

8. Unter **Kalender** ❺ wählen Sie per Fingertipp den Kalender aus, den Sie verwenden wollen, falls er nicht bereits angezeigt wird. Wir nehmen hier den Kalender für ein Google-Konto.

9. Tippen Sie das Pluszeichen hinter **Erinnerung** ⑥ an, um einen Alarm einzurichten. Wählen Sie per Tipp auf das erste Feld ⑦ etwa **1 Stunde vorher**. Das heißt, Sie wollen am Tag des Termins zu diesem Zeitpunkt eine Benachrichtigung auf dem Tablet erhalten.

10. Unter **Ort** ⑧ geben Sie den Treffpunkt an oder wählen ihn über die Schaltfläche daneben ⑨ aus. Dabei wird die **Maps**-App aufgerufen, die in Kapitel 9 »Karten und Navigation«, beschrieben ist.

11. Unter **Beschreibung** ⑩ können Sie weitere Details zum Termin hinterlegen.

12. Bei einem Google-Konto finden Sie anschließend noch das Feld **Teilnehmer** ⑪. Hier können Sie beispielsweise die E-Mail-Adressen der Teilnehmer an der Besprechung eintragen oder über die Schaltfläche zur **Kontakte**-App ⑫ auswählen.

13. Unter **Anzeigen als** ⑬ legen Sie fest, ob Sie während des Termins online verfügbar sind oder nicht. Andere, die Ihren Kalender einsehen dürfen, erhalten dann entsprechende Hinweise.

14. Bei dem Punkt **Datenschutz** ⑭ führt die Option **Öffentlich** dazu, dass jeder, der in Ihren Kalender hineinsehen darf, auch diesen Termin findet. **Privat** verhindert dies.

15. Benutzen Sie **Speichern** ⑮ in der Menüleiste, um den Termin in dem aktuellen Kalender zu fixieren.

16. Sind in einem Kalenderblatt bereits Termine eingetragen, reicht ein Tipp darauf, um die Details anzusehen.

17. Wenn Sie noch etwas ändern müssen, tippen Sie den Stift ⑯ an. Die Schaltfläche mit den drei Punkten ⑰ öffnet zusätzlich noch ein Menü, das Ihnen auch die Weiterleitung

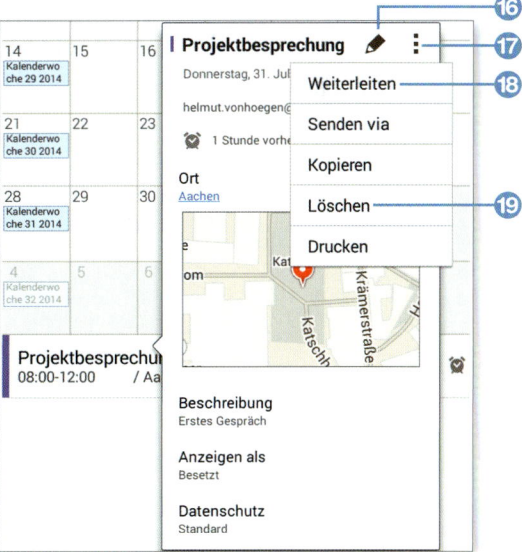

des Termins **18**, etwa per E-Mail, erlaubt. Soll der Termin dagegen gelöscht werden, benutzen Sie **Löschen** **19**.

Wenn der Zeitpunkt für die Erinnerung gekommen ist, finden Sie einen Hinweis in der Statuszeile und eventuell ein akustisches Signal. Sie können dann mit dem Finger von der Statuszeile aus nach unten ziehen, um die Benachrichtigung zu sehen.

Wiederkehrende Ereignisse anlegen

Es muss ja nicht immer ein Geburtstag sein, den Sie gerne vergessen. Auch bei anderen periodisch wiederkehrenden Terminen, etwa bei der monatlichen MwSt-Erklärung, ist eine Erinnerung hilfreich.

1. Sie legen einen solchen Termin beispielsweise für den 8. des ersten Monats wie gewohnt an.

2. Zusätzlich benutzen Sie die Optionen in dem Listenfeld zu **Wiederholen**.

3. In diesem Fall hilft vielleicht die Option **Monatlich (am 8. jeden Monats)**.

4. Geben Sie anschließend noch an, wie lange die Wiederholung für den Termin gelten soll.

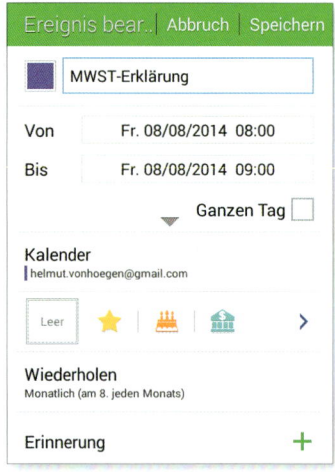

5. Legen Sie unter **Erinnerung** fest, zu welchem Zeitpunkt Sie alarmiert werden.

6. Mit **Speichern** schließen Sie dann den Vorgang ab.

Um noch einmal auf die Geburtstage zurückzukommen, hier können Sie natürlich so verfahren wie in Schritt 1 bis 6, nur dass Sie eben die jährliche Wiederholung angeben.

Solange es sich aber um die Geburtstage von Kontakten handelt, nimmt Ihnen die Kontakte-App die Arbeit weitgehend ab. Wenn Sie dort das Geburtstagsdatum zu einem Kontakt hinterlegen – siehe dazu Kapitel 3, »Telefonieren und Kontakte pflegen«, übernimmt die S-Planner-App diese Termine automatisch in den Kalender **Geburtstage des Kontakts**, den Sie über die Schaltfläche **Kalender** ein- oder ausblenden können.

Einen anderen Kalender übernehmen

Weitverbreitet auf den Windows-PCs sind Kalender, die mit Outlook gepflegt werden. Die Übernahme eines solchen Kalenders auf das Tablet ist relativ einfach:

1. Benutzen Sie in Outlook das Register **Kalender**, um Termine einzutragen.

2. Um die Kalenderdaten zu exportieren, nehmen Sie auf dem Register **Datei** die Option **Kalender speichern**.

3. Geben Sie einen passenden Dateinamen an, und übernehmen Sie den vorgegebenen Dateityp **iCalender-Format**.

4. Über **Weitere Optionen** lassen sich der Zeitraum und der Detailreichtum eingrenzen. **Vollständiger Kalender** und **Alle Details** übernehmen alle Daten.

5. Um die exportierten Daten auf dem Tablet zu nutzen, übernehmen Sie diese zunächst in den Google-Kalender auf dem PC. Melden Sie sich dazu im Browser über *www.google.com* mit

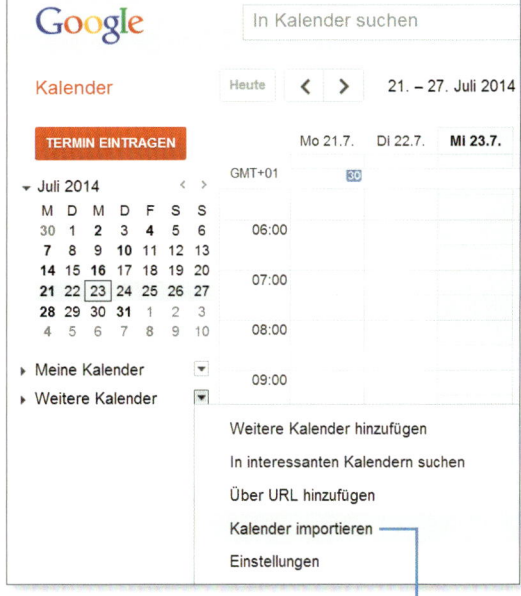

Ihrem Google-Konto an, und benutzen Sie im Kalenderbereich unter **Weitere Kalender** die Option **Kalender importieren** .

6. Wählen Sie unter **Datei** die iCalender-Datei aus und unter **Kalender** den Kalender, in den die Daten eingelesen werden sollen.

7. Mit **Importieren** werden die Termine eingelesen. Nun haben Sie über Ihr Google-Konto auch Zugriff auf die Termine auf Ihrem Tablet.

Dieses Verfahren ist brauchbar, wenn Sie von einem Outlook-Kalender auf einen Google-Kalender umsteigen wollen. Für einen ständigen Abgleich zwischen dem Kalender auf Ihrem Tablet und einem Outlook-Kalender auf dem PC ist es natürlich nicht ausreichend. Hier werden Sie auf Lösungen anderer Apps zurückgreifen müssen, beispielsweise Samsungs PC-Software *Kies*, die ich Ihnen im Abschnitt »Mit Samsung Kies verbinden« ab Seite 300 vorstelle.

Memos

Vielleicht sind Sie ja noch ein Anhänger der Zettelwirtschaft. Für die kleinen, oft gelben Zettel, die gerne für schnelle Notizen verwendet werden, gibt es eine elektronische Entsprechung über die im ersten Kapitel schon kurz angesprochene App *Memo*.

1. Tippen Sie das Symbol **Memo** auf dem Startbildschirm an.

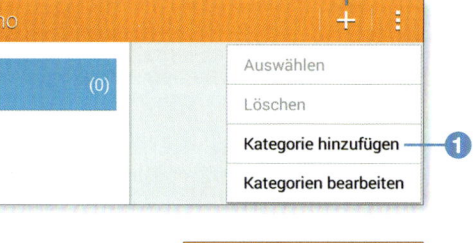

2. Bevor Sie die App nutzen, ist es sinnvoll, vorweg ein paar Kategorien zu definieren, die für Ordnung sorgen. Benutzen Sie ⋮ ▸ **Kategorie hinzufügen** ❶, beispielsweise für **Privat**, **Arbeit** und **Dringend** ❷.

3. Um eine Notiz zu verfassen, tippen Sie auf das Pluszeichen ❸.

4. Tippen Sie das Symbol für die Kategorien an ❹, und wählen Sie die Kategorie aus. Überschreiben Sie die Dummy-Texte **Titel eingeben** und **Memo hinzufügen**. Die Tastatur wird automatisch eingeblendet.

5. Anstelle einer Textnotiz können Sie auch eine Sprachnotiz aufnehmen, wenn Sie auf das Symbol mit dem Mikrofon ❺ tippen.

6. Wenn Sie noch ein Bild beifügen wollen, tippen Sie auf das Bildsymbol ❻. Sie können ein Bild direkt aufnehmen oder aus der **Galerie** übernehmen.

7. Sichern Sie die Notiz mit der Schaltfläche **Speichern** ❼.

8. Die Kopfzeilen der Notiz erscheinen auf kleinen Karten. Ein Tipp darauf zeigt die Notiz.

9. Sie finden dann in der Menüleiste den Papierkorb zum Löschen ❽, ein Druckersymbol ❾, um die Notiz auszudrucken, und das Symbol zum Versenden ❿.

Als Versandziel wird in diesem Fall auch die **Zwischenablage** angeboten. Das ist sehr praktisch, wenn Sie den Inhalt der Notiz an anderer Stelle übernehmen wollen, etwa in eine E-Mail.

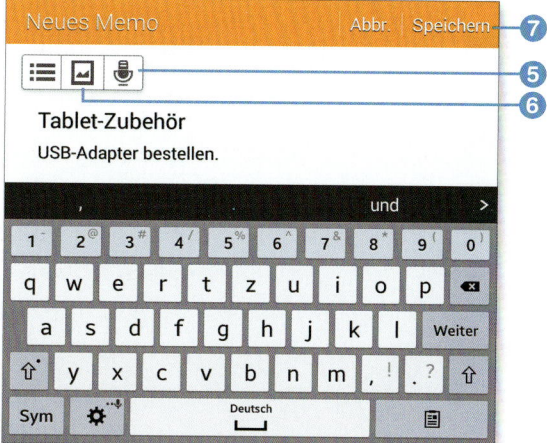

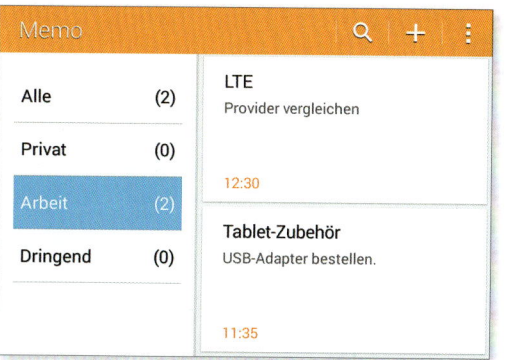

Kapitel 6
Fotografieren und Bilder bearbeiten

Anders als bei dem aktuellen Smartphone Galaxy S5, das mit einer leistungsfähigen 16-Megapixel-Kamera ausgerüstet ist, hat Samsung auch seine neue Tablet-Generation, was die Kameras betrifft, bei einer eher mageren Ausstattung belassen. Alle Geräte bieten vorne 1,3 Megapixel und hinten 3 Megapixel. Mit dem Tablet zu fotografieren macht aber trotzdem Spaß, insbesondere weil vor dem Klick das Bild in großem Format zu sehen ist.

Hinzu kommt, dass die meisten auch ein Smartphone nutzen, und da liegt es nahe, das Tablet als elektronischen Bilderrahmen für die mit dem Smartphone aufgenommenen Fotos zu nehmen oder die Nachbearbeitung von Bildern vom Smartphone auf das Tablet zu verlagern. Für Fotos bringt das Tab 4 gleich mehrere vorinstallierte Apps mit: eine *Kamera*-App für das Fotografieren und für Videoaufnahmen, eine *Galerie*-App für das Anzeigen und Verwalten der Bildbibliothek und von Google eine *Fotos*-App, die hauptsächlich für die Übertragung von Fotos auf Google+ interessant ist.

Im *Google Play Store* werden noch zahlreiche Apps angeboten, um Fotos zu verwalten oder zu bearbeiten, kostenlose, aber auch kostenpflichtige. Hier gehört *Adobe Photoshop Express* sicher zu den empfehlenswerten.

> **TIPP**
>
> **Das Objektiv sauber halten**
>
> Das Objektiv der Rückkamera sollten Sie sauber halten, damit das Tablet ordentliche Bilder machen kann. Insbesondere bei hohen Auflösungen machen sich Verschmutzungen deutlich bemerkbar.

Fotos aufnehmen

Der vorgegebene Startbildschirm stellt Ihnen gleich ein Symbol zur Verfügung, um mit dem Tablet eigene Bilder zu schießen. Ein neues Foto wird automatisch im internen Speicher des Tablets gespeichert. Wenn Sie zusätzlich eine microSD-Karte installiert haben, können Sie es auch so einrichten, dass Ihre Bilder gleich in einem Ordner dort landen.

1. Tippen Sie das **Kamera**-Symbol an, um die Kamera-App zu starten.

2. Wenn Sie vorher eine SD-Karte in Ihrem Tablet installiert haben, werden Sie beim ersten Mal gefragt, ob Sie den Standardspeicherort für Fotos auf die SD-Karte verlegen wollen. Wenn Sie dies mit **OK** bestätigen, werden alle in der Folge aufgenommenen Bilder dort bis auf Weiteres abgelegt. Das ist in der Regel sinnvoll, weil Bilder meist eine Menge Speicher benötigen und der interne Speicher ja nicht so üppig ausgelegt ist.

3. Auf dem Bildschirm erscheinen einige Schaltflächen, ein kleines Zahnrad ❶, um Optionen aufzurufen, darunter ein Symbol, mit dem Sie zwischen der Front- und der Rückkamera wechseln können ❷.

4. Wenn die Rückkamera ausgewählt ist, sehen Sie mit dem Bildschirmfenster gewissermaßen durch das Tablet hindurch auf alles, was von der Rückseite aus sichtbar ist. Im Gegensatz zu den kleinen Displaysuchern bei den meisten digitalen Kameras ist das eine sehr praktische Ansicht, die gut erkennen lässt, wie das spätere Bild aussehen wird. Ist die Frontkamera ausgewählt, sehen Sie sich auf dem Bildschirm wie in einem Spiegel.

5. Außerdem finden Sie unter dem Symbol für den Wechsel der Kamera einen kleinen Pfeil ❸. Tippen Sie ihn an, erscheinen Schaltflächen des Schnelloptionsmenüs, um einige grundlegende Einstellungen zu wählen. Dazu gleich mehr. Wenn Sie die SD-Karte als Speicherplatz bestimmt haben, erscheint darunter noch ein entsprechendes Symbol ❹.

6. Nur für die Rückkamera wird am linken Rand ein Pfeil ❺ eingeblendet, der ein paar einfache Effekte wie **Sepia** oder **Graustufen** anbietet. Ein Tipp auf eines der Muster ordnet den Effekt dem Bild vorweg zu. Die Effekte bleiben so lange aktiv, bis sie mithilfe der Schaltfläche **Kein Effekt** wieder abgeschaltet werden.

7. Am unteren Rand sehen Sie links noch eine Modus-Schaltfläche ❻, die verschiedene Aufnahmemodi anbietet. Vorgegeben ist der Modus **Auto**, was auch über dem Bild ❼ angezeigt wird.

8. Um den ersten Schnappschuss in den Kasten zu bringen, tippen Sie auf die Schaltfläche mit dem Kamerasymbol ❽, das in der Kamera-App dem Auslöser entspricht. Wenn Sie einen bestimmten Moment abpassen wollen, halten Sie den Finger auf der Schaltfläche und halten das Tablet ruhig auf das Motiv gerichtet. Erst wenn Sie den Finger loslassen, wird das Bild über den Sensor aufgenommen.

9. Eine kleine Vorschau des neuen Bildes erscheint in der linken Ecke ❾. Ein Tipp darauf öffnet die App **Galerie** und zeigt das Bild dort an.

Die aufgenommenen Bilder werden automatisch in dem als Standardspeicherort definierten Ordner abgelegt. Solange Sie dafür den internen Speicher verwenden, ist das der Ordner */Gerätespeicher/DCIM/Camera*, speichern Sie auf der SD-Karte, ist es der Ordner */SD card/DCIM/Camera*.

INFO

Standardspeicher

Um den Standardspeicherort für Fotos später zu ändern, benutzen Sie das Radsymbol in der **Kamera**-App, tippen im Dialogfeld noch einmal auf das Rad und wählen unter **Speicher** die Option **SD-Karte**.

Die passenden Einstellungen finden

In der **Kamera**-App stehen Ihnen zwei verschiedene Einstellungsmöglichkeiten zur Verfügung, die Sie sich einmal der Reihe nach anschauen sollten, um zu entscheiden, womit Sie besser zurechtkommen. Die eine nutzt das Schnelloptionsmenü, die andere ein Einstellungsdialogfeld.

Das Schnelloptionsmenü zu der Schaltfläche mit dem Pfeil bietet Schaltflächen an, die jeweils ein kleines Menü öffnen.

- **Selbstauslöser ❶**: Für den Selbstauslöser haben Sie drei Stufen zur Verfügung: 2, 5 oder 10 Sekunden, die Sie mit einem Tipp auswählen.

- **Helligkeit ❷**: Blendet einen Schieberegler ein, mit dem Sie die Helligkeit einstellen können.

- **Aufnahmemodus ❸**: Diese Option ist nur aktiviert, wenn Sie Videos aufnehmen (siehe Kapitel 7, »Videos und Filme«).

- **Senden via ❹**: Über dieses Menü geben Sie an, ob das Foto gleich an eine andere Anwendung oder Person weitergereicht werden soll. Die Optionen dafür sind:

   – **Aufnahme senden**: Das Foto wird für den Versand an andere Geräte über Wi-Fi Direct freigegeben. Über die Schaltfläche **Wi-Fi Direct-Einstellungen** geben Sie das Zielgerät an.

   – **Foto mit Freunden teilen**: Bei dieser Option wird angenommen, dass die Freunde, um die es hier geht, auf dem Foto erkennbar bzw. markiert sind. Diese Option wird nur für die Rückkamera angeboten.

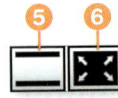

Die letzten Optionen in dieser Reihe bietet ein Schalter an, mit dem Sie zwischen einem Bild mit Seitenrändern ❺ und dem Vollbildmodus ❻ umschalten. Sie blenden alle Schaltflächen wieder mit einem Tipp auf den Pfeil ❼ am Ende der Reihe aus.

Die Zusammensetzung dieser Schnellzugriffsleiste ist aber nicht endgültig. Wenn Sie den Finger auf einem der Symbole in der Leiste halten, wird eine Gruppe von alternativen Symbolen angezeigt, von denen Sie einzelne auf eines der bisherigen Symbole ziehen können, um dieses zu ersetzen. Beenden Sie den Vorgang mit der **Zurück**-Taste.

Die hier angebotenen Optionen finden Sie aber auch in dem Dialogfeld, das die Schaltfläche mit dem Rad öffnet. Das erste Register ❶ betrifft die Aufnahme von Fotos. Auf das zweite Register für Videoaufnahmen ❷ gehe ich im nächsten Kapitel ein.

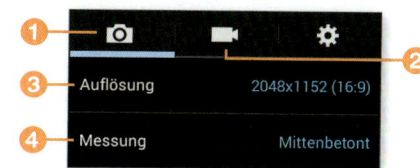

Unter **Auflösung** ❸ wird die aktuelle Auflösung angezeigt. Ein Tipp auf diesen Wert öffnet ein Menü für alternative Auflösungen. Ein Tipp wählt diese aus. Um nicht sichtbare Optionen zu erreichen, wischen Sie im Menü nach oben oder unten.

Die möglichen Auflösungen für die Rückkamera sind: 2.048 × 1.536, 2.048 × 1.152, 1.600 × 1.200, 1.280 × 720, 640 × 480 Pixel. Die möglichen Stufen sind für die Frontkamera auf 1.280 × 960 und 640 × 480 Pixel eingeschränkt, da bei dieser Kamera nur 1,3 Megapixel möglich sind.

Unter **Messung** ❹ haben Sie für die Rückkamera drei Optionen, um den Belichtungsmesser einzustellen:

- **Mittenbetont** ist die Vorgabe.

- Bei der Option **Matrix** wird die Lichtintensität an verschiedenen Punkten des Bildes gemessen, um eine optimale Einstellung zu erreichen.

- Bei **Spot** wird nur ein kleiner Bereich des Bildes ausgemessen. Diese Einstellung ist vor allem bei Motiven brauchbar, die einen sehr starken Kontrast aufweisen.

Das Register mit dem Rad ❶ enthält insbesondere eine Reihe von Ein-Aus-Schaltern:

Standort-Tag ❷ schaltet die Übernahme der Positionsdaten in das Bild ein und aus. Diese Daten werden in der Bilddatei abgelegt und können beispielsweise auf einem PC über den Dialog **Eigenschaften** ausgelesen werden. Bildverwaltungsprogramme können diese Infos ebenfalls auswerten.

Die Einstellungen zu **Lautstärketaste** ❸ erlauben Ihnen, diese Taste als Zoom-Taste zu verwenden. Es gibt die Stufen 1 bis 4.

Zum Zoomen reicht es aber auch, wenn Sie über dem Bild zwei Finger spreizen. Das Zoomen ist aber nur für die Rückkamera möglich.

Anzeige der Zoom-Stufe

Alternativ können Sie die Lautstärketaste auch als Kamerataste oder auch als Aufnahmetaste verwenden.

Wenn Sie selbst noch schnell in ein Bild huschen wollen, das Sie vorher arrangiert haben, können Sie über die Option **Selbstauslöser** ❹ eine Verzögerung von 2 bis 10 Sekunden programmieren.

Einfluss auf die Qualität des Ergebnisses hat die Einstellung zum **Weißabgleich** ❺. Der Weißabgleich ist ein Verfahren, mit dem versucht wird, bei unterschiedlichen Lichtverhältnissen zu gewährleisten, dass die Farbe Weiß auch tatsächlich weiß erscheint und Grau ebenfalls ein neutrales Grau bleibt ohne Rot- oder Blaustich. In den meisten Fällen wird die vorgegebene

Einstellung **Auto** dazu brauchbare Ergebnisse liefern. Alternativ stehen Ihnen aber noch die Einstellungen **Tageslicht**, **Bewölkt**, **Glühlampe** und **Fluoreszent** zur Verfügung.

Optionen für den Weißabgleich

Bildaufteilung
mit Hilfslinien

Wenn Sie in dem Menü mit dem Finger ein Stück nach oben ziehen, werden noch einige weitere Optionen sichtbar. Ganz hilfreich für einen gezielten Motivaufbau ist die Option **Hilfslinien** ⑥. Wenn Sie diese einblenden, erscheinen auf dem Display zwei horizontale und zwei vertikale Linien, die das Bild in neun gleich große Felder einteilen.

Wenn Sie die Option **Kontextabhängige Dateinamen** ⑦ einschalten, werden an die automatisch generierten Dateinamen noch Infos über den Ort der Aufnahme angehängt. Standardmäßig setzt sich der Dateiname aus dem Aufnahmedatum und der Uhrzeit zusammen.

Spiegelverkehrt speichern ⑧ können Sie nur mit der Frontkamera nutzen.

Über die Option **Speicher** ⑨ können Sie noch einmal zwischen dem internen Speicher und einer SD-Karte wählen, falls eine solche installiert ist.

Die Option **Zurücksetzen** ⑩ gibt Ihnen zu jedem Zeitpunkt die Möglichkeit, alle neu gewählten Einstellungen zu verwerfen und die App auf die vorgegebenen Standardeinstellungen zurückzusetzen.

Aufnahmemodi

Mit den Einstellungen zum Aufnahmemodus stimmen Sie die Kamera auf Besonderheiten des Motivs ab, beispielsweise die Lichtverhältnisse oder die Schnelligkeit der Bewegungen. Und so wählen Sie den passenden Modus:

1. Tippen Sie auf die Schaltfläche **Modus**. Die möglichen Optionen werden Ihnen als Vorgabe über ein Bildkarussell angeboten, das Sie durch Wischen von links nach rechts oder umgekehrt bewegen.

2. Wenn der gewünschte Modus obenauf ❶ liegt, tippen Sie darauf, um ihn auszuwählen.

3. Ist Ihnen das zu mühsam, tippen Sie am oberen Rand auf die vier Quadrate ❷, die in die Rasteransicht umschalten. Nun lässt sich der gewünschte Modus direkt antippen:

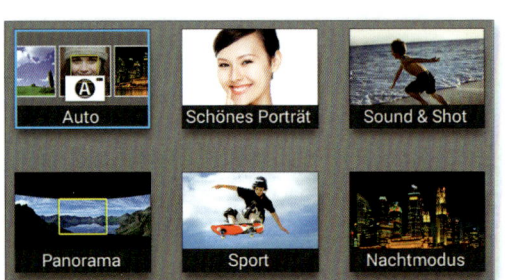

- **Auto**: Die Kamera wertet automatisch die Umgebung aus und wählt den Modus, der am besten dazu passt, um ein gutes Bild zu schießen.

- **Schönes Porträt**: Die aufgenommenen Bilder werden etwas aufgehellt und weich gezeichnet.

- **Sound & Shot**: In diesem Modus können Sie nach der Bildaufnahme eine kurze Audiosequenz – maximal 9 Sekunden lang – aufnehmen, beispielsweise mit einem Kommentar zu dem Motiv. Die Sequenz wird automatisch abgespielt, wenn Sie das Bild in der App **Galerie** auswählen.

- **Panorama**: In diesem Modus haben Sie die Möglichkeit, eine Folge von Bildern aufzunehmen, die automatisch zu einem Panoramabild zusammengesetzt werden.

- **Sport**: Diese Einstellung ist optimiert für Motive mit schnellen Bewegungen, wie sie für Fotos von Sportereignissen typisch sind.

- **Nachtmodus**: Bei dieser Einstellung erzielen Sie auch in dunkler Umgebung noch ein passables Ergebnis. Durch eine langsamere Verschlusszeit wird das Bild aufgehellt. (Die drei letzten Modi stehen für die Frontkamera nicht zur Verfügung. Das wäre auch wenig sinnvoll.)

Ein Selfie machen

Aufnahmen mit der Frontkamera leiden zwar etwas darunter, dass Ihnen dafür nur 1,3 Megapixel zur Verfügung stehen. Andererseits ist es aber sehr anregend, das Bild wie in einem Spiegel so lange beobachten zu können, bis Sie damit zufrieden sind.

1. Tippen Sie das Symbol für den Wechsel zur Frontkamera an.

2. Wählen Sie über die Schaltfläche **Modus** die Option **Schönes Porträt** ❶.

3. Halten Sie den Auslöser ❷ mit dem Finger fest, und beobachten Sie das Motiv.

4. Wenn Ihnen das Bild gefällt, lassen Sie die Taste los.

Ein Panorama aufnehmen

Manchmal ist es reizvoll, Bilder zu einer Serie zusammenzusetzen, die ein Panorama liefert. Am einfachsten ist das, wenn Sie sich in gerader Linie vor einem Objekt bewegen können, dann werden die Bilder einfach nebeneinander zusammengefügt. Wenn Sie sich dagegen von einem festen Punkt aus um die eigene Achse bewegen, werden beim Zusammenfügen der Bilder perspektivische Verzerrungen simuliert.

Ich versuche es hier mal mit dem Blick aus meinem Büro auf die gegenüberliegenden Gründerzeitfassaden.

1. Zunächst wählen Sie über die Schaltfläche **Modus** die Einstellung **Panorama**.

2. Die Kamera-App blendet ein Rechteck mit Führungslinien (❶ auf Seite 187) ein. Richten Sie das Tablet so aus, dass in dem blauen Rahmen ❷ das Startbild der Bildserie zu sehen ist.

3. Tippen Sie den Auslöser ❸ an, um die automatische Aufnahme der Bildserie zu starten.

4. Innerhalb der Führungslinien erscheinen Miniaturen ❹ der aufgenommenen Bilder. Mithilfe des blauen Rahmens prüfen Sie fortlaufend, ob Sie sich innerhalb der Führungslinien bewegen, damit sich aus der Bildserie auch ein Panoramabild zusammensetzen lässt. Korrigieren Sie die Position, wenn es nötig ist.

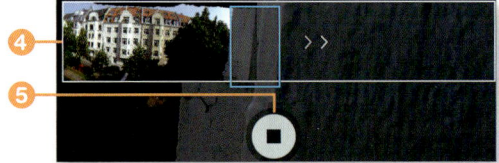

5. Die App nimmt nacheinander über 20 Bilder auf und stoppt dann, um die Bildzusammensetzung zu starten. Wenn Sie die Reihe schon vorher beenden wollen, tippen Sie auf die eingeblendete Schaltfläche mit dem Quadrat ❺.

Wenn der Sucher zu weit außerhalb des durch die Führungslinien vorgegebenen Bereichs gerät, werden keine Bilder aufgenommen.

Diese Häuser sind wohl etwas betrunken.

Fotos in der Galerie ansehen

Für die Anzeige und Verwaltung Ihrer Bilder ist zunächst einmal die vorinstallierte App *Galerie* zuständig. Sie unterstützt die Bildformate BMP, GIF, JPG und PNG.

Sie ist mit der *Kamera*-App so verknüpft, dass dort das zuletzt geschossene Bild immer in einem Miniaturbild in der Menüleiste angezeigt wird. Ein Tipp öffnet das Bild in der Galerie. Die anderen Bilder der Galerie blättern Sie mit Wischen nach links oder rechts durch.

1. Die Steuerelemente der App zu einem angezeigten Bild erscheinen jeweils nur kurz, werden dann aber wieder ausgeblendet, sodass Sie die Bilder in ihrer ganzen Schönheit – hoffen wir doch – betrachten können.

2. Wird ein Bild angezeigt, reicht ein Tipp in das Bild, um die Steuerelemente vorübergehend wieder einzublenden.

3. Im oberen Teil erscheinen einige Schaltflächen, um mit dem Bild Verschiedenes zu tun. Der Pfeil links ❶ führt in die Übersicht über den Bestand der Galerie zurück.

4. Die erste Schaltfläche im rechten Teil ❷ erlaubt das drahtlose Senden an andere Ausgabegeräte, beispielsweise über einen *AllShare-Cast-Dongle* oder über *HomeSync* an einen großen Bildschirm. Die obere Abbildung auf der nächsten Seite zeigt das Schema der Dongle-Lösung. Die Abbildung darunter zeigt die Einstellung für die Ausgabe an einem Smart-TV-Gerät. Wenn das Gerät ausgewählt ist, können Sie auf dem Tablet von Bild zu Bild wechseln und sehen sie auch auf dem großen Bildschirm.

Schema einer Dongle-Lösung (Quelle: Samsung)

5. Die Schaltfläche **Senden via** (❸ auf Seite 189) verwenden Sie, um ein Bild oder Video weiterzuleiten. Ein Tipp darauf eröffnet Ihnen den Zugang zu zahlreichen Apps und Diensten, die Sie durch einen weiteren Tipp auswählen.

Welche Dienste hier angeboten werden, hängt ganz davon ab, welche Apps Sie auf Ihrem Tablet installiert und wo Sie entsprechende Konten eingerichtet haben. Typische Ziele sind die Apps E-Mail oder Gmail, Hangouts, Skype, die Cloud-Speicher Drive oder Dropbox, soziale Medien wie Google+, Facebook oder Twitter. Dazu später noch einige Beispiele.

Die nächste Schaltfläche in der Menüleiste über dem Bild ❹ zeigt jeweils die zuletzt gewählte Option zum Versenden des Bildes an, sodass Sie nachfolgende Versendungen damit schneller anstoßen können.

Die Schaltfläche mit der Mülltonne ❺ nimmt gerne die misslungenen Bilder auf. Dazu reicht ein Tipp auf die Schaltfläche und die Bestätigung mit **OK**. Es ist oft empfehlenswert, solche Bilder gleich zu löschen, anstatt die Bildordner überquellen zu lassen. Aber es kommt auch vor, dass ein Bild erst beim zweiten Blick seine Schönheit offenbart oder dass Ihnen erst später eine Idee kommt, mit dem Bild doch noch etwas Interessantes anzufangen, beispielsweise es anders zu beschneiden oder es mit ein paar Effekten zu versuchen. Dann wäre es schade, wenn Sie es zu schnell gelöscht hätten.

Am Ende der Menüleiste finden Sie wieder die drei Punkte ❻, die ein Menü mit Optionen, etwa zur Präsentation Ihrer Bilder, öffnen. Darauf gehe ich im nächsten Abschnitt ein.

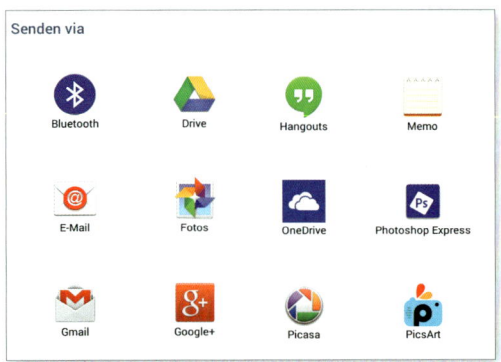

Versendeziele für ein Bild

Im unteren Teil erscheint eine Leiste mit Miniaturbildern (**7** auf Seite 189), über die Sie durch Antippen andere Bilder auswählen. Ist die Reihe der Bilder sehr lang, hilft das Wischen nach rechts oder links.

Bearbeitungsmöglichkeiten in der Galerie

Die App *Galerie* überlässt zwar die Bildbearbeitung weitgehend anderen Apps, die dafür mehr oder weniger zahlreiche Funktionen zur Verfügung stellen. Allerdings finden Sie über ⁞ eine Reihe von Optionen, die hauptsächlich mit der Präsentation Ihrer Bilder zu tun haben.

Favorit
Diashow
Fotorahmen
Fotonotiz
In Zwischenablage kopieren
Drucken
Umbenennen
Foto mit Freunden teilen
Nach links drehen

Die Zahl der Optionen hängt davon ab, ob es ein lokal gespeichertes Bild oder ein Bild ist, das nur online zugängig ist. Öffnen Sie doch einmal die **Galerie** und schauen Sie sich im Menü an, welch umfangreiche Optionen Sie bei einem lokal gespeicherten Bild haben:

- **Favorit** fügt das ausgewählte Element zur Auswahl der Favoriten hinzu.

- **Diashow** führt eine Sammlung von Bildern in einer Bildschirmshow vor. Mehr dazu im Abschnitt »Eine Bildschirmshow erstellen« ab Seite 200.

- **Fotorahmen** fügt das Bild in einen Rahmen ein und bietet Steuerelemente **1** für eine Beschriftung in beliebigen Farben **2**. Mit **Speichern 3** schließen Sie den Vorgang ab. Das Bild wird in einem speziellen Ordner *Photo frame* gespeichert.

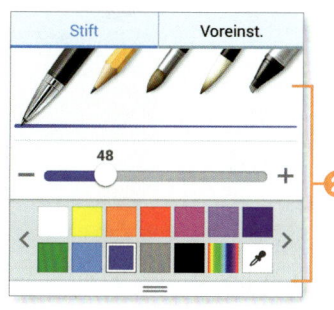

- **Fotonotiz** erlaubt Ihnen, auf der »Rückseite« des Fotos in beliebigen Farben mit dem Finger eine Notiz zu zeichnen. Das Bild erhält dann eine antippbare Ecke ❹, um die Notiz anzuzeigen.

- **In die Zwischenablage kopieren:** Das ausgewählte Bild wird in die Zwischenablage kopiert und kann dann beispielsweise von einer anderen App in ein Dokument übernommen werden.

- **Drucken** stößt den Ausdruck des Fotos auf einem Drucker an. Mehr dazu in Kapitel 12, »Das Tablet als mobiles Büro«.

- **Umbenennen** erlaubt Ihnen, den automatisch generierten Namen zu ändern. Da hierfür Datum und Zeit verwendet werden, kann diese Umbenennung sinnvoll sein, um Bilder schneller wiederzufinden.

Bild mit Notiz auf der »Rückseite«

- **Foto mit Freunden teilen:** Dies ist eine spezielle Funktion, die sinnvoll ist, wenn auf dem Foto ein Freund oder eine Freundin erkennbar ist, der Sie das Foto per E-Mail schicken möchten. Dies setzt also eine entsprechende Gesichtserkennung und Markierung des Gesichts voraus. Darauf gehe ich weiter unten noch näher ein.

- Hat das Bild nicht die richtige Ausrichtung, können Sie es mit den beiden Befehlen **Nach links drehen** und **Nach rechts drehen** in die richtige Position bringen.

- **Zuschneiden** blendet einen Rahmen mit Anfassern ❶ ein, die Sie auf die gewünschte Größe des Bildausschnitts ziehen können. Mit einem Tipp auf **Fertig** ❷ schließen Sie den

Vorgang ab. Das Bild wird automatisch neu gespeichert. Das Original bleibt also erhalten.

- Wollen Sie ein Bild als Hintergrundbild oder als Kontaktbild verwenden, benutzen Sie die Option **Einstellen als** und wählen aus, was mit dem Bild geschehen soll. Anschließend werden Ihnen wieder vier Anfasser angeboten, um den Bildausschnitt festzulegen.

- Die Option **Details** liefert die üblichen Metadaten zu einem Bild.

- Über die Option **Einstellungen** regeln Sie die Synchronisierung für die verwendeten Konten.

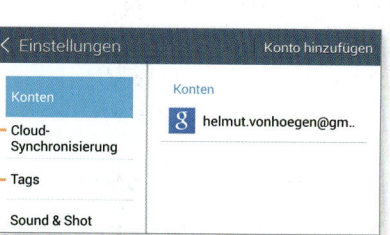

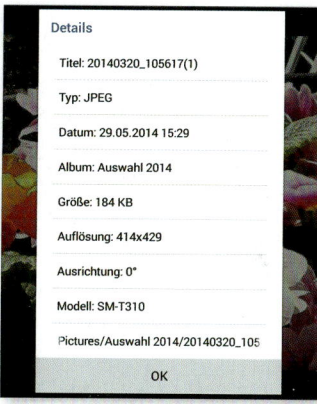

Daten zu einem Foto

Wenn Sie ein Konto antippen, werden alle seine Details zur Bearbeitung angeboten, insbesondere die **Sync-Einstellungen**. Sind Sie damit einverstanden, dass Ihre Fotos beispielsweise auch unter Google+ bereitgestellt werden, zunächst immer nur für Sie selbst sichtbar, wählen Sie hier die Option **Google+ Fotos synchronisieren** aus.

Unter **Cloud-Synchronisierung** ❸ können Sie beispielsweise einstellen, dass auch die auf Dropbox gespeicherten Bilder in der Galerie angezeigt werden.

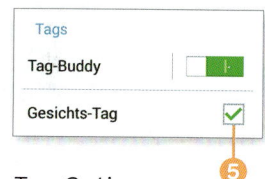

Tag-Optionen

Unter **Tags** ❹ können Sie die Option **Tag-Buddy** mit dem Schieberegler ein- oder ausschalten. Diese Option bewirkt, dass bei der Anzeige eines Bildes ein paar Kontextdaten vorübergehend angezeigt werden, soweit sie verfügbar sind, etwa Wetterdaten, Datum, Zeit und Ort sowie der Name der Person.

Außerdem finden Sie hier die Option **Gesichts-Tag** ❺, mit der Sie die Gesichtserkennung aktivieren. Dann erscheint bei Fotos

Aufforderung zum Taggen

jeweils ein gelber Rahmen um die Gesichter, und über die dann angebotene Option **Namen hinzufügen** (**6** auf Seite 193) können Sie das Gesicht einem Namen aus Ihren Kontakten zuordnen. Der Name wird kurz angezeigt, wenn Sie in der Galerie das entsprechende Bild öffnen.

Die verschiedenen Ansichten

Statt aus der Kamera-App über das Miniaturbild in die App **Galerie** zu wechseln, können Sie natürlich auch direkt die Galerie über das entsprechende Symbol auf einer der Seiten des Startbildschirms ansteuern.

Wenn kein Bild vorweg ausgewählt ist, bietet die App zunächst eine Übersicht über alle bisher angelegten Alben. Dazu zählen nicht nur die auf dem Tablet selbst angelegten Bild- oder Videosammlungen, sondern auch Alben, die online zugänglich sind, wie Ihre Bilder auf Facebook oder Dropbox oder Google Picasa, vorausgesetzt, die entsprechenden Konten und Verbindungen sind bereits eingerichtet.

Die Übersicht über die Alben in der Galerie

Einige Ordner werden automatisch angelegt, beispielsweise der Ordner *Screenshots* und der Ordner *Download*, der Bilder aus heruntergeladenen E-Mails aufnimmt.

Über ⁞ ▸ **Anzuzeigender Inhalt** regeln Sie, aus welchen Quellen die Übersicht der Alben gespeist wird. Wahlweise können Sie beispielsweise Inhalte ausblenden, die auf Dropbox oder Picasa gespeichert sind.

> **ACHTUNG**
>
> **Bildformate und Codecs müssen passen**
>
> Ob bestimmte Bildformate korrekt angezeigt werden können, hängt allerdings davon ab, ob die Software auf dem Tablet diese unterstützt. Bei Videos hängt die Wiedergabe davon ab, ob die verwendeten Codierungsmethoden unterstützt werden.

Die erste Schaltfläche ❶ in der Menüleiste öffnet ein Menü, in dem Sie wählen, nach welchen Kriterien die Bildsammlungen angeboten werden. Bei der Ansicht eines Bildes erscheint an dieser Stelle ein Pfeil, der wieder zu diesem Menü zurückführt. Die aktuelle Auswahl wird auf der Schaltfläche angezeigt. Hier eine kurze Übersicht über die verschiedenen Ansichten:

Ordnungs-kriterien in der App Galerie

- **Alben** zeigt alle bisher angelegten lokalen und im Netz verfügbaren Alben in einer Übersicht mit Angaben über die Menge der Bilder (siehe die Abbildung auf Seite 194).

- **Alle** zeigt alle Bilder als Miniaturen gleicher Größe.

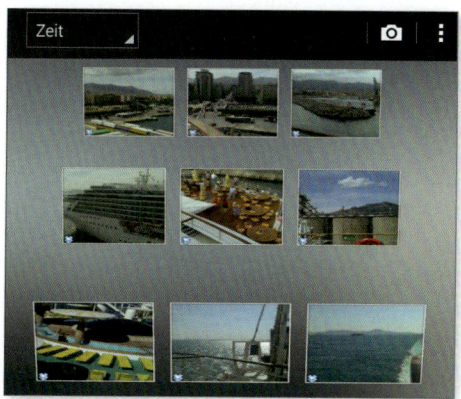

- **Zeit** zeigt die Miniaturen nach dem Aufnahmezeitpunkt sortiert in einer Kaskade, die Sie mit Wischen nach unten oder oben bewegen.

- **Standorte** ordnet die Miniaturen nach Standorten, soweit die entsprechenden GPS-Daten bei der Aufnahme mit gespeichert worden sind. Für jeden Ort wird eine entsprechende Stecknadel angezeigt. Ein Tipp darauf zeigt die Miniaturen.

- **Teilnehmer**: Diese Auswahl versucht, Bilder der gleichen Person zu gruppieren. Das funktioniert gut, wenn Sie sich die Mühe machen, Tags zu Personen anzulegen, aufgrund derer die App die Bilder zuordnen kann. (Siehe dazu auch den vorigen Abschnitt.)

■ **Favoriten** zeigt nur die Elemente an, die Sie in die Liste der Favoriten aufgenommen haben. Ist ein Element ausgewählt, benutzen Sie ⣿ ▸ **Favorit**, um es dort einzufügen. Für ein vorher zum Favoriten erklärtes Objekt erscheint an der gleichen Stelle des Menüs die Option **Favorit aufheben**.

Umgang mit Alben

Am häufigsten werden Sie vermutlich die übersichtliche Standardansicht **Alben** nutzen, wenn Sie die **Galerie** besuchen. Deshalb hier einige Hinweise zum Umgang mit Alben.

1. Ein Tipp auf das erste Bild eines Albums öffnet dieses. Der Name des Albums erscheint anstelle der Schaltfläche in der Menüleiste, in Klammern sehen Sie die Anzahl der Bilder ❶. Alle Bilder des Albums sind als Vorgabe bereits ausgewählt, etwa um sie in einer Bildschirmshow anzuzeigen.

2. Der Bildschirm wird geteilt in eine schmale Leiste mit den Alben auf der linken Seite ❷ und eine Leiste daneben mit etwas größeren Miniaturen der Bilder aus dem gewählten Album ❸. Durch eine Wischbewegung nach unten oder oben finden Sie alle Bilder eines Albums.

3. Ein Tipp öffnet ein Bild im Vollbildmodus. Mit einer Wischbewegung nach links oder rechts blättern Sie durch alle Bilder des aktuellen Albums. Die Taste **Zurück** führt jeweils in die vorherige Ansicht.

4. Ein Doppeltipp vergrößert das Bild, ein erneuter Doppeltipp macht den Zoom wieder rückgängig. Außerdem können Sie ein Bild durch Sprei-

zen zweier Finger stufenlos zoomen und durch Zusammenziehen wieder auf die Originalgröße verkleinern.

5. Bei der Ansicht mit den beiden Leisten (siehe die Abbildung oben) finden Sie über ⁝ einige Optionen, die sich dann auf die Bilder des aktuell ausgewählten Albums beziehen.

- **Element auswählen** hebt die vorgegebene Auswahl aller Elemente eines Albums auf. Dabei werden Auswahlkästchen eingeblendet. Ein Tipp setzt ein Häkchen zur Auswahl.

- **Diashow** startet die Präsentation aller oder der ausgewählten Bilder, mehr dazu weiter unten.

| Element auswählen |
| Diashow |
| Elemente ausblenden |
| Einstellungen |

- **Elemente ausblenden/Ausgeblendete Elemente anzeigen** erlaubt das Aus- und Wiedereinblenden ausgewählter Bilder.

- Die Optionen, die Sie unter **Einstellungen** nutzen können, habe ich bereits oben beschrieben.

INFO

Albenübergreifende Auswahl

Sie können auch mehrere Alben gleichzeitig auswählen, etwa um sie auf ein anderes Gerät zu übertragen, mit anderen zu teilen oder auch zu löschen. Halten Sie dazu den Finger jeweils etwas länger auf der ersten Alben-Miniatur. Die App zeigt zu allen Album-Miniaturen Auswahlkästchen, um die Auswahl einfach durch Antippen zu erweitern. In der Menüleiste erscheint das Symbol für **Senden via** und das **Papierkorbsymbol**. Das Menü zu ⁝ bietet in diesem Fall nur die Option **Diashow** an. Gefällt Ihnen Ihre Auswahl nicht, finden Sie im Menü der Schaltfläche, die die Anzahl der ausgewählten Alben anzeigt, die Option **Auswahl aufheben**.

Ein neues Album anlegen

Die bewährte Form, Fotos zu ordnen, ist die Sammlung in Alben. Die Vorgehensweise ist einfach, wenn die Ansicht **Alben** eingeschaltet ist:

1. Tippen Sie in der Menüleiste der **Galerie** das Symbol **Neues Album** an. Es genügt, den Namen des neuen Albums einzugeben und zu bestätigen.

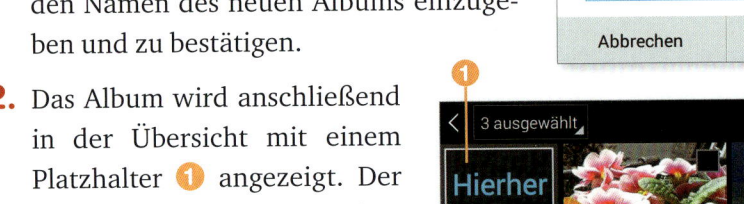

2. Das Album wird anschließend in der Übersicht mit einem Platzhalter ❶ angezeigt. Der Bildschirm wird so geteilt, dass der Platzhalter am Anfang der Spalte für die Alben erscheint.

3. Um Bilder aus anderen Alben in das neue Album zu verschieben, können Sie die Bilder direkt auf diesen Platzhalter ziehen. Wählen Sie dazu in der linken Spalte das gewünschte Album aus. Halten Sie dann den Finger etwas länger auf dem Bild, das Sie dort einordnen möchten, bis eine Miniatur desselben erscheint, und ziehen Sie diese auf den Platzhalter. Alternativ können Sie auch die Auswahlkästchen der Bilder antippen und dann die gesamte Auswahl mit dem Finger auf den Platzhalter ziehen.

4. Bestätigen Sie den Vorgang in der Menüleiste mit **Fertig**. Entscheiden Sie dann, ob das Element verschoben oder nur kopiert werden soll. Anschließend öffnet sich automatisch das neue Album mit seinen Bildern.

Bilder zwischen Alben verschieben oder kopieren

Ähnlich wie beim Anlegen eines neuen Albums verfahren Sie, wenn Sie Bilder aus einem Album in ein schon bestehendes Album verschieben oder kopieren wollen. In diesem Fall ziehen Sie die in der rechten Spalte durch Halten ausgewählte Miniatur auf die Miniatur des Albums in der linken Spalte. Ist das Zielalbum nicht gleich sichtbar, ziehen Sie in dieser Spalte einfach nach unten oder oben, bis das Ziel erreichbar ist.

INFO

Einschränkungen für Online-Alben

Bilder aus Alben, die nur online zugängig sind, etwa aus Dropbox, lassen sich allerdings nicht auf diese Weise in andere Alben verschieben oder kopieren. Solche Änderungen müssen Sie online vornehmen, indem Sie Dropbox über den Browser öffnen.

Wenn Ihnen die Fingerspiele zu fehleranfällig sind, können Sie auch die klassische Methode über die Optionen des Symbols ⁞ verwenden.

1. Wählen Sie erst in Ihrem jeweiligen Quellalbum die Bilder aus, die in ein anderes Album kopiert oder verschoben werden sollen. Benutzen Sie dazu ⁞ ▸ **Element auswählen**, und tippen Sie die Auswahlkästchen der Bilder an.

2. Tippen Sie ⁞ ▸ **Kopieren** oder ⁞ ▸ **Verschieben** an.

3. Markieren Sie in der dann erscheinenden Liste der vorhandenen Alben das Zielalbum, oder nehmen Sie **Neues Album**, um ein solches anzulegen.

Die Bilder werden in den Zielalben jeweils vor den bereits dort vorhandenen Bildern eingefügt.

INFO

Ein Story-Album erstellen

Eine schöne Erweiterung gegenüber den Alben in der App Galerie bietet die App *Story-Album*, die Samsung über das Symbol **GALAXY Apps** auf dem Anwendungsbildschirm kostenlos anbietet. Diese App kann auch verwendet werden, um gedruckte Alben zu bestellen. Bis zu 150 ausgesuchte Fotos werden zu Alben mit unterschiedlichen Designs zusammengestellt und lassen sich mit Bildunterschriften versehen. Die Abbildung auf der nächsten Seite zeigt Ihnen ein Beispiel für ein Reisealbum.

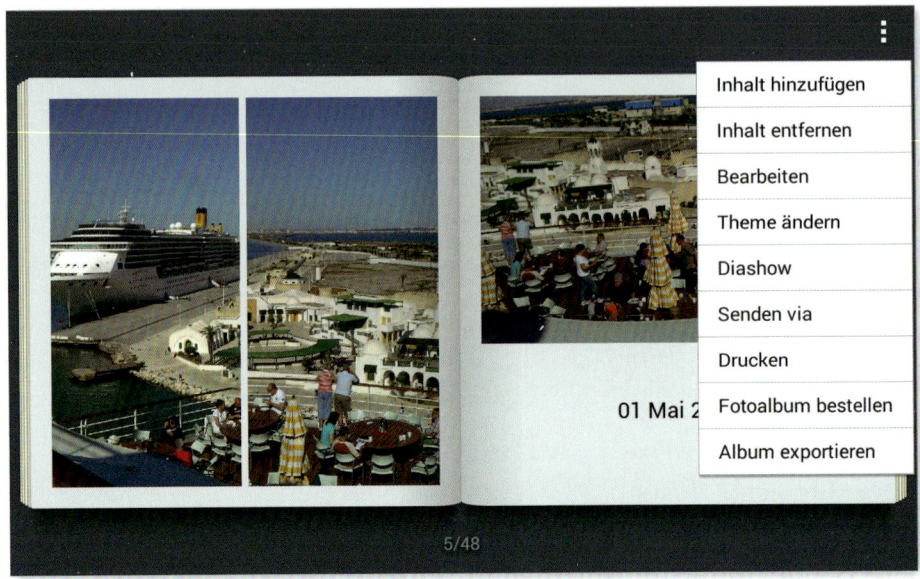

Eine Bildschirmshow erstellen

Manchmal ist es lästig, durch eine Bildersammlung mit ständigen Wischbewegungen durchzugehen. Geben Sie das Blättern an die App ab, indem Sie
eine Bildschirmshow erstellen. Das geht so:

1. Wählen Sie in der App **Galerie** das Album
aus, das als Bildfolge angezeigt werden soll.

2. Benutzen Sie ⫶ ▸ **Diashow**.

3. Legen Sie auf dem Register **Effekt** fest, wie
die Übergänge zwischen den einzelnen
Bildern aussehen sollen. Bei Bildern von
Personen ist die Option **An Gesichter heranzoomen** manchmal ganz reizvoll, ansonsten
finden Sie klassische Übergangseffekte wie
Fließend, **Ausblenden**, **Heranzoomen** oder
etwas keckere Effekte wie **Würfel**.

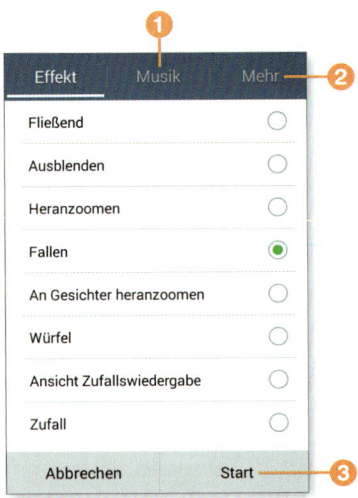

4. Über das Register **Musik** ❶ lässt sich noch etwas musikalische Begleitung hinzufügen.

5. Das Register **Mehr** ❷ erlaubt drei Geschwindigkeiten für den Wechsel der Bilder – 1, 3 oder 5 Sekunden – und die Wahl in der Reihenfolge zwischen **Ältere abspielen** und **Neueste abspielen**.

6. Mit **Start** ❸ setzen Sie die Show in Gang.

7. Ein Tipp beendet die Show auch vorzeitig.

Anstatt ein komplettes Album vorzuführen, können Sie auch gezielt eine Auswahl daraus treffen. Wenn das Album ausgewählt ist, wählen Sie über ▐▐ ▶ **Element auswählen** zunächst alle Bilder ab. Die Bilder zeigen nun alle ein kleines Auswahlkästchen. Tippen Sie dort die Bilder an, die in die Show gehören.

Fotos bei Picasa hochladen

Picasa ist ein sehr leistungsfähiges Programm von Google für die Verwaltung umfangreicher Bildbibliotheken. Neben lokalen Bibliotheken, beispielsweise auf einem PC oder Notebook, stehen Ihnen insbesondere auch Webalben zur Verfügung, auf die Sie von ganz verschiedenen Geräten über das Internet zugreifen können.

Picasa unter Windows 8

Haben Sie bei Google ein entsprechendes Konto, können Sie es so einrichten, dass sämtliche Fotos, die Sie mit dem Tablet aufnehmen, automatisch in diese Alben hochgeladen werden:

1. Benutzen Sie über den Startbildschirm ⊞ ▸ **Einstellungen** ▸ **Allgemein**.

2. Wählen Sie unter **Konten** das Konto **Google**, und tippen Sie den Kontoeintrag an.

3. Aktivieren Sie die Option **Picasa-Webalben synchronisieren**.

Vielleicht ist es Ihnen etwas unheimlich, immer sämtliche Bilder in die Webalben von Picasa zu kopieren. Dann bleibt immer noch die Möglichkeit, einzelne Bilder gezielt in bestimmten Webalben von Picasa abzulegen.

1. Wählen Sie ein Bild in der **Galerie** aus, und tippen Sie es an, damit die Menüleiste am oberen Rand eingeblendet wird.

2. Tippen Sie die Schaltfläche **Senden via** an.

3. Wählen Sie aus den angebotenen Zielen die Schaltfläche **Picasa**. (Beim nächsten Mal wird dieses Ziel bereits neben der Schaltfläche **Teilen** angezeigt, sodass Sie es direkt auswählen können.)

4. Nun geben Sie einen Titel für das Foto ein.

5. Wenn Sie über mehrere Konten verfügen, wählen Sie das passende aus.

6. Unter **Album** wählen Sie das Zielalbum oder legen über die Schaltfläche mit dem **+**-Zeichen ein neues Album an.

7. Sind die Daten in Ordnung, tippen Sie **Hochladen** an.

Damit das Hochladen erfolgreich ist, muss natürlich eine Verbindung zum Internet aktiviert sein.

Fotos mit anderen teilen

Wenn Sie sich an einem der sozialen Netzwerke beteiligen, sei es Facebook, Twitter oder Google+, werden Sie die entsprechenden Apps auf dem Tablet installiert haben. Dann ist es ein Kinderspiel, Ihre Freunde und Bekannte an Ihren Schnappschüssen teilhaben zu lassen.

Beginnen wir mit Google+, dem sozialen Netzwerk von Google. Da ja Google für Android verantwortlich ist, wundert die besonders enge Verzahnung von Android mit Google+ nicht sonderlich.

1. Vorausgesetzt, Sie haben ein entsprechendes Konto bei Google eingerichtet, können Sie vom Startbildschirm wieder ▦ ▸ **Einstellungen** ▸ **Allgemein** benutzen und unter **Konten** die Option **Google** auswählen. Tippen Sie den Kontoeintrag an.

2. Aktivieren Sie die Option **Google+ Fotos synchronisieren**. Die Synchronisierung wird sofort ausgeführt. Sie sehen an dieser Stelle immer das Datum der letzten Synchronisierung.

Über die App **Google+** können Sie die Art und Weise der automatischen Sicherung Ihrer Fotos auf Google+ noch etwas detaillierter einstellen.

1. Benutzen Sie dazu innerhalb der App ⫶ ▸ **Einstellungen**, und schalten Sie die automatische Sicherung ein oder aus.

2. Tippen Sie die Einstellung zu **Fotogröße** ❶ an, können Sie zwischen **Originalgröße** und einer **Standardgröße** von maximal 2.048 Pixeln wählen.

3. Bei Bedarf können Sie hier auch **Mehr Speicherplatz erwerben** ❷, wenn die vorgegebenen 15 GByte nicht ausreichen.

4. Sie können außerdem festlegen, dass alle lokalen Ordner gesichert werden ❸ oder dass

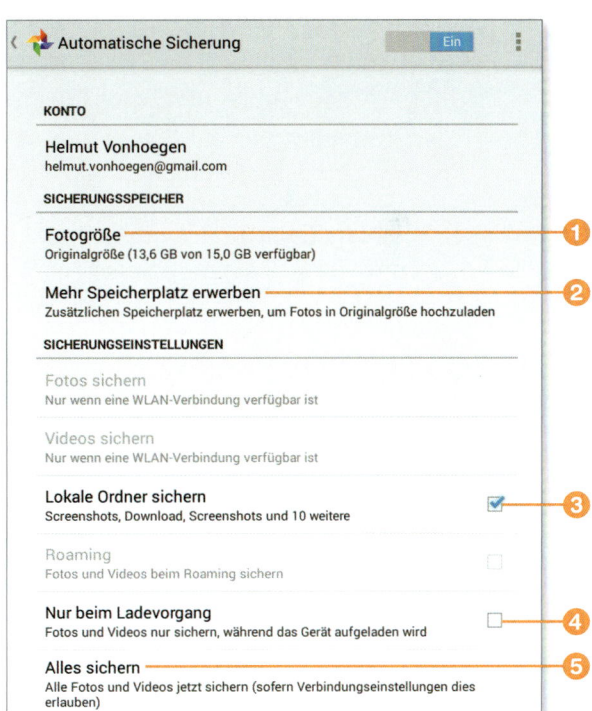

die Sicherung nur während des Ladevorgangs (④ auf Seite 203) erfolgt. Letzteres hat den Vorteil, dass das Tablet nicht durch umfangreiche Datenübertragungen während der Arbeit beeinträchtigt wird.

5. Mit der Option **Alles sichern** ⑤ lässt sich die Sicherung ohne weitere Einschränkungen auch direkt starten.

6. Um zu sehen, wie Google+ mit dem Tablet aufgenommene Fotos anzeigt, öffnen Sie an dieser Stelle einmal die Website von Google+ auf einem Windows-PC mit dem entsprechenden Google+-Konto.

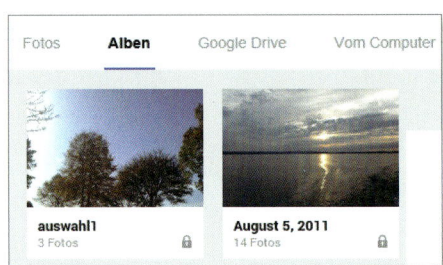

7. Im Übersichtsmenü wählen Sie die Option **Fotos**. Die aktuell vorhandenen Alben werden Ihnen sofort angeboten.

Im Fotobereich der Google+-Site haben Sie die Möglichkeit, Ihre Bildschätze bei Bedarf in neue Alben anzuordnen. Zunächst sind die in die Alben von Google+ hochgeladenen Fotos nur für Sie selbst sichtbar. In einem zweiten Schritt können Sie die Fotos dann einzeln für die Öffentlichkeit oder für bestimmte Kreise und Personen freigeben.

1. Wählen Sie per Klick ein Foto auf der Website von Google+ aus.

2. Benutzen Sie in der eingeblendeten Menüleiste die Option **Teilen** ①.

3. Legen Sie unter **An** ② fest, wer das Foto sehen darf.

4. Klicken Sie zum Schluss auf die Schaltfläche **Teilen** ③.

Nun ist das Bild für die ausgewählten Leute sichtbar, wenn diese auf ihre eigene Google+-Site gehen.

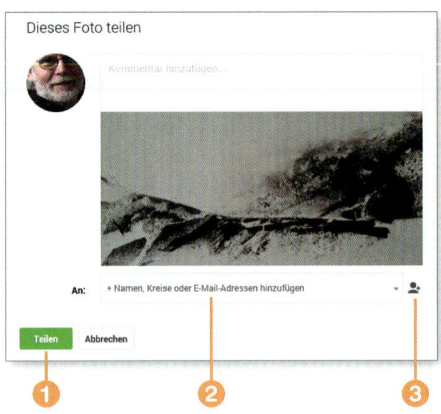

Vorsicht ist die Mutter der Porzellankiste

Sie tun gut daran, mit den angebotenen Automatismen vorsichtig umzugehen. Fotos verraten eine Menge über Ihren Lebensstil, und nicht jeder muss Dinge über Sie wissen, die Sie doch lieber als privat oder intim handhaben wollen.

Das Teilen von Bildern mit Freunden auf Facebook oder Twitter funktioniert im Prinzip genauso. Ich gehe hier also nicht eigens darauf ein.

Fotos per E-Mail verschicken

Der beinahe schon altmodisch gewordene Weg, Fotos an Freunde und Bekannte weiterzugeben, ist der simple Anhang in einer E-Mail.

In Kapitel 4 ist das Thema E-Mail ja schon ausführlich behandelt worden, deshalb reicht an dieser Stelle eine beispielhafte Schrittfolge.

1. Wählen Sie über die App **Galerie** ein Bild aus, das weitergereicht werden soll. Sie können auch gleich mehrere Bilder mit einem Auswahlhäkchen markieren.

2. In der Menüleiste tippen Sie auf die Schaltfläche **Senden via**.

3. Benutzen Sie **Gmail** oder **E-Mail**, je nachdem, welches E-Mail-Konto Sie eingerichtet haben oder verwenden wollen. Im Folgenden die Schritte für Gmail.

4. Geben Sie die Empfangsadresse, möglichst auch etwas bei **Betreff** und vielleicht noch eine passende Nachricht ein. Die ausgewählten Bilder werden in Miniaturen angezeigt, sodass Sie kontrollieren können, ob es die richtigen Bilder sind.

5. Tippen Sie auf die Schaltfläche **Senden** in der oberen Leiste.

Die **Galerie**-App meldet, dass die Nachricht gesendet wird. Damit ist der Vorgang auch schon abgeschlossen.

> **ACHTUNG**
>
> **Respektieren Sie die Rechte anderer**
>
> Das Recht auf das eigene Bild hat zweifellos an Gewicht gewonnen, seit es so leicht geworden ist, jederzeit und überall und vielleicht auch heimlich Bilder von anderen Personen aufzunehmen und sie mit ein paar Klicks auf Google+, Facebook oder Twitter zu veröffentlichen.

Screenshots erstellen

Das Galaxy Tab 4 gibt Ihnen zwei Verfahren an die Hand, um Screenshots von der Benutzeroberfläche zu erstellen. Wer anderen zeigen will, wie bestimmte Dinge auf dem Tablet ablaufen, oder wer eine Fehlerfunktion dokumentieren will, um sich mit dem Service von Samsung auszutauschen, wird diese Möglichkeiten gerne nutzen.

Das erste Verfahren sieht so aus:

1. Richten Sie den Bildschirm so ein, wie Sie ihn festhalten wollen.

2. Wischen Sie mit der ganzen Hand nach links oder rechts über den gesamten Touchscreen.

3. Das Tablet zeigt kurz einen Rahmen um den gesamten Bildschirm und mit einem Klick-Geräusch wird automatisch ein Screenshot des Bildschirms aufgenommen und in der Galerie in dem Album *Screenshots* gespeichert. Das Tablet verwendet als Dateityp *.png*.

Das aufgenommene Bild wird gleichzeitig in der Zwischenablage gespeichert, sodass es bei Bedarf von dort beispielsweise in ein Dokument eingefügt werden kann.

Das zweite Verfahren verwendet die Kombination der **Home**-Taste mit dem Ein-Aus-Schalter. Sie müssen beide Tasten genau gleichzeitig drücken, was nicht immer im ersten Versuch gelingt.

Fotos auf dem Tablet bearbeiten

Die professionelle Bearbeitung von Fotos ist in der Regel eine Sache von oft funktionsüberreichen Bearbeitungsprogrammen wie *Photoshop* oder *CorelDraw*. Sie findet typischerweise auf Systemen mit möglichst großen Bildschirmen statt. Das soll aber nicht heißen, dass Sie nicht auch auf einem Tablet einiges tun können, um ein mit dem Tablet geschossenes oder auf das Tablet übertragenes Foto zu optimieren. Ich werde hier dafür die schon angesprochene App von Adobe *Photoshop Express* verwenden, die Sie sich kostenlos aus dem **Play Store** herunterladen können.

1. Öffnen Sie zunächst die App **Galerie**. Wenn Sie ein Bild finden, das Sie überarbeiten wollen, wählen Sie unter **Senden via** einfach ein Bildbearbeitungsprogramm aus. Ich nehme hier **Photoshop Express**. Das versandte Bild wird in diesem Fall direkt in dem ausgewählten Programm geöffnet.

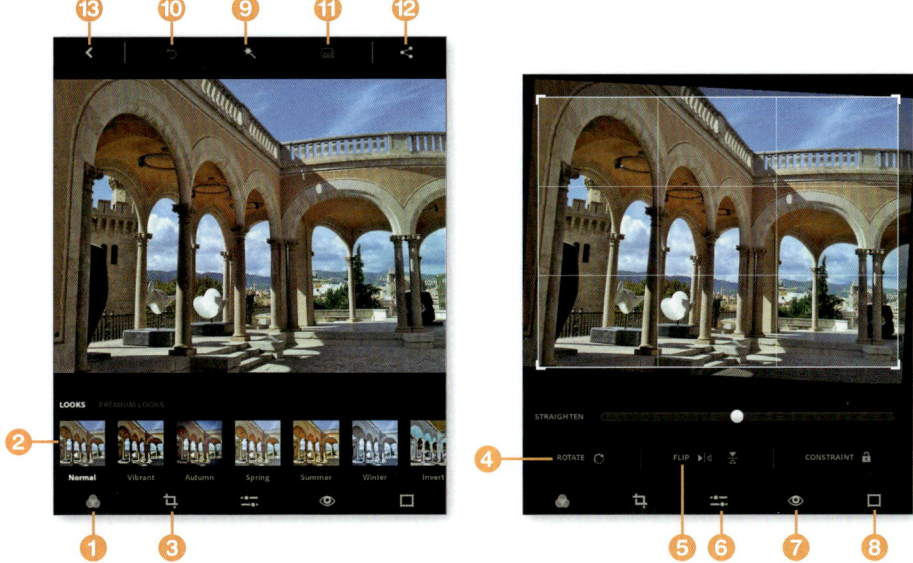

2. Photoshop Express zeigt am unteren Rand eine Reihe von Werkzeugen. Zur Farbkorrektur ❶ klicken Sie eines der angebotenen Muster an ❷.

3. Das Symbol zum Zuschneiden ❸ erlaubt das Ausschneiden eines Quadrats, dessen Größe Sie mit den eingeblendeten Anfassern bestimmen.

Außerdem werden Symbole zum Drehen ❹ oder Kippen des Bildes ❺ angeboten.

4. Weitere Werkzeuge sind die Kontrastkorrektur ❻, das Entfernen von roten Augen ❼ und das Einfügen von Rahmen ❽.

5. In der Menüleiste oben finden Sie in der Mitte den Zauberstab für eine automatische Bildoptimierung ❾, links daneben die Rücknahme eines Schrittes ❿, rechts daneben die Wiederherstellung des Originals ⓫. Auch die Schaltfläche **Senden via** ⓬ fehlt hier nicht.

6. Ist die Bearbeitung mit Photoshop Express abgeschlossen, bringt Sie der Pfeil nach links ⓭ oder die **Zurück**-Taste wieder in die Galerie. Dabei werden Sie gefragt, ob Sie die Änderungen speichern oder wieder verwerfen wollen. Speichern überschreibt das Original nicht, sondern legt ein Bild im Album *Photoshop Express* an.

Der Google Play Store hält im Übrigen gerade für die Bildbearbeitung zahlreiche weitere Apps bereit.

Kapitel 7
Videos und Filme

Der Schritt vom Foto zum bewegten Bild ist auf dem Tab 4 ganz kurz. Die Aufnahme von Videos ist in der *Kamera*-App schon integriert. Gleichzeitig ist das Tablet ein sehr handliches Medium, um Videos aus beliebigen Quellen bequem anzuschauen.

Videos aufnehmen und verwalten

Vergessen Sie meist unhandliche Camcorder, Ihr Tablet kann 1.280×720-Pixel-Videos im Format 16 : 9 aufnehmen, das ist doch schon eine ganze Menge. Eigene Videos nehmen Sie einfach mit der Kamera-App auf.

1. Starten Sie von einer Seite des Startbildschirms die **Kamera**-App.

2. Ziehen Sie den Umschalter ❶ zwischen Kamera und Video auf **Video**.

3. Richten Sie das Tablet auf das Motiv, das Sie aufnehmen wollen.

4. Tippen Sie auf die Schaltfläche mit dem roten Punkt ❷, um die Aufnahme zu starten.

5. Während der Aufnahme erscheint eine Aufnahmeanzeige, die die Länge der Aufnahme und die Größe in Kilobyte und den verbleibenden Speicher in Megabyte fortlaufend anzeigt ❸.

Gleichzeitig werden zwei Schaltflächen eingeblendet, um den Ablauf der Aufnahme zu steuern.

6. Soll eine Pause gemacht werden, tippen Sie auf die linke Schaltfläche mit den zwei kleinen Balken ❹.

7. Setzen Sie die Aufnahme mit der gleichen Schaltfläche fort, die nun wieder den roten Punkt anzeigt.

8. Beenden Sie die Aufnahme, indem Sie die rechte Schaltfläche mit dem Quadrat ❺ antippen.

Das Video wird automatisch im MP4-Format gespeichert, in dem gleichen Ordner *Camera*, in dem auch die Fotos gespeichert werden.

Wenn Sie Videos aufnehmen, die Sie per E-Mail versenden wollen, ist es manchmal sinnvoll, einen Aufnahmemodus zu wählen, der weniger Daten produziert. Das gilt beispielsweise, wenn Sie von Empfängern wissen, dass sie keine besonders schnellen Internetverbindungen haben oder E-Mail-Konten, bei denen die übertragbare Datenmenge begrenzt ist.

1. Das Tab 4 bietet einen solchen Modus über das Symbol **Aufnahmemodus** ❶ an. Sie finden es unter den Schnellzugriffssymbolen, wenn Sie die Schaltfläche mit dem Pfeil ❷ antippen.

2. Neben dem Modus **Normal** ❸ steht hier **Begrenzung für E-Mail** ❹ zur Verfügung. In diesem Fall wird das Video auf maximal 50 MByte begrenzt.

3. Ein Fortschrittsbalken ❺ am unteren Rand zeigt jeweils an, wie viel noch davon frei ist. Bei der höchstmöglichen Auflösung sind das etwa 42 Sekunden.

4. Weitere Einstellungsmöglichkeiten zur Aufnahme von Videos finden Sie über ▸ **Einstellungen**. Tippen Sie das Video-

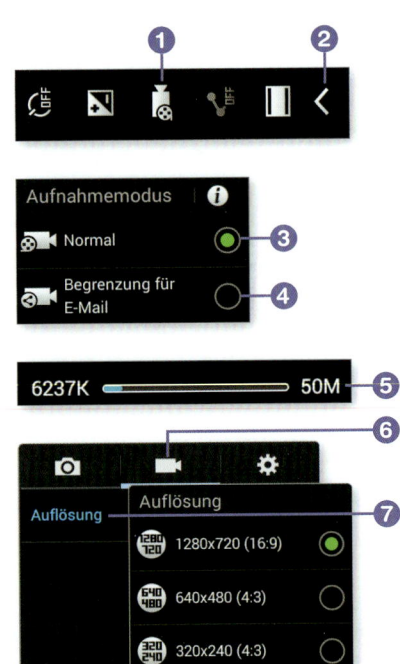

kamera-Register **6** und den Eintrag zu **Auflösung 7** an, werden Ihnen drei verschiedene Auflösungsstufen angeboten.

Wenn Sie das Video im Modus **Begrenzung für E-Mail** mit einer geringeren Auflösung aufnehmen, bleiben Ihnen bei **640×480** immerhin schon über 3 Minuten. Diese Option ist allerdings mit Qualitätsverlusten verbunden.

Videos ansehen

Wie bei der Aufnahme von Fotos erscheint auch bei einem aufgenommenen Video in der Menüleiste der *Kamera*-App ein Miniaturbild, das eine Verknüpfung mit der App *Galerie* herstellt.

1. Mit einem Tipp auf das Miniaturbild wechseln Sie in die **Galerie**-App.

2. Dort wird das erste Bild des Videos mit einer **Start**-Schaltfläche **1** angezeigt. Tippen Sie darauf, um das Video in einem Player zu öffnen. Vorgabe ist die App *Video-Player*.

3. Mit der **Start**-Schaltfläche dort **2** starten Sie die Wiedergabe. Am unteren Rand sehen Sie nun eine Leiste mit Miniaturen **3**. Mit einem Tipp darauf wechseln Sie zu einem anderen Video oder Foto in dem aktuellen Album.

4. Wenn Sie mehrere Videoplayer installiert haben, wird Ihnen angeboten, einen davon für die Wiedergabe zu verwenden. Wenn Sie die Auswahl mit **Immer** bestätigen, entfällt diese

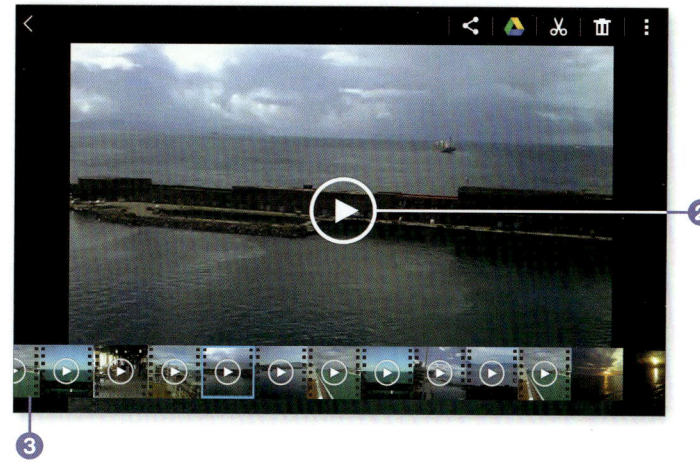

Nachfrage beim nächsten Mal. Sie müssen dabei nochmals bestätigen, dass der gewählte Player als Standardanwendung für Videos eingetragen wird. Diese Einstellungen können Sie jederzeit über **Einstellungen** ▸ **Allgemein** ▸ **Standardanwendungen** ändern. Ich verwende hier den vorinstallierten **Video-Player**.

5. Tippen Sie das laufende Video kurz an, um die Wiedergabeschaltflächen einzublenden, mit denen Sie innerhalb des Videos navigieren.

6. Die Schaltfläche in der Mitte ❶ stoppt die Wiedergabe vorübergehend oder setzt sie wieder in Gang. Die Schaltflächen links und rechts davon spulen den Film zum Anfang zurück ❷ oder bis ans Ende vor ❸. Gibt es in dem Album benachbarte Videos, startet die linke Schaltfläche beim zweiten Antippen das vorherige Video, die rechte Schaltfläche startet das nachfolgende Video. Werden die Tasten gehalten, entspricht das dem Zurück- oder Vorspulen.

7. Mit dem runden Punkt ❹ in der Wiedergabeleiste darüber ziehen Sie an eine beliebige Stelle im Video.

8. Im Querformat werden neben dem Block für die Wiedergabesteuerung noch zwei kleine Pfeile ❺ angezeigt, mit denen Sie den Block nach rechts oder links verschieben, damit er weniger stört.

9. Mit der Schaltfläche unten rechts ❻ dehnen Sie den Wiedergabebereich in Stufen auf die maximale Größe aus, die gegenüberliegende Schaltfläche links ❼ blendet die Wiedergabeliste in Form von Miniaturen der anderen Videos aus dem Ordner *Eigene Videos* ein und aus.

10. Die linke Schaltfläche über dem Fortschrittsbalken ❽ zeigt die Wiedergabegeschwindigkeit an. Ein Tipp darauf erlaubt Ihnen, Werte zwischen 0,5 und 1,5 einzustellen.

11. Wollen Sie ein einzelnes Bild aus dem Video herausziehen, stoppen Sie die Wiedergabe zunächst mit der Pausentaste und gehen dann mit den kleinen Pfeilen ❾ neben dem Kamera-Symbol ❿ zu dem gewünschten Bild. Ein Tipp auf die Kamera speichert das Bild separat in dem Ordner *Screenshots*.

12. Mit der ersten Schaltfläche oben rechts ⓫ starten Sie den *Pop-up-Video-Player*. Er erlaubt Ihnen, das Video in einem kleineren Fenster laufen zu lassen, während Sie sich um andere Dinge auf dem Tablet kümmern, beispielsweise mit Google etwas suchen. Durch Spreizen oder Zusammenziehen von zwei Fingern lässt sich die Größe dieses Fensters verändern, durch Ziehen verändern Sie die Position. Zum Beenden tippen Sie das Fenster an und tippen auf das Andreaskreuz, das dann erscheint.

13. Die Schaltfläche daneben ⓬ erlaubt Ihnen wieder, wie ich es bereits für Fotos im vorigen Kapitel erklärt habe, die Bilder vom Tablet an einem großen Bildschirm auszugeben.

14. Ist der Ton zu leise, tippen Sie das Lautsprechersymbol ⓭ an und stellen mit dem Schieberegler die Lautstärke ein.

15. Sogar während des Abspielens ist es in der Regel möglich, durch Spreizen der Finger das wiedergegebene Bild zu zoomen, um Details besser

zu sehen. Beachten Sie aber, dass bei Videoaufnahmen mit hoher Auflösung die Zoomfunktion unter Umständen nicht zur Verfügung steht.

16. Ist die Wiedergabe beendet, landen Sie automatisch wieder in der App
Galerie. Um vorzeitig auszusteigen, benutzen Sie die Taste **Zurück**.

Über ▮ ▸ **Einstellungen** stehen Ihnen in dieser App noch einige nützliche
Optionen zur Verfügung:

1. Ist das Video etwas dunkel geraten, tippen Sie den Wert für **Helligkeit** an und
schieben den Regler etwas weiter nach
rechts.

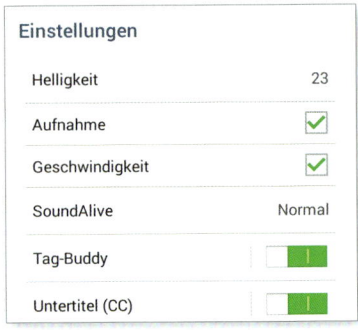

2. Die Option **Aufnahme** blendet die in
Schritt 11 der obigen Anleitung beschriebene Kameraschaltfläche ein,
um aus dem Video einzelne Bilder aufzunehmen.

3. Die Option **Geschwindigkeit** blendet die in Schritt 10 beschriebene
Schaltfläche für die Regelung der Geschwindigkeit ein.

4. Auch die Anzeige der **Untertitel** können Sie hier ein- oder ausblenden,
falls solche in dem Video vorhanden sind.

Videos umbenennen

Wie bei den Fotos vergibt das Tab 4 für die aufgenommenen Videos Namen, die sich aus dem
Datum und der Uhrzeit zusammensetzen. Wenn
das für Sie nicht so praktisch ist und Sie ein anderes Ordnungssystem im Sinn haben, benennen Sie das Video um:

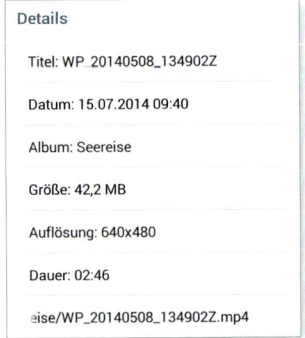

1. Wählen Sie das Video in der **Galerie** mit einem Tipp aus, ohne es schon auszuführen.

2. Tippen Sie ▌an, und nehmen Sie **Umbenennen**.

3. Geben Sie einen neuen Namen ein, und bestätigen Sie mit **OK**. Der Name wird beim Start des Videos immer kurz eingeblendet, wenn Sie das Bild kurz antippen. So können Sie die Umbenennung sofort kontrollieren.

4. In dem Menü, das am Ende des letzten Abschnitts erklärt wurde, finden Sie auch noch die Option **Details**. Sie liefert Ihnen immer alle Daten über das Video, insbesondere die Größe und Dauer, die Auflösung und den Pfad, unter dem das Video gespeichert ist.

Videoschnitt

Wenn der Videoclip zu lang geraten ist, greifen Sie zur Schere, um am Anfang oder am Ende etwas abzuschneiden.

1. Tippen Sie in der **Galerie** auf das Video, aber außerhalb der Startschaltfläche, um es nur auszuwählen.

2. Tippen Sie in der Menüleiste auf die Schaltfläche mit der Schere ❶.

3. Unter dem Bild erscheint eine Bildleiste mit den Einzelbildern. Ein etwas dickerer Balken ❷ kann verschoben werden, um bestimmte Stellen des Clips anzuzeigen.

4. Ziehen Sie die Schaltfläche mit den drei Punkten am Anfang ❸ bis zu dem Bild, bei dem das Video starten soll.

5. Ziehen Sie die Schaltfläche am Ende (④ auf Seite 215) auf das Bild zurück, bei dem der Clip aufhören soll.

6. Bestätigen Sie mit einem Tipp auf **OK** ⑤ in der Menüleiste.

7. Sie werden aufgefordert, einen neuen Dateinamen einzugeben, unter dem der verkürzte Clip dann gespeichert wird. Das Tab 4 verwendet dabei das gleiche Album wie für das ungekürzte Original.

Diese einfache Schnittfunktion erhebt allerdings nicht den Anspruch, Ihnen den Schnitt Ihrer Videos abzunehmen. Wenn Sie eine anspruchsvollere Gestaltung Ihrer Videos vorhaben, ist es in der Regel ratsam, dafür ein entsprechendes Schnittprogramm aus dem Google Play Store herauszuziehen oder die Arbeit auf einen Desktop oder ein Notebook zu verlagern. Die Übertragung der Videodaten können Sie leicht auf dem Umweg über Dropbox vornehmen oder über ein USB-Kabel. Mehr dazu im Abschnitt »Bilder, Videos und andere Dateien versenden« ab Seite 155.

Videos löschen

Stellt sich heraus, dass einige Videos zu verwackelt oder aus anderen Gründen unbrauchbar sind, sollten Sie nicht zögern, sie zu löschen, denn Videos verbrauchen typischerweise eine Menge Platz auf dem Tablet.

1. In der Übersicht der App **Galerie** benutzen Sie ▤ ▶ **Element auswählen**.

2. Fügen Sie mit einem Fingertipp Auswahlhäkchen in den Miniaturbildern ein.

3. Tippen Sie auf das Papierkorbsymbol ⑥, um die ausgewählten Elemente zu löschen.

Ist nur ein einzelnes Video zu löschen, können Sie gleich das Papierkorbsymbol antippen, wenn es ausgewählt ist.

Videos aus anderen Quellen wiedergeben

Wenn Sie Videos abspielen wollen, die Ihnen beispielsweise Freunde per E-Mail oder über die sozialen Netzwerke gesendet haben, können Sie die App **Video** aufrufen, die wie die App Galerie den Video-Player für die Wiedergabe verwendet.

1. Wenn Sie die App öffnen, wählen Sie über die Menüleiste zwischen **Rasteransicht ❶**, **Liste ❷** oder **Ordner ❸**.

2. Tippen Sie in der gewählten Ansicht das Miniaturbild des gewünschten Videos an, um das Abspielen im **Video-Player** zu starten.

Wenn es sinnvoll ist, drehen Sie das Tablet aus dem Hochformat ins Querformat oder umgekehrt, um das günstigste Seitenverhältnis zu nutzen.

Ob ein heruntergeladenes Video von der App Video-Player abgespielt werden kann, hängt natürlich davon ab, ob die App das entsprechende Format unterstützt. Es kann also vorkommen, dass Videodateien mit exotischen Dateiformaten von der App nicht bedient werden können. Möglicherweise verwendet eine Videodatei auch eine Codierungsmethode, die von der App nur fehlerhaft wiedergegeben wird. Halten Sie in solchen Fällen nach Apps Ausschau, die geeigneter sind. Im Google Play Store finden Sie dazu eine Reihe von Angeboten. Ganz gute Kritiken erhielten beispielsweise der kostenlose *MX Player* von J2 Interactive oder der *HD Video Player Pro* von Moobosoft, um nur zwei zu nennen.

Videos teilen

Um mit Freunden und Bekannten aufgenommene Videos zu teilen, stehen Ihnen die gleichen Wege zur Verfügung wie bei Fotos. Hinzu kommt insbesondere die Möglichkeit, die ich im Abschnitt »Videos auf YouTube veröffentlichen« ab Seite 220 vorstelle – wieder eine Domäne von Google. Zunächst aber zeige ich Ihnen hier die Veröffentlichung auf Facebook.

1. Wenn Sie von der App **Galerie** aus ein Video teilen wollen, tippen Sie es zunächst in der Übersicht an, um es auszuwählen.

2. Verwenden Sie in der Menüleiste die Schaltfläche **Senden via**.

3. Wählen Sie den Dienst aus, der zum Teilen verwendet werden soll, in diesem Fall also **Facebook** ❶. Voraussetzung ist natürlich, dass Sie dort ein entsprechendes Konto haben und auf dem Tablet die **Facebook**-App installiert ist.

4. Sofort wechselt das Tablet in die Facebook-App und diese fordert Sie auf, etwas über das Video zu sagen ❷. Tippen Sie also ein, was Ihnen dazu einfällt.

5. Tippen Sie auf den Pfeil ❸ am Ende der Zeile zu **An**, um festzulegen, wer das Video sehen darf.

6. Abschließend tippen Sie auf **Posten** ❹.

7. Das Tablet meldet, dass das Video hochgeladen wird.

Ist das Ganze erfolgreich abgelaufen, können Sie das Video auf Ihrer Facebook-Seite begutachten.

Wenn Sie ein Video über den gleichen Dienst weiterreichen wollen wie beim letzten Mal, tippen Sie das entsprechende Dienstsymbol an, das dann rechts neben der Schaltfläche **Senden via** erscheint.

Videos auf YouTube ansehen

Mit der vorinstallierten App **YouTube** erreichen Sie mit einem Tipp das riesige Angebot des Videoportals von Google.

1. Tippen Sie die Lupe ❶ in der Menüleiste an, und geben Sie ein Suchwort ein, um ein Video zu finden.

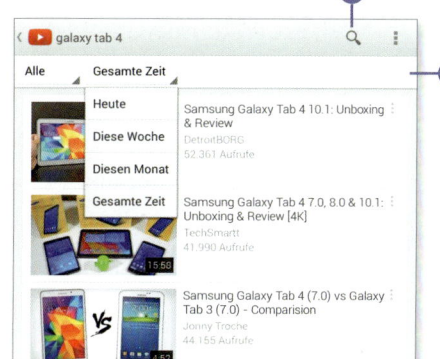

2. Über die zweite Leiste ❷, die dann erscheint, können Sie die möglichen Fundstücke etwas eingrenzen, beispielsweise auf bestimmte Zeiträume.

3. Wählen Sie eines der angebotenen Videos mit einem Tipp auf das Miniaturbild zur Wiedergabe aus.

4. Tippen Sie das Symbol mit den beiden Pfeilen ❸ an, um das Bild auf dem ganzen Bildschirm anzuzeigen (wie im abgebildeten Beispiel aus einem Video von *TheAskarum*).

5. Meist ist es sinnvoll, das Tablet im Querformat zu halten, wenn Sie das Video im Vollbildmodus ansehen.

6. Ein Tipp in das Bild blendet die Schaltfläche für Wiedergabe und Pause (❹ auf Seite 219) und den Fortschrittsbalken mit dem verschiebbaren Kreis ❺ ein, mit dem Sie die Wiedergabe von einem beliebigen Punkt aus starten können.

7. Mit dem Pfeil links oben ❻ kommen Sie wieder in die Übersicht zurück. Die Schaltfläche mit den beiden Pfeilen ❸ reduziert das Bild wieder.

Wenn Sie mehrere Videos in einer bestimmten Reihenfolge sehen wollen, benutzen Sie das Pluszeichen ❼ und wählen **Neue Playlist**. Geben Sie einen Namen an. Beim nächsten Video bietet das Pluszeichen dann die neue Playlist als mögliches Ziel an.

Wollen Sie andere Leute auf ein Video aufmerksam machen, können Sie auch einen Link darauf per E-Mail verschicken. Tippen Sie **Senden via** an, und verwenden Sie eine der E-Mail-Apps.

Über ⁝ finden Sie noch ein Zahnradsymbol, über das Sie die Bildqualität des Videos bestimmen.

Videos auf YouTube veröffentlichen

Das YouTube-Portal von Google ist zweifellos eine der beliebtesten Plattformen für die Verbreitung von Videos. Um dort Videos zu veröffentlichen,

brauchen Sie natürlich wieder ein Konto für dieses Portal. Wenn Sie aber ein Google-Konto haben, ist der Zugang zu YouTube inklusive. Außerdem sollte möglichst eine WLAN-Verbindung zur Verfügung stehen, insbesondere wenn es um größere Datenmengen geht.

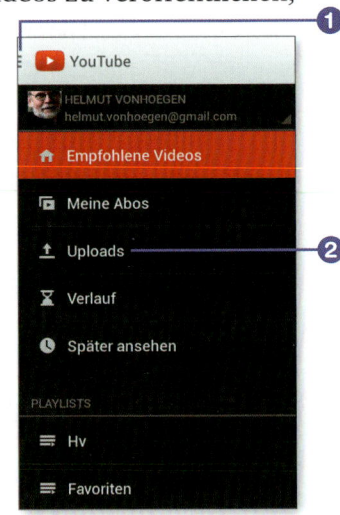

1. Öffnen Sie das Hauptmenü der **YouTube**-App mit einem Tipp auf die drei kurzen Striche ❶ am Anfang der Menüleiste.

2. Benutzen Sie die Option **Uploads** ❷, die Ihnen eine Liste der bisher schon vom Tablet auf YouTube hochgeladenen Videos anbietet.

3. Verwenden Sie in der Menüleiste die Schaltfläche **Hochladen** ❸.

4. Wählen Sie das Video aus der Liste der auf dem Tablet gespeicherten Videos aus.

5. Geben Sie einen Titel und eine Beschreibung für das Video ein.

6. Wählen Sie unter **Datenschutz**, wer das Video sehen darf. Sie haben die Wahl zwischen **Privat** (nur Sie sehen es), **Öffentlich** (Alle sehen es) und **Nicht gelistet**. Im letzten Fall schicken Sie den Leuten, die das Video sehen sollen, einen entsprechenden Link darauf.

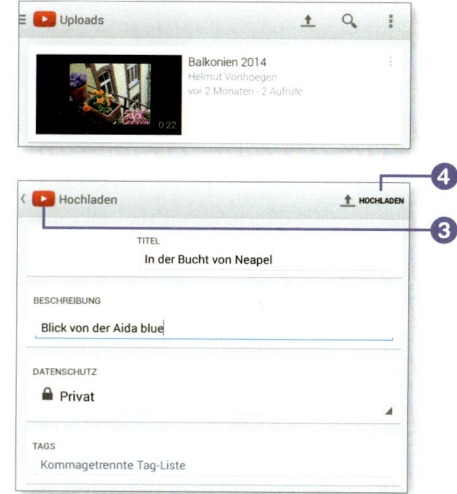

7. Zusätzlich lassen sich unter **Tags** noch Stichworte ablegen, über die das Video gefunden werden kann.

8. Schließlich starten Sie die Weitergabe mit **Hochladen** ❹.

Das Tablet meldet, dass das Video hochgeladen wird. Dabei wird es automatisch in das benötigte Format umgewandelt und anschließend angezeigt.

Filme ausleihen oder kaufen

Eine riesige Abteilung des Google Play Stores ist den Filmen gewidmet. Mit einer gewissen Verzögerung landen dort auch alle neuen Filme. Sie können über die App **Play Store** gehen und auf der Startseite die Schaltfläche **Filme** antippen oder gleich mit **Play Movies** starten.

1. Da Filme eine Menge Speicherplatz benötigen, sollten Sie unter **Einstellungen ▸ Speicher** als Erstes die SD-Karte als Ziel für eventuelle Downloads angeben. Die Einstellungen erreichen Sie über das

Menü der App. Tippen Sie dazu auf den Anfang der Menüleiste.

2. Um einen Film zu leihen oder zu kaufen, können Sie sich auf den verschiedenen Registern, **Kategorien** ❶, **Startseite** ❷, **Bestseller** ❸, **Neuerscheinungen** ❹, umsehen.

3. Wenn Sie den Titel schon kennen, greifen Sie meist am schnellsten über die Lupe ❺ in der Menüleiste darauf zu.

4. Befindet sich die Visitenkarte des Films auf dem Bildschirm, tippen Sie darauf, um die Ausleihe oder den Kauf zu starten. Häufig finden Sie neben einer Beschreibung des Films auch einen Trailer, um schon einmal kurz hineinzuschauen.

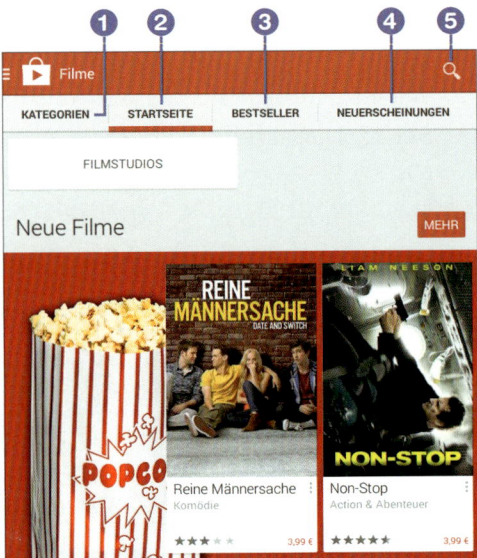

5. Die Ausleihe wird allerdings nicht bei allen Filmen angeboten. In beiden Fällen stehen Ihnen aber HD- und SD-Versionen zur Verfügung. Letztere sind meist günstiger. Die Bildqualität bei HD ist natürlich besser, dafür aber auch die Datenmenge größer.

6. Tippen Sie auf die gewünschte Schaltfläche mit dem Preis ❻. Je nach Ihren Einstellungen wird noch einmal die Eingabe Ihres Google-Passworts verlangt.

7. Bei der Ausleihe haben Sie nun sofort die Möglichkeit, den Film anzusehen. Dazu muss natürlich die Online-Verbindung ständig eingeschaltet sein. Am besten nutzen Sie WLAN dazu. Der ausgeliehene Film steht Ihnen nach dem ersten Start 48 Stunden zur Verfügung, auch auf anderen Geräten, wenn Sie das gleiche Google-Konto verwenden. Die Leihfrist ist aber länger.

8. Wollen Sie den Film auch offline ansehen, können Sie die Daten mit der dann angebotenen Schaltfläche **Download** herunterladen. Je nach Ihrer Netzverbindung kann das eine Weile dauern.

9. In **Play Movie** finden Sie den geliehenen oder gekauften Film auf der Seite **Meine Filme.** Die Leihfrist wird angezeigt ❼. Die rot hinterlegte Heftzwecke ❽ verrät, dass der Titel schon heruntergeladen ist. Wenn das nicht der Fall ist, stößt ein Tipp auf das Symbol das Herunterladen an dieser Stelle an.

10. Ein Tipp auf den Titel startet den Film.

Dabei werden die Statusleiste oder Navigationsschaltflächen ausgeblendet, um den gesamten Bildschirm zu nutzen. Ein Wischen über den Rand des Bildschirms stellt die Steuerelemente wieder zur Verfügung.

Mit dem Tablet fernsehen

Falls Sie Bedenken haben, auf einem kleinen Tablet fernzusehen, wo Sie doch vielleicht an ein TV-Gerät mit 40 oder 50 Zoll gewöhnt sind – es geht erstaunlich gut. Durch die geringere Entfernung wird die geringere Größe wettgemacht. Ein Tennisspiel lässt sich beispielsweise auf dem Tablet gut verfolgen.

Es gibt im Moment zwei Apps, mit denen Sie einen großen Teil der Sender sehen können. Die ältere ist die App *Zattoo TV*. Beim ersten Start registrieren Sie sich mit Ihrer E-Mail-Adresse. Die App ist kostenlos, sie finanziert sich über kurze Werbeeinblendungen bei einem Senderwechsel. Wenn Sie das stört, können Sie für 9,99 € ein monatliches Abo buchen.

Auf der Startseite werden die verfügbaren Sender mit dem laufenden Programm angezeigt, ein Tipp auf einen Sender startet die Wiedergabe, am besten im Querformat.

Die neuere App heißt *Magine TV*. Anmelden können Sie sich über Ihr Google- oder Facebook-Konto oder über eine E-Mail-Adresse. Zur Kontrolle erhalten Sie eine SMS mit einem Bestätigungscode. Magine bietet verschiedene Programmpakete an, das Basispaket ist kostenlos, andere müssen abonniert werden. Neben einer Senderübersicht gibt es auch eine Zeitleiste, bei der Sie genau sehen können, wo wann etwas gezeigt wird.

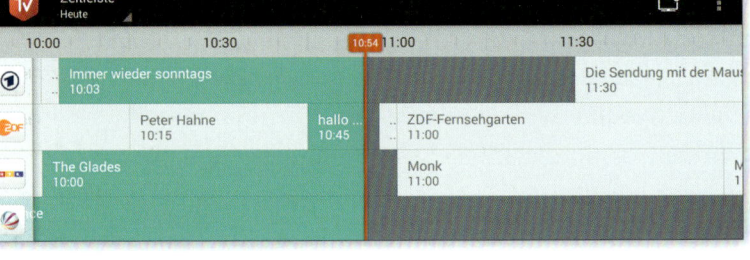

Senderübersicht in Zattoo (oben) und die Zeitleiste in Magine (rechts)

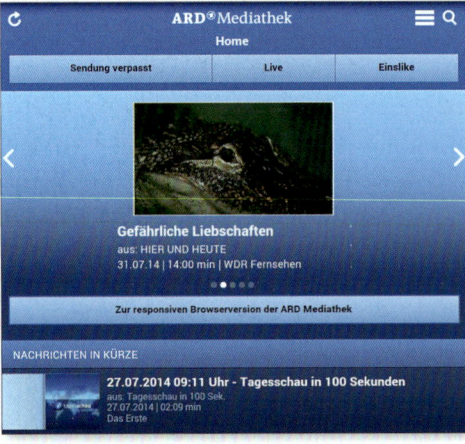

Immer beliebter werden die Mediatheken der öffentlich-rechtlichen Sendeanstalten. Wenn Sie eine Sendung verpasst haben, finden Sie über die App das entsprechende Angebot noch sieben Tage lang. Auch Live-Sendungen lassen sich über die App ansehen. Die Abbildung zeigt als Beispiel die ARD-Mediathek. Ähnliche Angebote gibt es vom ZDF, von Arte, dem SRF und dem ORF und von Hessen regional.

Die App der ARD-Mediathek

Kapitel 8
Musik und Radio hören

Längst haben Smartphones und Tablets die tragbaren Player wie den iPod überflüssig gemacht. Insbesondere mit einem guten Kopfhörer steht dem Hörgenuss auf dem Galaxy Tab 4 nichts im Wege. Das Tablet bringt gleich zwei vorinstallierte Apps zum Abspielen von Musik mit:

Musik ist ein schlichter Player, mit dem Sie Ihre Musikstücke zugleich auf einfache Weise übersichtlich verwalten, Wiedergabelisten anlegen und Dateien mit anderen Geräten austauschen können.

Wenn Sie eine der Kacheln ❶ antippen, startet die Wiedergabe, die Sie mit den üblichen Schaltflächen ❷ steuern können.

Die komplettere Alternative *Play Music* ist ein Player mit Anbindung an den Google Play Store.

Im Google Play Store gibt es noch zahlreiche andere Apps, die als Player arbeiten oder Sie mit Musik beliefern. Ich werde in diesem Kapitel als Beispiel noch kurz auf die sehr populäre *Spotify*-App eingehen.

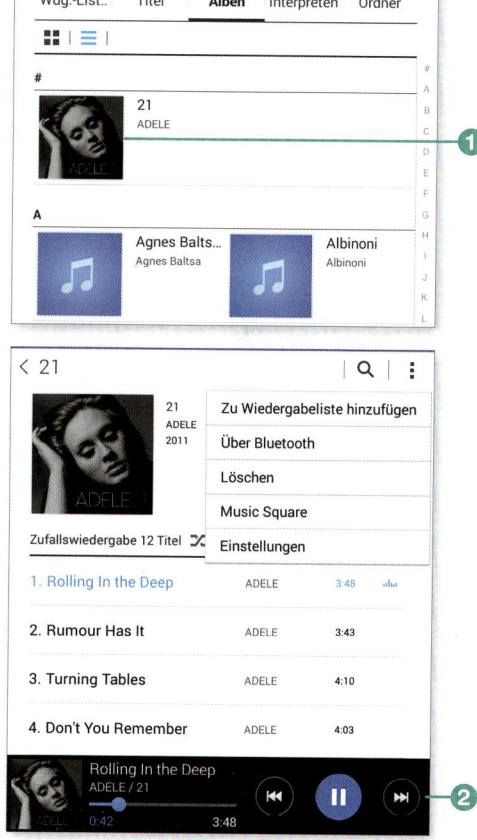

Oben sehen Sie die Albenansicht in der App Musik. Die Daten zu einem ausgewählten Album bei der Wiedergabe zeigt die Abbildung unten.

Musik auf das Tablet übertragen

Die erste Frage ist vielleicht auch bei Ihnen: »Wie kommt Musik auf das Tablet?« Sie haben auf Ihrem PC oder Mac eine Menge von Musikstücken, digitalisierten CDs oder heruntergeladenen Titeln zusammengestellt. Hier gibt es mehrere Wege. Der vielleicht einfachste sieht unter Windows 8.1 so aus:

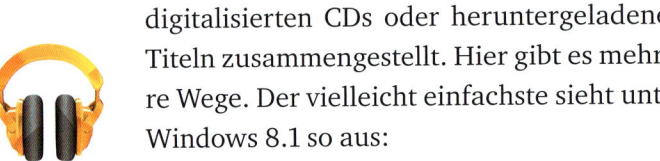

1. Verbinden Sie das Tablet über das USB-Kabel mit Ihrem PC. Windows behandelt das Tablet dann wie einen USB-Stick.

2. Nach der Installation eines passenden *Treibers* erscheint auf dem Bildschirm die Frage, welche Aktion mit dem Tablet durchgeführt werden soll. Nehmen Sie hier die Option **Gerät zum Anzeigen der Daten öffnen** ❶.

3. Der Datei-Explorer zeigt nun für das Tablet die Ordner *Card* und *Tablet* an, falls eine SD-Karte vorhanden ist. *Tablet* ist also der Ordner für den internen Speicher des Tablets, *Card* der für die SD-Karte. In der folgenden Abbildung sehen Sie den geöffneten Ordner *Card*.

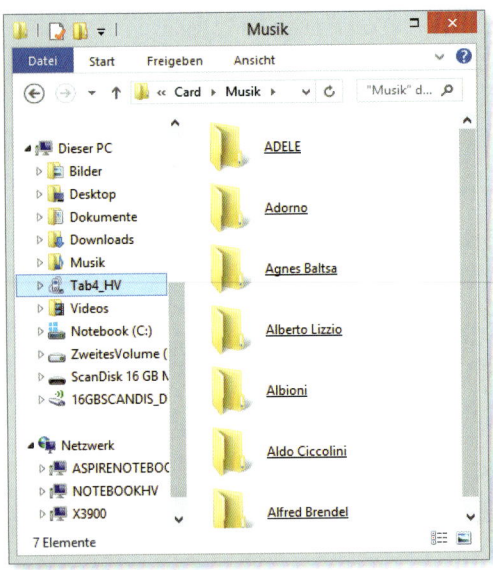

4. Da Musikstücke meist ziemlich speicherhungrig sind, spricht einiges dafür, die Stücke vom PC gleich auf die SD-Karte zu übertragen. Legen Sie dazu im Datei-Explorer einen Ordner *Musik* unter *Card* an. Öffnen Sie durch Klick auf eine freie Stelle im Ordner das Kontextmenü, wählen Sie **Neu ▶ Ordner** aus, und benennen Sie ihn entsprechend um.

5. Gehen Sie im Datei-Explorer zur Bibliothek Ihrer Musikstücke. Klicken Sie den Ordner mit der rechten Maustaste an, und benutzen Sie im Kontextmenü **In neuem Fenster öffnen**.

6. Nun können Sie die Musikstücke, die Sie auch auf dem Tablet haben wollen, einfach aus der Bibliothek auf dem PC auf den Ordner auf der SD-Karte des Tablets ziehen.

7. Trennen Sie das Tablet wieder von Ihrem PC. Nun steht dem Musikgenuss nichts mehr im Wege.

INFO

Hinweis für Mac-User

Wenn Sie Ihre Musik von einem Mac übertragen wollen, sollten Sie dort das Programm *Android File Transfer* installieren. Sie finden es über *www.android.com/filetransfer*.

INFO

Auf den Dateityp kommt es an, nicht auf den Ordner

Die Verteilung der Musik auf bestimmte Ordner hat für die Musik-Apps übrigens keine große Bedeutung. Es werden immer alle Musikdateien angezeigt, solange die App am Dateityp erkennen kann, dass es sich um Musik oder sonstige Audiodaten wie etwa ein Hörbuch handelt.

Eine komfortablere Alternative zu der USB-Kabel-Lösung ist der Weg über eine Cloud. Wenn Sie über ein Google-Konto verfügen, können Sie so vorgehen:

1. Gehen Sie auf die Seite *music.google.com*, und melden Sie sich mit Ihren Kontodaten an.

2. Tippen Sie auf die Schaltfläche **Musik hochladen** ❷.

3. Es wird Ihnen nun eine Schaltfläche **Music Manager herunterladen** angeboten.

4. Wenn Sie den Download ausführen, müssen Sie noch einmal Ihre Kontodaten eingeben.

5. Anschließend geben Sie an, ob Titel nach Google Play hochgeladen oder umgekehrt Titel aus der Google-Play-Cloud auf den Computer heruntergeladen werden sollen.

6. Nun werden Sie gefragt, wo sich Ihre musikalischen Schätze befinden. Hier haben Sie die Möglichkeit, alles, was Sie über *iTunes* gesammelt haben, in die Cloud zu kopieren, die Bibliothek des Media Players, den Ordner *Meine Musik* oder einen anderen Ordner, den Sie dann angeben.

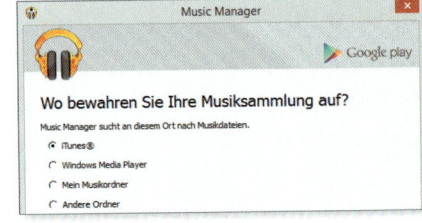

7. Wenn das Hochladen abgeschlossen ist, finden Sie die ausgewählten Titel auf der Google-Play-Seite unter **Meine Musik**.

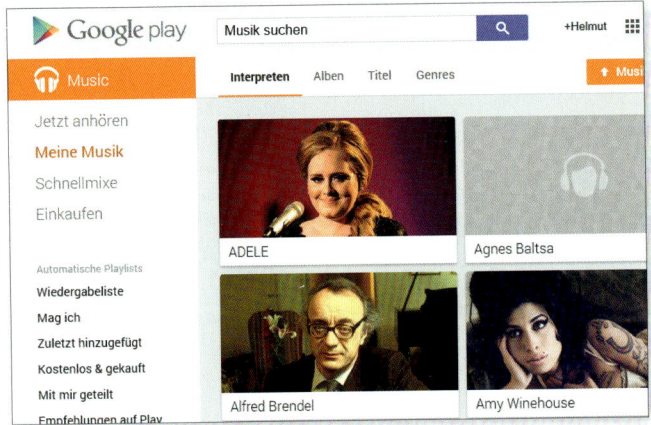

Der auf dem Desktop installierte **Music Manager** kann nun jederzeit über das Kopfhörersymbol in der Taskleiste neu gestartet werden, um Musik in der einen oder der anderen Richtung auszutauschen. Ist auf dem Tablet die Einstellung **Allgemein ▸ Konten ▸ Google ▸ Google Play Music synchronisieren** aktiviert, finden Sie alle hochgeladenen Titel anschließend auch auf dem Tablet.

Auch wenn Sie Ihre Musikbibliothek nach Google Drive, Dropbox oder OneDrive hochladen, können Sie vom Tablet aus alles herunterladen, was Sie dort haben wollen. Mehr zur Nutzung dieser Cloud-Speicher erfahren Sie, wie gesagt, im Abschnitt »Dateien und Medien in der Cloud speichern« ab Seite 304. Allerdings macht das nur Vergnügen, wenn Sie einen schnellen Internetzugang haben. Und das ist leider etwas, wovon in Deutschland unverständlicherweise noch zahlreiche Regionen nur träumen.

Musik abspielen

Wollen Sie die auf das Tablet übertragene Musik hören, benutzen Sie am besten die **Play Music**-App. Um den Weg zu verkürzen, sollten Sie die App aus dem App-Menü auf eine der Seiten des Startbildschirms ziehen.

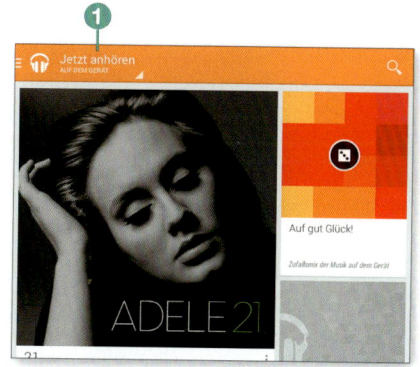

1. Öffnen Sie die App. In der Menüleiste erscheint **Jetzt anhören** ❶.

2. Wählen Sie durch Antippen eines der aufgelisteten Alben oder Titel zur Wiedergabe aus. Ist der gewünschte Titel nicht zu sehen, wischen Sie nach oben oder unten, um die Titel sichtbar zu machen.

3. Die App listet bei einem Album die einzelnen Titel zum Antippen auf.

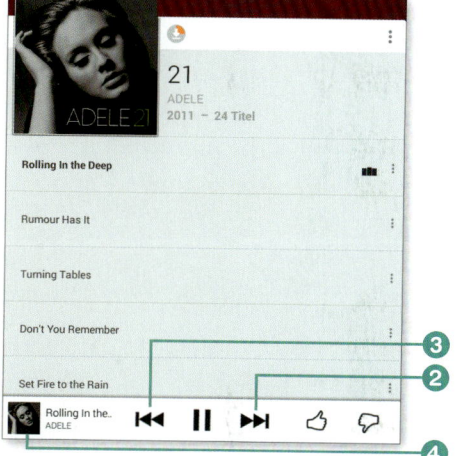

4. Am unteren Rand werden Schaltflächen für die Wiedergabesteuerung eingeblendet. Die Pfeile rechts und links starten jeweils den nächsten ❷ oder den vorherigen Titel ❸.

5. Um das Cover größer zu sehen, tippen Sie auf die Cover-Miniatur unten links ❹. Nun werden auch die Abspielzeiten links (für die bisher abgespielte Zeit) ❺ und rechts (für die Gesamtdauer des Stücks) ❻ angezeigt. Mit dem runden gelben Punkt ❼ verschieben Sie den aktuellen Wiedergabepunkt, um beispielsweise nur einen Teil eines Stücks anzuhören.

6. Ist die Wiedergabe beendet, führt die **Zurück**-Taste wieder in die Übersicht über die Alben und Titel, wobei das zuletzt gespielte Album – als neulich angehört – an den Anfang rückt.

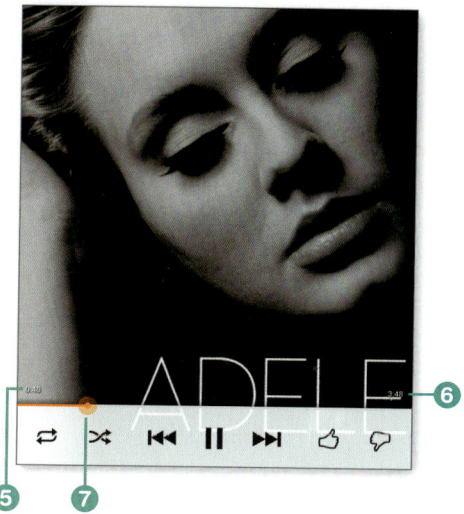

Falls Sie jetzt einen Hinweis vermissen, wie in der App die Lautstärke geregelt wird – die App bietet dazu nichts an, Sie regeln die Lautstärke also einfach über den Wippschalter am Rand des Tablets.

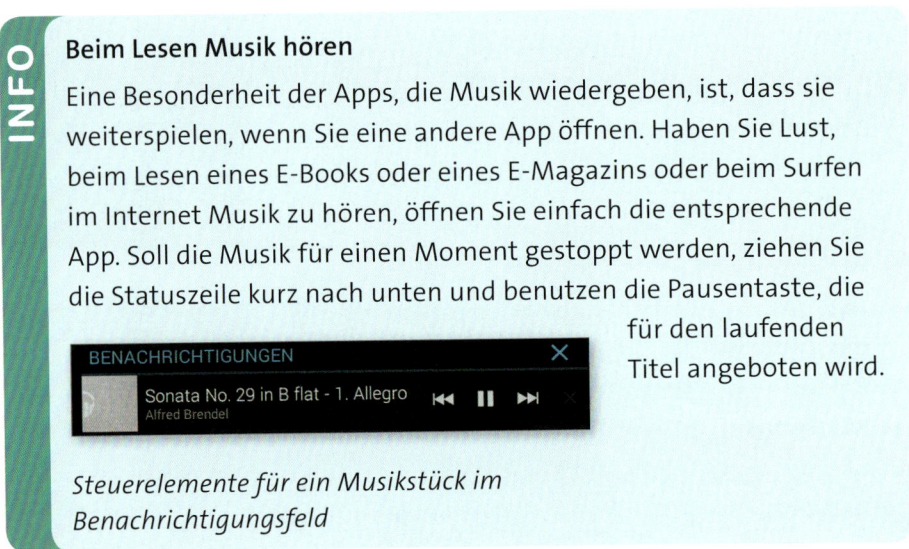

INFO

Beim Lesen Musik hören

Eine Besonderheit der Apps, die Musik wiedergeben, ist, dass sie weiterspielen, wenn Sie eine andere App öffnen. Haben Sie Lust, beim Lesen eines E-Books oder eines E-Magazins oder beim Surfen im Internet Musik zu hören, öffnen Sie einfach die entsprechende App. Soll die Musik für einen Moment gestoppt werden, ziehen Sie die Statuszeile kurz nach unten und benutzen die Pausentaste, die für den laufenden Titel angeboten wird.

Steuerelemente für ein Musikstück im Benachrichtigungsfeld

Werfen wir noch einen Blick auf die Benutzeroberfläche der App.

1. Ein Tipp auf **Jetzt anhören** öffnet das Hauptmenü der App.

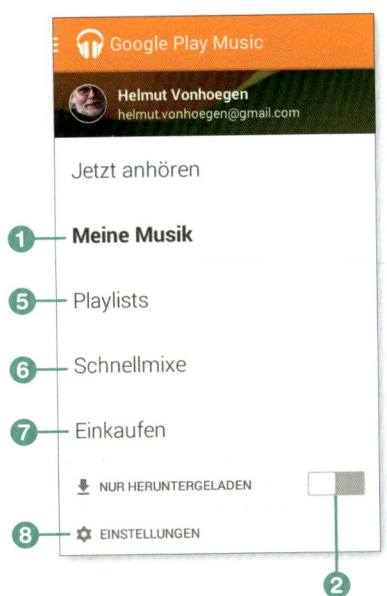

2. Unter der oben schon verwendeten Option **Jetzt anhören** finden Sie über **Meine Musik** ❶ den Zugang zur gesamten Musikbibliothek, die Sie über das Tablet verwalten, also sowohl die lokal gespeicherte Musik als auch die Titel, auf die Sie über die Google-Cloud zugreifen.

3. Mit dem Schieber zu **Nur heruntergeladen** ❷ können Sie die Anzeige auf die Elemente einschränken, die aus der Cloud heruntergeladen sind. Wird der Schieber grau angezeigt, werden dagegen alle Elemente aufgelistet.

4. Unter der obersten Leiste finden Sie die vier Register **Genres**, **Interpreten**, **Alben** und **Titel** ❸. Durch Antippen oder Wischen wechseln Sie zwischen den verschiedenen Ansichten.

5. Bei großen Bibliotheken kann das Navigieren in diesen Ansichten mühsam werden. Da hilft es, Titel über einen Suchbegriff aufzuspüren. Tippen Sie auf das Lupensymbol ❹, und geben Sie den Suchbegriff ein. Häufig reichen schon die ersten Buchstaben.

6. Die nächsten Punkte im Hauptmenü sind **Playlists** (❺ auf Seite 230) und **Schnellmixe** ❻. Darauf gehe ich gleich im Abschnitt »Wiedergabelisten einrichten« ab Seite 233 ein.

7. **Einkaufen** ❼ ist das Tor zum Music Store von Google. Dazu mehr im nächsten Abschnitt.

8. Über **Einstellungen** ❽ geben Sie an, welches Google-Konto die App verwendet.

9. Die Option **Aktualisieren** ❾ sollten Sie antippen, wenn Sie den Eindruck haben, dass nicht alle Stücke angezeigt werden.

10. Über **Equalizer** ❿ können Sie die Wiedergabe optimieren. Ziehen Sie den Schieber auf **Ein** ⓫. Über das Listenfeld links ⓬ können Sie eine Musikrichtung auswählen, für die dann entsprechende Einstellungen angeboten werden.

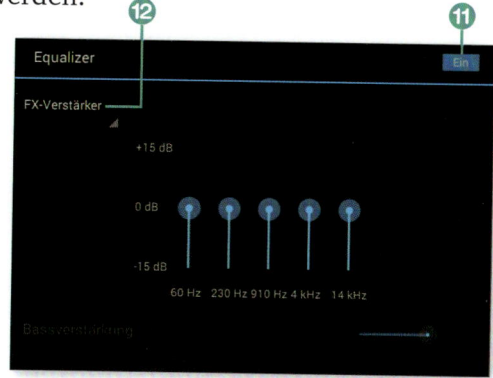

Auf einige andere Einstellungen gehe ich noch im nächsten Abschnitt ein.

Musik kaufen

Wenn Sie im Hauptmenü von **Play Music** die Option **Einkaufen** antippen, erreichen Sie die Musikabteilung im Google **Play Store**. Der Store bietet ausschließlich DRM-freie Musik an.

> **INFO**
>
> **DRM bleibt außen vor**
>
> DRM – *Digital Rights Management*, zu Deutsch: Digitale Rechteverwaltung – ist eine Technik, die die Wiedergabe von gekaufter Musik auf bestimmte Endgeräte und eine bestimmte Zahl von Geräten einschränkt.

Der Kauf wird in der gleichen Weise abgewickelt wie der von Apps oder Spielen, ich verweise deshalb hier auf Kapitel 10, »Apps finden und installieren«.

Unter der Menüzeile finden Sie verschiedene Register, die Sie per Fingertipp oder mit einer Wischbewegung auswählen. Wenn Sie unter **Genres** ❶ eine Musikrichtung antippen, wird ein Untermenü zu dieser Richtung angeboten, mit dem Sie die Auswahl weiter eingrenzen. Die **Zurück**-Taste führt wieder zum übergeordneten Menü zurück.

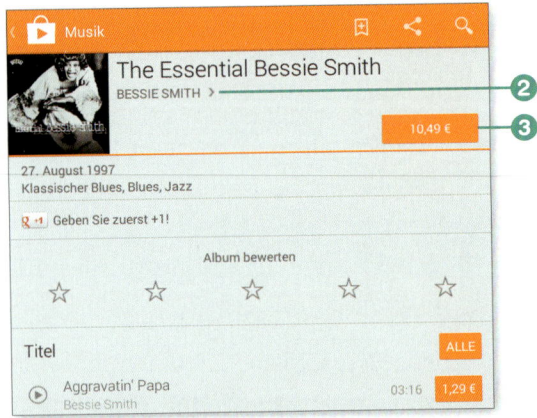

Mit der kleinen Pfeilschaltfläche ❷ hören Sie kurz in einen Titel hinein. Um ein Album oder einen einzelnen Titel zu erwerben, tippen Sie den entsprechenden Preis ❸ an. Google prüft Ihre Zahlungsdaten, fragt unter Umständen noch einmal Ihr Passwort ab, und schon stehen die Musikstücke sowohl auf Ihrem Tablet als auch in der Google-Cloud zur Verfügung. Alle Stücke, die Sie über den Google Play Music Store erwerben, können Sie dann auch über Ihre anderen Geräte über das Web unter *play.google.com/music* anhören, wenn Sie sich mit dem gleichen Konto dort anmelden.

Neben dem Verkauf einzelner Alben oder Titel bietet Google auch ein kostenloses 30-Tage-Testabo für seinen Streaming-Dienst an, danach werden 9,99 € pro Monat berechnet. Unter **Einstellungen** finden Sie dazu den Link **All-Inclusive kostenlos testen**. Haben Sie das Testabo gestartet, finden Sie an dieser Stelle die Option **All-Inclusive beenden**, um das Abo zu stoppen, wenn es nicht gefällt. Anschließend wird an dieser Stelle dann **All-Inclusive abonnieren** angeboten, falls Sie es sich doch noch einmal anders überlegen.

Wenn Sie den Streaming-Dienst nutzen, finden Sie bei der Wiedergabe eines Titels jeweils eine Schaltfläche zum **Herunterladen** ❹. Wenn Sie diese antippen, wird der Titel in einem Cache auf dem Tablet abgelegt, sodass Sie ihn auch offline hören können. Anstatt jeden Titel einzeln herunterzuladen, können Sie auch unter **Einstellungen** die Option **Bei Wiedergabe in den Cache** ❺ nutzen. **Cache leeren** ❻ löscht die gespeicherte Musik wieder.

Wiedergabelisten einrichten

Ein komplettes Album abzuspielen ist mit einem Tipp angestoßen. Etwas umständlicher ist es, nacheinander einzelne Titel aus verschiedenen Alben zu starten. Da Musiktitel meist nur einige Minuten dauern, wäre es mühsam, jedes Mal eine neue Auswahl treffen zu müssen. Hier helfen die Wiedergabelisten, die **Playlists**. Die App merkt sich automatisch die Reihenfolge der zuletzt wiedergegebenen Stücke und bietet sie unter dem Namen **Zuletzt hinzugefügt** an. Um eigene Wiedergabelisten anzulegen, verfahren Sie so:

1. Wählen Sie in **Play Music** unter **Meine Musik** den ersten Titel aus.

2. Tippen Sie auf die Schaltfläche mit den drei Punkten, und nehmen Sie aus diesem Kontextmenü die Option **Zu Playlist hinzufügen** ❶.

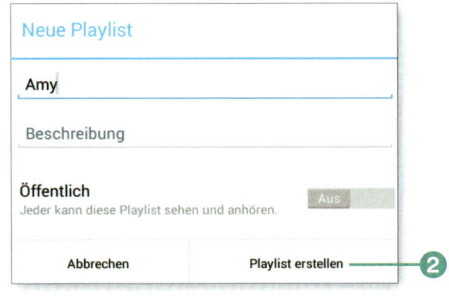

3. Besteht bereits eine Liste, zu der der Titel passt, tippen Sie den Namen an. Um eine neue Liste zu starten, wählen Sie **Neue Playlist** und vergeben dafür einen passenden Namen. Bestätigen Sie mit **Playlist erstellen** ❷.

4. Gehen Sie mit der **Zurück**-Taste wieder in die Übersicht, und suchen Sie die nächsten Titel aus, um sie jeweils der Wiedergabeliste hinzuzufügen.

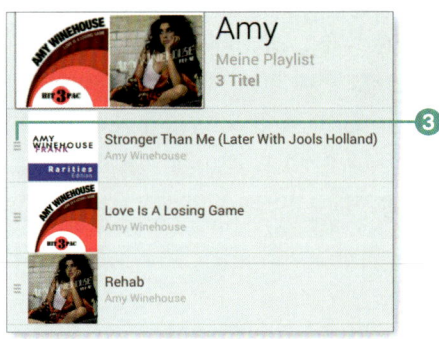

5. Um die Wiedergabeliste zu starten, benutzen Sie im Hauptmenü der App die Option **Playlists**. Sie zeigt die Liste der Wiedergabelisten. Tippen Sie Ihre Wunschliste an, um die Wiedergabe zu starten.

6. Gefällt Ihnen die Reihenfolge der Titel in einer Playlist nicht mehr, ziehen Sie die einzelnen Titel an dem Verschiebesymbol links von den Titelabbildungen ❸ in die gewünschte Ordnung.

Ist Ihnen das schrittweise Zusammenstellen einer Playlist immer noch zu lästig, probieren Sie es mit den schon erwähnten Schnellmixen. **Schnellmixe** sind dazu gedacht, Ihnen die Qual der Wahl weitgehend abzunehmen. Über die App registriert Google, was Ihnen gefällt, und stellt auf dieser Basis einen

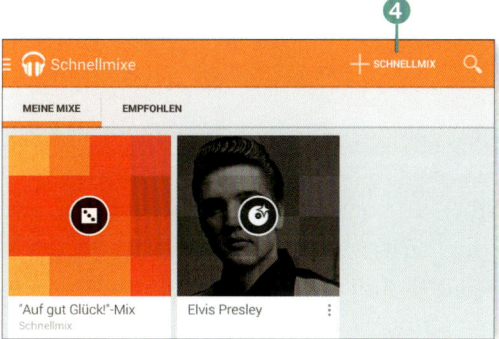

passenden Mix aus ähnlichen Titeln zusammen. Unter **Empfohlen** finden Sie jeweils erste Ergebnisse. Mit der Schaltfläche **+Schnellmix** ❹ starten Sie einen eigenen Mix, indem Sie als Startpunkt beispielsweise einen Künstler auswählen.

INFO

Favoritenliste

Eine Alternative zum Anlegen von Playlists ist eine Favoritenliste. Wenn Sie beim Abspielen von Titeln, die Ihnen gefallen, immer wieder die Schaltfläche mit dem Daumen nach oben antippen, füllen Sie die dann automatisch angelegte Playlist **Mag ich**.

Ist ein Interpret über **Meine Musik** ausgewählt, wird die Option **Zufallsmix des Interpreten** angeboten. Außerdem können Sie, wenn Sie den Streaming-Dienst abonniert haben, mit **Radio starten** ein Streaming-Angebot aufrufen, das Musik des Interpreten abspielt oder Musik, die dieser sehr ähnlich ist.

Mit dem Listensymbol ❺ in der Menüleiste blenden Sie die ausstehenden Titel jeweils ein. Um einen Titel zu überspringen, tippen Sie in der Wiedergabesteuerung auf den Doppelpfeil nach rechts.

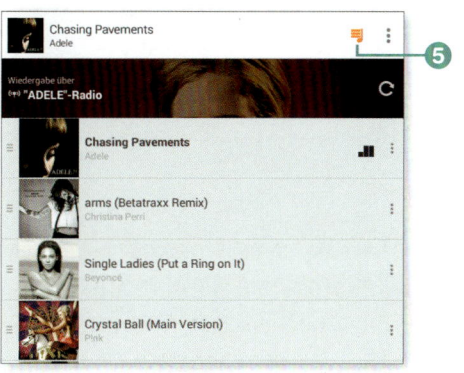

Liste der anstehenden Titel

Streaming mit Spotify

Kommt es Ihnen nicht auf den Besitz von Musikdateien an, können Sie auch die Angebote von Streaming-Dienstleistern nutzen. Ein Vergnügen ist das aber nur an Orten, wo Sie sich auf eine genügende Geschwindigkeit der Netzverbindung verlassen können. Ich habe immer die Klagen eines lieben Kollegen im Ohr, der das Landleben bevorzugt.

Der bekannteste Anbieter in Deutschland ist hier sicher *Spotify*, und wie versprochen gehe ich hier kurz auf dieses Angebot ein. Um Spotify nutzen zu können, müssen Sie dort ein Konto anlegen, es sei denn, Sie haben ein Facebook-Konto, dann können Sie dieses auch für Spotify verwenden.

1. Installieren Sie zunächst die kostenlose App **Spotify** aus dem Google **Play Store**.

2. Über die Startseite können Sie sich zunächst registrieren lassen. Wollen Sie ein Facebook-Konto nutzen, nehmen Sie **Anmelden** und geben Ihre Zugangsdaten an.

3. Ist diese Hürde genommen, landen Sie in der **Browse** genannten Übersicht.

4. Die Schaltfläche mit den drei Balken öffnet das Hauptmenü.

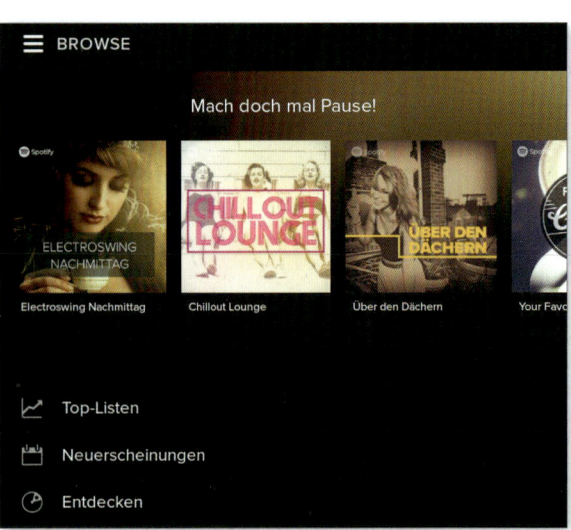

5. Über **Einstellungen** passen Sie die App so an, wie sie für Sie arbeiten soll. Beispielsweise können Sie unter **Streamen** die Option **Hohe Qualität** einstellen, wenn Ihre Netzgeschwindigkeit das hergibt.

6. Die Übersicht über die bisher verfügbaren Titel finden Sie über **Deine Sammlung**, die nach **Playlists**, **Titel**, **Alben** und **Künstler** geordnet ist.

7. Ein Tipp auf ein Album oder einen Titel startet die Wiedergabe.

8. Ein Tipp auf die Cover-Miniatur blendet das Cover und die Daten zu einem Titel ein. Die Schaltfläche mit den drei Balken unten zeigt die Warteliste.

9. Außerdem können Sie über **Radio** Angebote zu den verschiedenen Genres hören oder über die Schaltfläche **Neuen Radiosender** eigene Sender anlegen. Dazu wählen Sie beispielsweise einen Künstler aus, und Spotify stellt dann ein Programm zusammen, das solche und ähnliche Musik anbietet.

Wenn Sie Freunde an Ihren musikalischen Leidenschaften teilhaben lassen wollen, benutzen Sie die Option **Teilen**. Sie wird über ⠿ angeboten.

Spotify ist zunächst kostenlos, allerdings müssen Sie dafür gelegentliche Werbeeinschübe in Kauf nehmen. Wenn Sie bereit sind, für den Dienst einen monatlichen Betrag zu bezahlen, können Sie jederzeit zu einer gebührenpflichtigen Version wechseln. Die Premium-Version erlaubt auch das Herunterladen der Audiodaten, sodass Sie die Musik auch ohne Internetverbindung hören können.

Radio hören

Was ist mit dem Angebot der »richtigen« Radiosender wie 1Live, Bayern 3 oder der Deutschen Welle? Es gibt Hunderte von Apps, die Ihnen deren Programm auf das Tablet bringen. Ich belasse es bei einer App, die immerhin eine halbe Million positive Bewertungen hat: *Tuneln Radio*. Nicht weniger als 100.000 Sender und gleich 4 Millionen Podcasts stehen zur Auswahl.

Wollen Sie Sendungen auch aufzeichnen, können Sie auf die Pro-Version der App umsteigen, die allerdings nicht mehr kostenlos ist.

1. Wenn Sie **Tuneln** zum ersten Mal starten, melden Sie sich entweder mit einem Facebook- oder mit einem Google-Konto an.

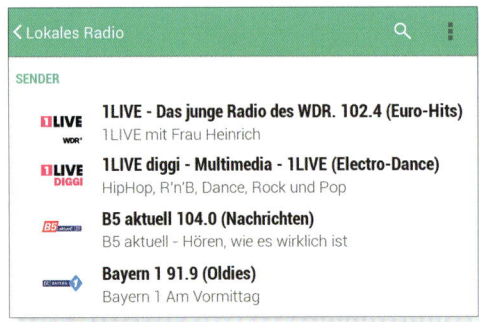

2. Tippen Sie auf **Startseite** (❶ auf Seite 237), um das App-Menü einzublenden.

3. Über **Lokales Radio** ❷ suchen Sie einen Sender, der Ihnen gefällt.

4. Tippen Sie den Sender an, um die Wiedergabe zu starten.

5. Die Wiedergabe steuern Sie mit den Schaltflächen am unteren Rand ❸.

6. Mit dem Andreaskreuz ❹ in der Menüleiste springen Sie zurück auf die Startseite, ohne die Musik zu unterbrechen.

Wenn Sie inzwischen eine andere App öffnen, läuft das Radio weiter. Um es zu beenden ❺ oder um eine Pause einzulegen ❻, ziehen Sie die Statusleiste etwas nach unten und finden unter **Benachrichtigungen** Schaltflächen dafür.

Hörbücher hören

In Googles **Play Store** finden Sie innerhalb der Musikabteilung auch eine ganze Reihe von Hörbüchern, wenn Sie als Genre **Gesprochene Inhalte/ Hörspiele/Hörbücher** auswählen.

Der Kauf und die Wiedergabe solcher Titel unterscheiden sich nicht von dem, was oben für die Musik beschrieben ist. Allerdings ist das Angebot nicht sonderlich groß.

Hörbücher im Google Play Store

Wenn Sie das aktuelle Angebot an Hörbüchern durchforsten wollen, sollten Sie sich die kostenlose App **Audible** herunterladen. Audible ist eine Tochter von Amazon, Sie können deshalb mit einem Konto für Amazon auch bei Audible einkaufen.

1. Um Bücher zu erwerben, tippen Sie nach dem Start der App das Symbol mit dem Warenkorb ❶ an, das den Shop für Hörbücher öffnet.

2. Wie bei den Kindle-Büchern stellt Ihnen auch Audible die gekauften Titel in einer Bibliothek in der **Cloud** ❷ zur Verfügung, sodass Sie von verschiedenen Geräten darauf zugreifen können. Um Titel aber auch offline zu hören, können Sie diese mit der Pfeilschaltfläche ❸ auf das **Gerät** ❹ herunterladen. Dabei sollten Sie allerdings gleich dafür sorgen, dass über ⋮ ▶ **Download-Einstellungen** die Speicherkarte als Ziel festgelegt ist. Sonst kann es geschehen, dass der interne Speicher schnell »überläuft« und das System in Schwierigkeiten kommt.

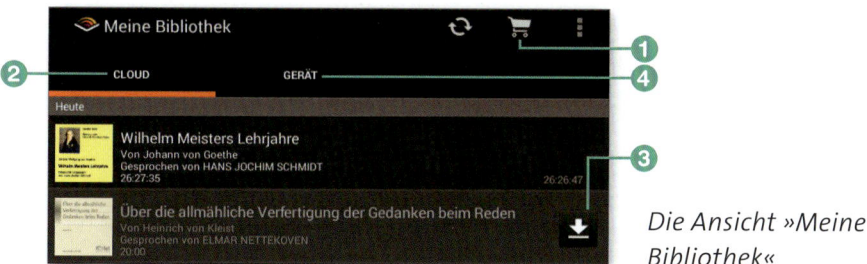

Die Ansicht »Meine Bibliothek«

3. Ein Tipp auf einen Titel in der Bibliothek startet das Vorlesen.

4. Mit dem ersten Symbol (❺ auf Seite 240) in der Menüleiste verändern Sie die Lesegeschwindigkeit.

5. Den roten Punkt in dem Fortschrittsbalken ❻ können Sie mit einem Tipp versetzen, um zurück oder vorwärts zu springen. Die Schaltfläche mit dem gebogenen Pfeil ❼ geht immer 30 Sekunden zurück, um eine Stelle zu wiederholen.

6. Mit der Schaltfläche unten rechts ❽ setzen Sie Lesezeichen oder fügen Notizen hinzu.

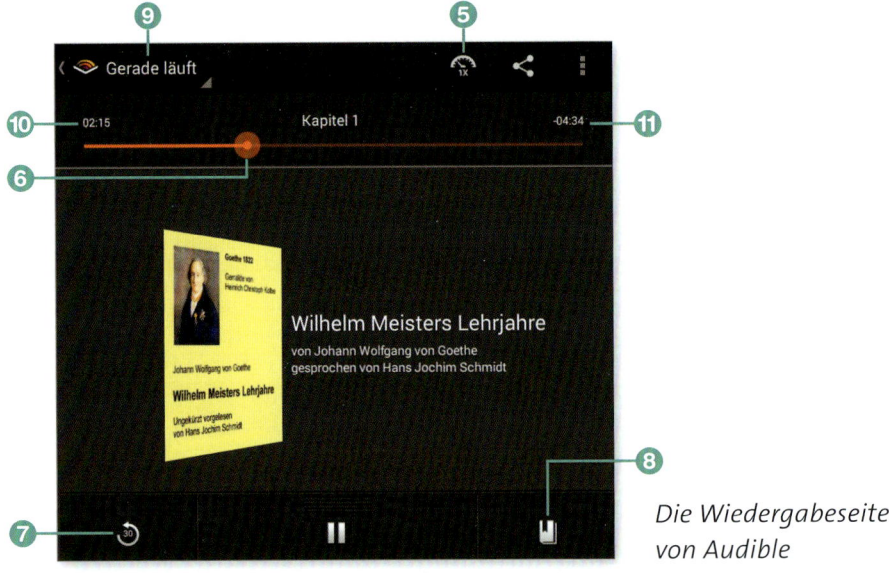

Die Wiedergabeseite von Audible

Die Kapitelübersicht blenden Sie ein, wenn Sie auf **Gerade läuft** ❾ tippen. Innerhalb der einzelnen Kapitel werden – für Nervöse – über dem Fortschrittsbalken die abgelaufene Zeit ❿ und die Restdauer ⓫ angezeigt.

Kapitel 9
Karten und Navigation

Eine der größten Errungenschaften mobiler Geräte ist die Navigation über GPS. Erinnern Sie sich, wie unangenehm es werden kann, sich in einem großen Wald oder im Dschungel einer großen Stadt zu verlaufen? Dann werden Sie es zu schätzen wissen, dass so etwas nicht mehr vorkommen muss, solange Sie Ihr mobiles Gerät dabeihaben und über einen entsprechenden Internetzugang verfügen; nur ein leerer Akku könnte Ihnen da noch in die Quere kommen.

Auf dem Tablet ist für diese Zwecke die App *Maps* vorinstalliert. Sie finden sie auf der zweiten Seite des Anwendungsbildschirms. Maps beliefert Sie mit detailliertem Kartenmaterial zu jeder beliebigen Adresse und berechnet die günstigsten Routen zu einem Ziel, wobei Sie den Ablauf per Stimme steuern können. Als Zugabe erhalten Sie Infos z.B. über Geschäfte, Restaurants oder Cafés an einem Ort. Und natürlich können Sie alle Infos mit anderen teilen.

Wenn Sie die App häufig brauchen, sollten Sie sie auf den Startbildschirm ziehen.

INFO

Kostenlos, aber nicht umsonst

Zwar ist die App kostenlos, Sie sollten aber beachten, dass für die Übertragung der nicht unerheblichen Datenmengen außerhalb Ihres WLAN-Bereichs zusätzliche Kosten anfallen können. Dagegen hilft eine passende Flatrate. Oder der Trick, der im Abschnitt »Karten lesen ohne Internetverbindung« ab Seite 252 beschrieben wird.

GPS-Empfang einstellen

Voraussetzung für Maps ist der Zugang zu den Daten, die die GPS-Satelliten liefern. Das Tablet besitzt dafür einen eingebauten GPS-Chip. Damit Apps dessen Funktionen nutzen können, müssen Sie diese aktivieren.

1. Ziehen Sie in **Maps** die Statusleiste nach unten, und tippen Sie in der Leiste für die Schnelleinstellungen auf **GPS** ❶, falls es nicht bereits eingeschaltet ist, also grün angezeigt wird.

2. Tippen Sie noch das Zahnradsymbol ❷ an und dann unter **Verbindungen ▸ Netzwerkverbindungen** die Option **Standort** ❸.

3. Wenn Sie die Einstellung unter **Modus** ❹ antippen, können Sie die Option **Hohe Genauigkeit** aktivieren. Damit erreichen Sie, dass über WLAN noch zusätzliche Daten zur genaueren Bestimmung des Ortes hinzugezogen werden. Die WLAN-basierte Ortung verwertet die Daten, die über die Position der WLAN-Nutzer innerhalb der jeweiligen Netzwerke verfügbar sind.

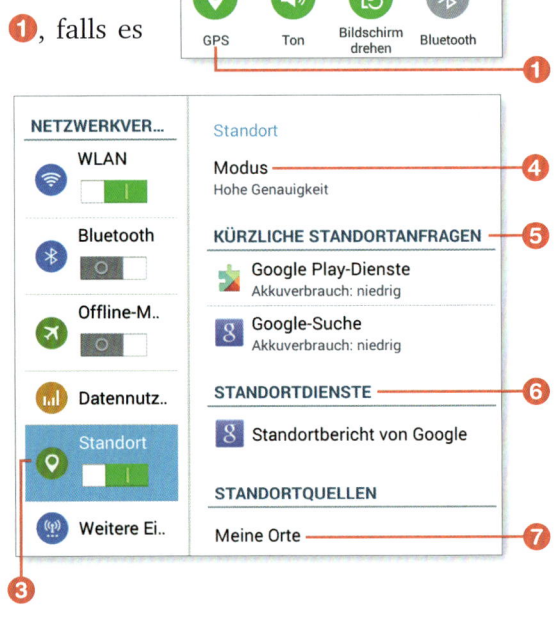

4. Unter **Kürzliche Standortanfragen** ❺ sind die Apps aufgelistet, die Ihre Standortdaten zuletzt genutzt haben. Notfalls tippen Sie die Namen an und benutzen **Deaktivieren**, um die Zugriffe zu beenden.

5. Unter **Standortdienste** ❻ erreichen Sie die Google-Standorteinstellungen. Der **Standortbericht** und der **Standortverlauf** lassen sich hier ausschalten, den aufgezeichneten

Verlauf löschen Sie mit der Schaltfläche **Standortverlauf löschen**. Sie erscheint, wenn Sie die Einstellung zu **Standortverlauf** antippen.

6. Außerdem lassen sich unter **Meine Orte** (**7** auf Seite 242) einige Orte vorweg definieren, etwa Ihre Wohnung und Ihr Arbeitsplatz.

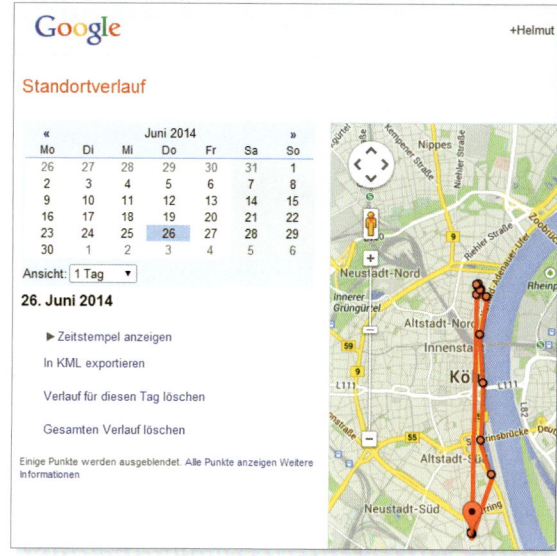

Einblick in den Standortverlauf erhalten Sie im Internet über *maps. google.com/locationhistory*. Den Zeitraum können Sie auswählen, maximal 30 Tage. Hier sehen Sie ein Beispiel für einen Tag.

INFO

GPS und Glonass

Neben GPS unterstützt das Tab 4 übrigens auch das russische Navigationssystem Glonass. Dessen Daten werden hinzugezogen, wenn nicht genügend GPS-Satelliten im Kontaktbereich sind.

Google Maps

Ist GPS aktiviert, steht dem Kartenlesen mit Maps nichts mehr im Wege, es sei denn, Sie fahren eine längere Strecke durch einen Tunnel und die Verbindung zu den GPS-Satelliten ist gerade nicht möglich. Ich zeige Ihnen zunächst, wie Sie mit der App Ihre aktuelle Position feststellen können.

1. Starten Sie **Maps** durch Antippen des Symbols auf dem Startbildschirm oder dem Anwendungsbildschirm.

2. In der Statusleiste blinkt das GPS-Symbol **1**, ein Kreis mit einer Spitze nach unten. Solange das Symbol blinkt, wird die GPS-Position gesucht, wenn nicht, ist

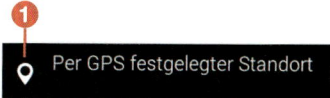

die GPS-Position gefunden. Das kann unter Umständen einen Moment dauern. Wenn Sie die Statusleiste kurz nach unten ziehen, finden Sie eine entsprechende Benachrichtigung.

3. Ihre aktuelle Position wird mit einem blauen Punkt ❷ und einem beweglichen blauen Pfeil angezeigt. Wenn Sie sich mit dem Tablet etwas bewegen, werden Sie merken, dass der Pfeil in Ihre Bewegungsrichtung zeigt.

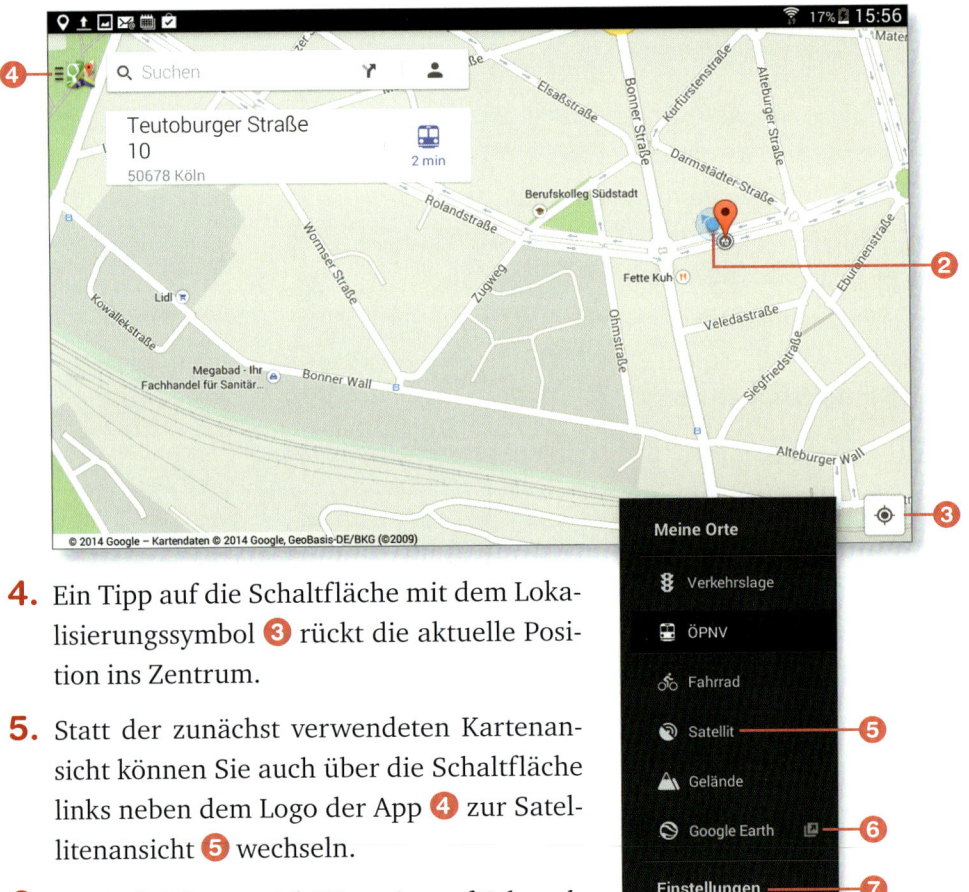

4. Ein Tipp auf die Schaltfläche mit dem Lokalisierungssymbol ❸ rückt die aktuelle Position ins Zentrum.

5. Statt der zunächst verwendeten Kartenansicht können Sie auch über die Schaltfläche links neben dem Logo der App ❹ zur Satellitenansicht ❺ wechseln.

6. Zusätzlich lassen sich Hinweise auf Fahrradwege, die Verkehrslage oder öffentliche Verkehrsmittel einblenden. Außerdem können die Daten von **Google Earth** ❻ herangezogen werden, wenn Sie diese App zusätzlich installieren.

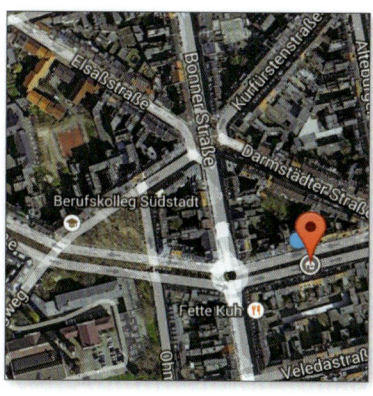

Wie die Karte angezeigt wird, regeln Sie mit den Fingern:

- Um ein- oder auszuzoomen, ziehen Sie zwei Finger über der Karte zusammen oder auseinander.

- Ein Doppeltipp zoomt stufenweise. Je größer der Zoom, desto mehr Details werden sichtbar, etwa die Namen von Geschäften oder Restaurants.

- Soll der Ausschnitt verschoben werden, ziehen Sie mit einem Finger in die entgegengesetzte Richtung.

- Durch Drehen zweier Finger drehen Sie die Karte um die Mitte zwischen den Fingern.

Über **Einstellungen** (❼ auf Seite 244) finden Sie unter **Google Maps-Verlauf** alle Orte wieder, die Sie zuletzt in der Karte positioniert haben. Ein Tipp auf einen Ort zeigt die entsprechende Karte.

INFO

GPS-Daten anzeigen

Sollten Sie einmal die genauen GPS-Daten eines Ortes benötigen, finden Sie im Google **Play Store** mehrere Apps, wenn Sie mit dem Suchwort »GPS« arbeiten. Mit **GPS Status** von »MobiVIA - EclipSim« finden Sie beispielsweise die exakte Anzeige des Längen- und Breitengrades und die Anzahl der Satelliten, deren Signale verwertet werden.

Feedback für Google

Nicht jede Umbenennung einer Straße, jede Umleitung bei einer Baustelle oder jede Änderung der Fahrtrichtung einer Einbahnstraße wird gleich am selben Tag in den Karten von *Maps* berücksichtigt werden. Google hat deshalb eine Feedback-Funktion in die App eingebaut in der Erwartung, von den Nutzern Hinweise auf falsche Karteninfos zu erhalten.

Wenn Sie einen entsprechenden Hinweis an alle anderen Nutzer weiterreichen wollen, benutzen Sie in **Maps** über das Hauptmenü die Option **Feedback geben ▸ Kartenproblem melden**. Sie können dann in der Karte die betreffende Stelle per Fingertipp markieren und über **Weiter** zu einem kleinen Formular gehen, in dem Sie das Problem beschreiben. Mit **Senden** wird die Mitteilung an Google abgeschickt.

Adressen suchen

Im letzten Abschnitt habe ich beschrieben, wie Sie mit **Maps** dank der GPS-Daten feststellen können, wo Sie gerade mit Ihrem Tablet sind. Die App hilft natürlich auch bei der Suche nach entfernten Orten: Wo ist Panama? Wo steht der Eiffelturm? Wo sind die Uffizien?

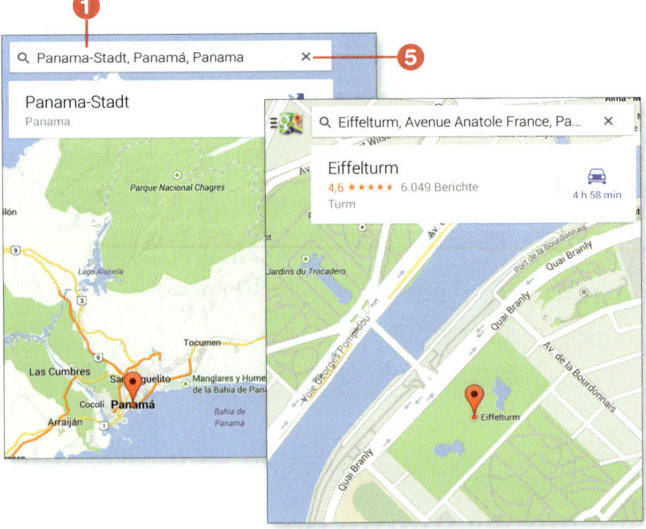

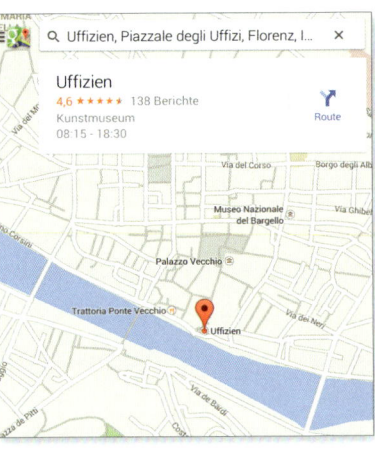

Wohin Sie auch wollen …

1. Nutzen Sie dazu das Suchfeld hinter der Lupe ❶. Sie können dort die Namen von Orten, Ländern, Meeren, Seen oder Sehenswürdigkeiten eingeben. Sobald Sie die ersten Zeichen eintippen, erscheinen bereits mögliche Treffer, die Sie mit einem Tipp übernehmen können.

2. Falls Sie die exakte Adresse wissen, reicht es oft schon, mit der Eingabe des Straßennamens zu beginnen. Wenn es nicht gerade die Hauptstraße ist, finden Sie meist schon einen passenden Vorschlag, ansonsten geben Sie nach einem Komma noch den Ort an. Wenn Sie nur mit einer Postleitzahl suchen, wird die Mitte dieses Gebiets mit einem roten Ballon markiert.

3. Wird Ihr gesuchter Ort gefunden, blendet Maps unter dem Suchfeld noch einmal die komplette Adresse ein und gibt einen Hinweis auf die Entfernung von Ihrem aktuellen Standardort.

4. Tippen Sie diesen Block an, erscheinen ein entsprechender Kartenausschnitt ❷ und darüber eine Schaltfläche **Speichern** ❸, die genau diesen Ausschnitt für eine spätere Verwendung speichert. Diese Funktion ist insbesondere dann interessant, wenn Sie später einmal ohne Netzverbindung auf diese Karte zurückgreifen wollen.

5. Die zweite Schaltfläche stellt Ihnen die App zum **Teilen** ❹ der Karte zur Verfügung.

Wenn vorhanden, wird Ihnen zu dem Kartenausschnitt auch noch die **Streetview**-Funktion angeboten. Ein Tipp auf die Vorschau bringt Sie direkt vor Ort. Mit dem Andreaskreuz am Ende des Suchfeldes (❺ auf Seite 246) löschen Sie jeweils den letzten Suchbegriff.

Routen planen

Sie planen am Wochenende eine Fahrradtour in die Umgebung und suchen eine passende Route? Ich nehme hier mal das Fahrrad, weil Sie in Ihrem Auto vielleicht schon ein Navi haben.

1. Starten Sie **Maps**. Tippen Sie auf das Symbol mit dem gebogenen Pfeil ❶, um die Routenplanung zu beginnen.

2. Wählen Sie in der oberen Leiste zunächst die Fortbewegungsmethode aus. Neben dem Auto ❷, den öffentlichen Verkehrsmitteln ❸ und dem Fahrrad ❹ wird auch das Zufußgehen ❺ angeboten. In unserem Fall tippen wir also das Rad an.

3. Die App geht davon aus, dass die Route in der Regel vom eigenen Standort ❻ starten soll und gibt diesen als Startposition vor. Soll die Route anderswo beginnen, tippen Sie diese Vorgabe an und wählen einen anderen Ort aus. Ist es ein Ort, den Sie erst neulich mit **Maps** gesucht haben, wird er in der unter dem Suchfeld angezeigten Verlaufsliste zum Antippen angeboten.

4. Tippen Sie **Ziel auswählen** an, um das Ende der Route ❼ anzugeben.

5. Sind Start und Ziel der Route bestimmt, kann die App die Route berechnen und gleich in die Karte einzeichnen. Mit dem Doppelpfeil ❽ können Sie Start und Ziel auch tauschen, wenn Sie sich auf den Rückweg begeben wollen.

6. In vielen Fällen wird Ihnen die App mehrere mögliche Routen anbieten, die aufgelistet werden, wenn Sie **Alternative Routen anzeigen** ❾ antippen.

7. Ein Tipp auf die gewünschte Route blendet eine listenförmige Wegbeschreibung ein. Beachten Sie den Hinweis, dass die Routen für Radfahrer eine Funktion der App sind, die sich – zumindest bei der Abfassung

dieses Buches – noch im Beta-Stadium befunden hat. Folgen Sie ihr also sehenden Auges.

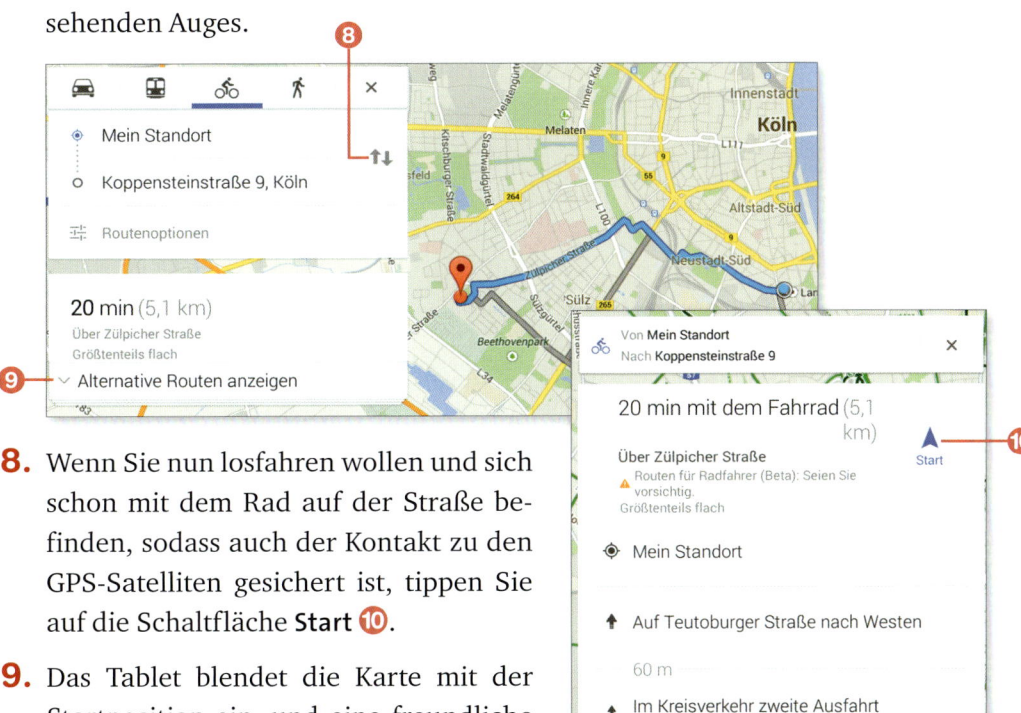

8. Wenn Sie nun losfahren wollen und sich schon mit dem Rad auf der Straße befinden, sodass auch der Kontakt zu den GPS-Satelliten gesichert ist, tippen Sie auf die Schaltfläche **Start** ❿.

9. Das Tablet blendet die Karte mit der Startposition ein, und eine freundliche Stimme beginnt, Sie ans Ziel zu geleiten, vorausgesetzt, Sie schalten die Sprachführung nicht ab. Dies geschieht über ⋮ rechts unten ⓫.

10. Wenn Sie losfahren, zeigt der blaue Pfeil ⓬ jeweils Ihre aktuelle Position an. Die geschätzte Dauer Ihrer Tour, die vermutliche Ankunft und die Länge der Strecke sehen Sie am unteren Rand ⓭.

11. Wenn Sie lieber mit der Liste navigieren wollen, tippen Sie auf das Andreaskreuz unten links ⓮.

12. Die Richtungen der Abbiegungen werden mit entsprechenden Pfeilen 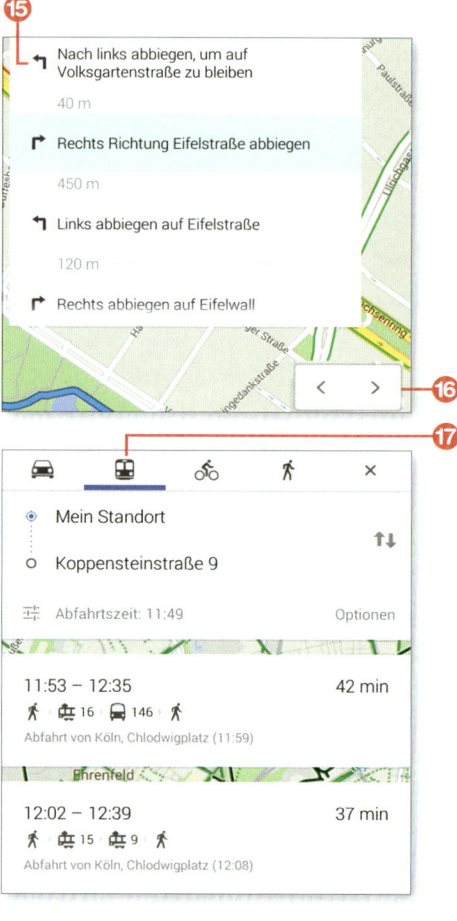 angedeutet. Mit den kleinen Pfeilen unten rechts 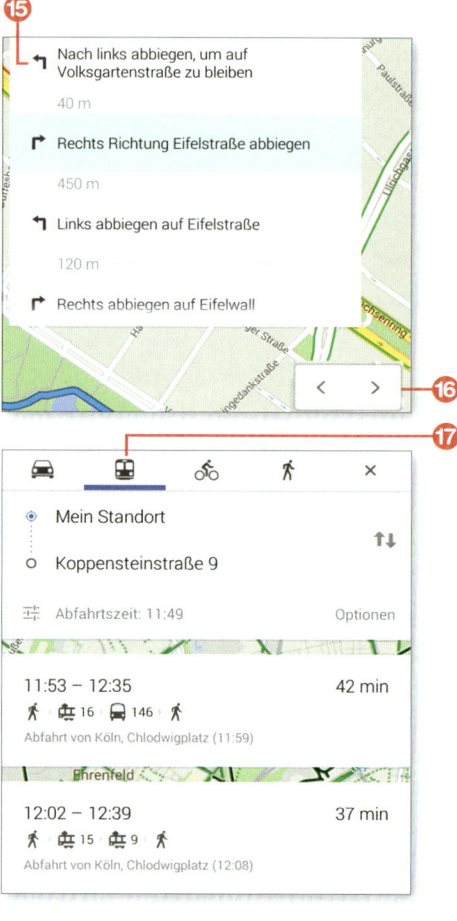 wandern Sie schrittweise durch die Liste.

Nehmen wir nun einmal an, die Radfahrt ist doch zu beschwerlich, weil mal wieder Starkregen angesagt ist. Die Route mit der Straßenbahn ist schnell errechnet. Tippen Sie in der oberen Leiste das Bahnsymbol 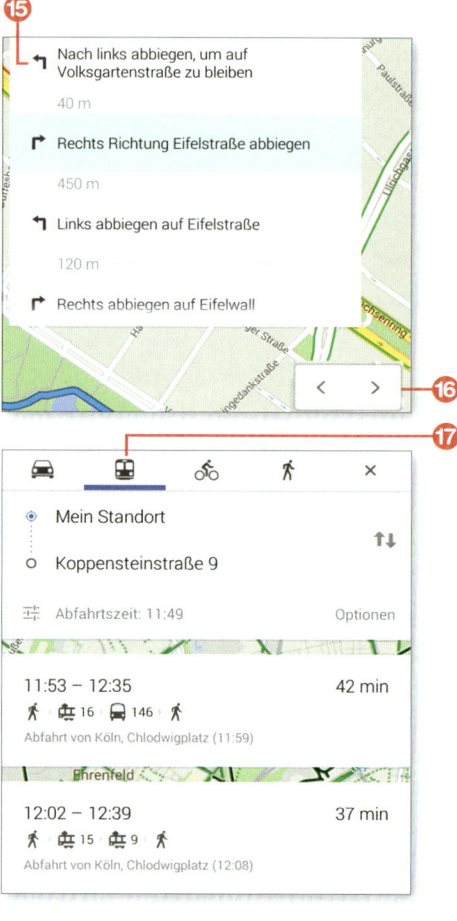 an.

Maps sagt Ihnen, wann die nächsten Bahnen fahren und wie lange es dauert. Wenn Sie die Verbindung antippen, finden Sie detaillierte Infos zu den einzelnen Haltestellen.

Die Routen für den Autoverkehr berücksichtigen übrigens auch die aktuelle Verkehrslage 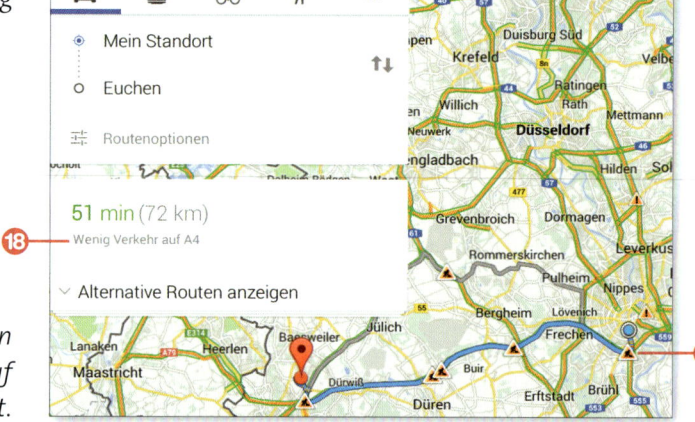. Auch die Baustellen 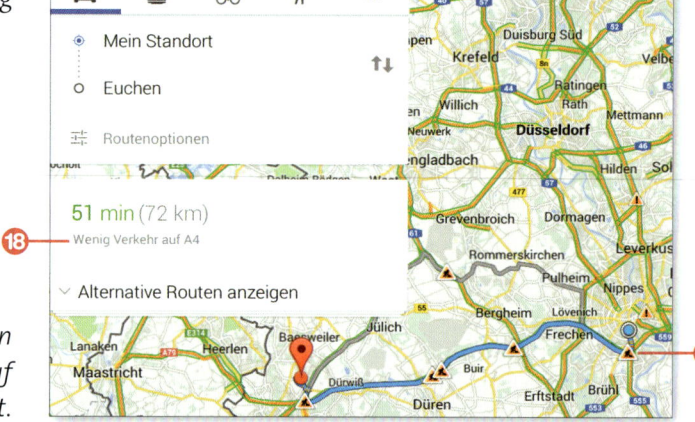 sind in den Karten eingezeichnet, wie die folgende Abbildung zeigt.

Bei Autorouten fehlen auch die Hinweise auf Baustellen nicht.

ACHTUNG

Warnung vor Irreführungen

Ein Nachbar in meiner Straße hat sich vor einigen Jahren bei starkem Nebel auf sein Navi verlassen. Er landete im Rhein und ertrank. Kartenmaterial kann veralten, es muss also nicht immer stimmen. Verlassen Sie sich also auch auf Ihre eigene Wahrnehmung.

Das nächste Café finden

Maps ist darauf ausgerichtet, Ihnen als Wegweiser und Ratgeber zur Seite zu stehen. Die Informationen, die die App liefert, beziehen sich jeweils auf einen bestimmten Ort, vorgegeben ist der eigene Wohnort. Wenn Sie Infos zu einem anderen Ort haben wollen, suchen Sie den Ort zunächst wie oben beschrieben über das Suchfeld.

Angenommen, Sie planen einen kurzen Städtetrip nach Berlin und wollen sich hauptsächlich das Regierungsviertel ansehen.

1. Starten Sie **Maps**, und geben Sie »Bundestag« als Suchbegriff ein.

2. Ziehen Sie zwei Finger über der Karte zusammen, bis das Stadtzentrum insgesamt zu sehen ist.

3. Löschen Sie den Suchbegriff mit dem Andreaskreuz, und tippen Sie das Suchfeld noch einmal an.

4. Nun geben Sie Suchbegriffe wie »Café« oder «Restaurant» ein. Maps zeigt um den vorher gesuchten Ort herum die am nächsten liegenden Lokalitäten.

5. Ein Tipp auf einen der Markierungspunkte ➊ zeigt den Namen, ein Tipp darauf die genaue Adresse.

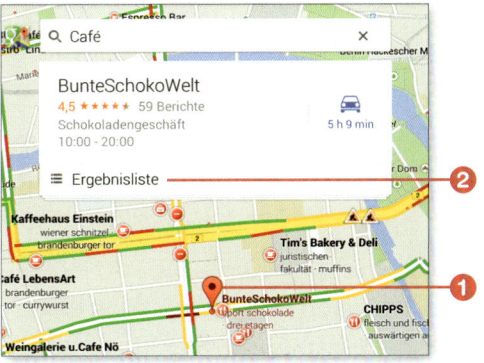

6. Stattdessen können Sie auch die Ergebnisliste (❷ auf Seite 251) antippen und von dort die einzelnen Angebote genauer ansehen.

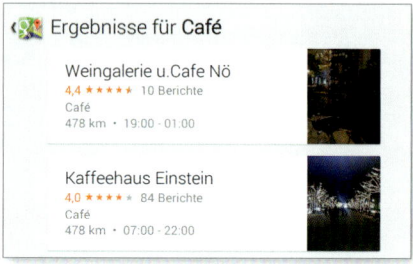

7. Häufig finden Sie darüber auch Bewertungen von Gästen. Wenn Sie selbst beispielsweise zu einem Restaurant eine Bewertung abgeben wollen, ist das über Ihr Google-Konto jederzeit möglich. Benutzen Sie dazu einfach den Link **Bewerten & Bericht schreiben**.

(❷ auf Seite 251)

INFO

Fair bleiben

Beachten Sie, dass diese Bewertungen nicht anonym sind. Ein zu Unrecht beschimpfter Wirt hat durchaus Möglichkeiten, sich zu wehren, wie neue Gerichtsurteile in Deutschland zeigen. Bleiben Sie also sachlich.

Karten lesen ohne Internetverbindung

Das Kartenmaterial, das Ihnen Maps zur Verfügung stellt, ist sehr detailliert und wird normalerweise immer aktuell aus dem Web geladen. Wenn Sie keine entsprechende Flatrate für den Internetzugang abonniert haben,

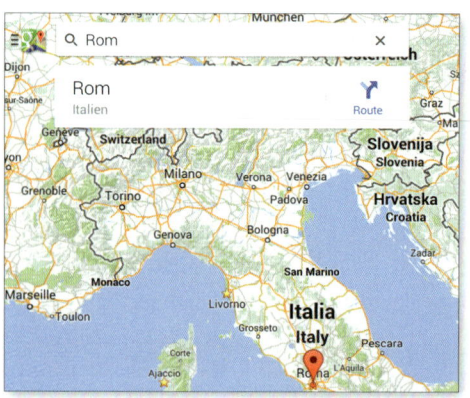

geraten Sie bei diesen Datenmengen schnell in Bereiche, wo es teuer werden kann, insbesondere im Ausland.

Die App erlaubt Ihnen hier eine alternative Lösung. Sie können bestimmte Kartenausschnitte, die Sie zu Hause mit Ihrer WLAN-Verbindung anschauen, auf dem Tablet speichern, um später vor Ort darauf zuzugreifen. Maps legt sie in einem mit der App verknüpften Speicher ab.

1. Suchen Sie bei bestehender WLAN-Verbindung in **Maps** zunächst den Ort oder die Region, deren Karte Sie benötigen.

2. Tippen Sie den Block unter dem Suchfeld an, wird ein Kartenausschnitt angezeigt.

3. Darunter finden Sie den Link **Karte für Offlinenutzung speichern** ❶. Damit speichern Sie die aktuell angezeigte Karte für die Offline-Verwendung ab.

❶

⬇ Karte für Offlinenutzung speichern

4. Sie werden noch einmal gefragt, ob Sie die Karte speichern wollen. Außerdem lässt sich der Kartenausschnitt noch anpassen.

5. Antworten Sie mit **Speichern**, müssen Sie noch einen Namen vergeben und erneut mit **Speichern** bestätigen.

6. Wenn Sie später **Maps** ohne Netzverbindung starten, wird die gespeicherte Karte unter **Offlinekarten** ❷ angeboten, wenn Sie das leere Suchfeld antippen.

Q Suchen   🎤

Offlinekarten

⊕ Rom

❷

Da GPS ja ohne Netzverbindung funktioniert, ist es bei einer Schiffsreise beispielsweise überhaupt kein Problem, den Weg des Schiffes auf einer solchen Offline-Karte zu verfolgen, wie die folgende Abbildung zeigt.

GPS-Position eines Schiffes auf einer Offline-Karte

Kapitel 10
Apps finden und installieren

Mit dem Siegeszug der Smartphones und Tablets ist eine neue Form der Verbreitung von Anwendungen einhergegangen, und die dazugehörigen Labels wurden gleich mitgeliefert. Wo Sie früher ein Programm erworben haben, ist es heute eine App – eine Art Kosewort für Application –, und für Apps gibt es natürlich App-Stores, angesiedelt bei den großen Playern der Szene: Google, Amazon etc. Alle Apps werden online vertrieben und auf einfache und einheitliche Weise installiert. Das ganze Hantieren mit Installations-CDs entfällt.

Damit eine App in einen Store aufgenommen wird, müssen ihre Entwickler bestimmte Mindestanforderungen erfüllen. Das gibt Ihnen eine gewisse Sicherheit, dass über den Store keine Schadsoftware vertrieben wird.

Apps im Google Play Store

Das Tab 4 bringt schon zahlreiche nützliche und unterhaltsame Apps mit. Die ganze Bandbreite dessen, was Sie mit so einem Tablet anstellen können, wird aber erst deutlich, wenn Sie einen Ausflug in einen der App-Stores machen. Tausende von mehr oder weniger originellen oder nutzbringenden Apps und Spielen warten dort auf Ihren Zugriff und vielleicht auch auf eine positive Bewertung, die die Verbreitung weiter ankurbelt. Dabei ist es nicht immer leicht, die Spreu vom Weizen zu trennen.

Der bevorzugte App-Store für Ihr Samsung-Tablet ist der Google *Play Store*. Alternative Stores finden Sie im Abschnitt »Andere App-Stores« ab Seite

263. Wenn Ihnen die dem Tab 4 schon beigegebenen Apps nicht ausreichen, gehen Sie in den Google Play Store und schauen nach, ob Sie etwas Passendes finden. Da alles online stattfindet, ist der Zugang über WLAN oder eine eigene Netzverbindung allerdings Voraussetzung.

Es ist ratsam, das Symbol für die App Play Store auf der ersten Seite des Startbildschirms zu lassen, um den Zugang zu beschleunigen.

1. Starten Sie **Play Store** mit einem Tipp auf das App-Symbol. Sie finden zunächst die Startseite des Stores mit einer Übersicht über die verschiedenen Abteilungen. Die Schaltflächen **Apps**, **Spiele**, **Filme**, **Musik**, **Bücher** und **Kiosk** ❶ führen zu den entsprechenden Angeboten. Darunter sehen Sie noch einige spezielle Angebote, die mit der Zeit immer mehr auf die von Google bei Ihnen erkannten Vorlieben zugeschnitten werden.

2. Mit **Apps** erreichen Sie den Laden für Apps oder Widgets. Unterhalb der Menüleiste mit der Lupe ❷ finden Sie einige Ordnungskriterien in Form von Registern ❸, die Ihnen die Übersicht über das riesige App-Angebot erleichtern.

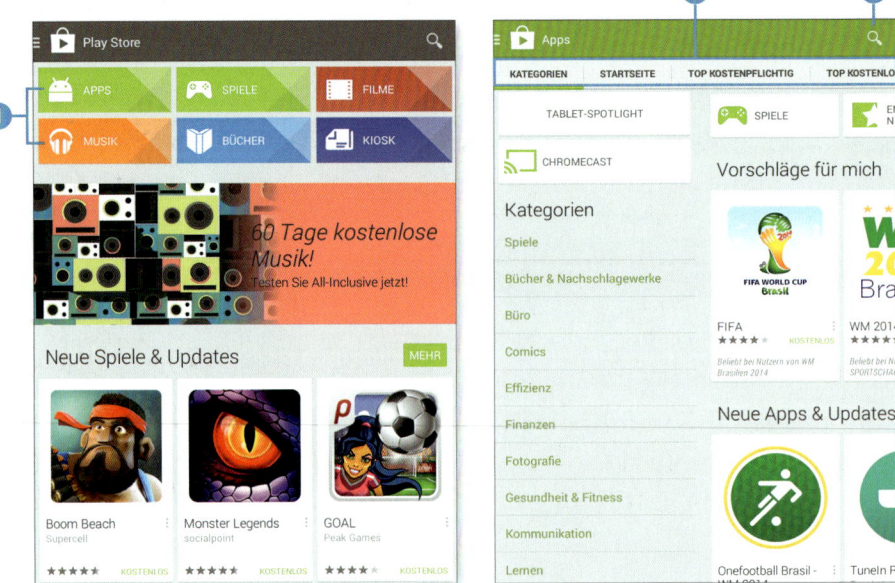

3. Durch Antippen oder durch Wischen wechseln Sie zwischen den Registern. In der Regel ist es sinnvoll, erst eine Kategorie auszuwählen, weil

dann auch die anderen Anzeigen auf diese Kategorie eingegrenzt werden. Wollen Sie die Kategorie später ändern, tippen Sie auf die **Zurück**-Taste oder den Pfeil nach links am Anfang der Menüleiste.

4. Innerhalb der Angebote für eines der von Ihnen ausgewählten Kriterien wird noch einmal zwischen Apps unterschieden, die speziell für Tablets entwickelt wurden ❹, und **Alle Apps** ❺. Apps, die hauptsächlich für Smartphones entwickelt wurden, lassen sich häufig mit ein paar Einschränkungen trotzdem auf dem Tablet einsetzen, nur fehlt dann oft die Option für einen automatischen Wechsel zwischen Hoch- und Querformat.

5. Die einzelnen Apps werden über eine Art Visitenkarte ❻ angeboten, die neben Namen und App-Symbol immer den Hersteller, den Preis und die bisher erreichte Durchschnittsbewertung anzeigt. Über die kleine Schaltfläche mit den drei Punkten ❼ können Sie einen Kauf direkt einleiten oder die App auf die Wunschliste setzen.

6. Wenn Sie die Visitenkarte der App antippen, erscheinen die Detaildaten, meist mit einer Reihe von Screenshots oder kleinen Videos, die die App vorstellen. Sie sehen die Größe der App, die Anzahl der Bewertungen und die Anzahl der Downloads. Oft finden Sie hier Erfahrungsberichte, die bei der Kaufentscheidung hilfreich sind, oder Hinweise auf ähnliche Apps, die Sie vergleichen können, bevor Sie sich entscheiden.

7. Um die App zu kaufen, tippen Sie auf die Schaltfläche mit dem Preis ❽. Ist die App kostenlos, tippen Sie auf **Installieren**.

8. Bei den meisten Apps erscheint im Zuge der Installation eine Abfrage nach den Berechtigungen der neuen App, die Sie mit **Akzeptieren** ❾ einräumen. Das gibt Ihnen zumindest einige Hinweise, wie sich die App auf dem Tablet verhält. Lehnen Sie diese Berechtigungen ab, kann die App nicht installiert werden.

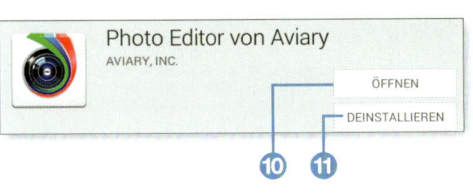

9. Ist die Installation erfolgreich, tippen Sie auf **Öffnen** ❿, um die App zum ersten Mal zu starten. Haben Sie eine App irrtümlich installiert, benutzen Sie **Deinstallieren** ⓫.

Bei der Installation von Spielen ist die Vorgehensweise sehr ähnlich, Spiele sind ja nichts anderes als spezielle Apps. Unter **Kategorien** finden Sie die verschiedenen Spieletypen.

Alle neu installierten Apps landen zunächst immer auf der jeweils letzten Seite des Anwendungsbildschirms. Zusätzlich finden Sie das App-Symbol noch unter **Heruntergeladene Anwendungen**. Wenn es sich um eine App handelt, die Sie häufig verwenden wollen, sollten Sie das App-Symbol gleich auf eine der Seiten des Startbildschirms ziehen, wie im Abschnitt »Apps zum Startbildschirm hinzufügen« auf Seite 37 beschrieben.

> **INFO**
>
> **Bewertungsdilemma**
>
> Leider toben sich bei den Bewertungen häufig auch Leute aus, die irgendein Persönlichkeitsdefizit mit sich herumtragen und unbedingt einen Entwickler fertigmachen wollen, den sie aus irgendeinem Grunde nicht mögen. Oder Leute, die Reklame für eine konkurrierende App betreiben. Legen Sie hier also nicht alle Beiträge auf die Goldwaage.

Wenn Sie in der App **Play Store** auf die drei kurzen Striche ❶ zu Beginn der Menüleiste tippen, erscheint das Hauptmenü der App.

Die **Store-Startseite** führt immer auf die Startseite zurück.

Meine Apps gibt Ihnen eine Liste der aus dem Store installierten Apps, wobei zu einer per Tipp markierten App immer auch die Berechtigungen angezeigt werden, die Sie eingeräumt haben.

Wenn es Updates zu Apps gibt, die nicht automatisch installiert wurden, werden diese Apps hier an erster Stelle aufgeführt. Mit **Aktualisieren ❷** oder mit **Alle aktualisieren ❸** starten Sie das Updaten.

Meine Wunschliste enthält die Elemente, die Sie für eine mögliche Installation vorgemerkt haben. Mit einem Tipp auf ein Element können Sie die Installation in Gang setzen. Um das Element zu entfernen, tippen Sie auf die drei Punkte und wählen **Von Wunschliste entfernen ❹**.

Über **Einlösen** geben Sie die Codes von Gutscheinen für den Kauf ein.

Unter **Einstellungen** geben Sie an, ob Sie über Updates von Apps und Spielen informiert werden wollen ❺. Wenn dies aktiviert ist, erscheint in der Statuszeile jeweils ein Update-Symbol. Sie ziehen die Statusleiste mit dem Finger nach unten und starten über die entsprechende Nachricht das Update.

Wenn Sie die Meldung antippen, wird die **Play Store**-App geöffnet, und Sie können die Updates anstoßen.

Die Option **Automatische App-Updates ❻** kann hier aktiviert oder deaktiviert werden, falls Sie selbst entscheiden wollen, ob und wann ein Up-

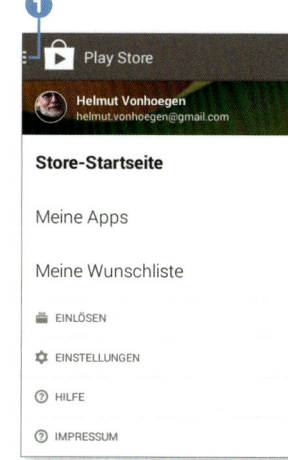

Haupt-menü von Play Store

date stattfinden soll. Solange Sie das automatische Update zulassen, finden Sie Benachrichtigungen dazu, wenn Sie die Statuszeile herunterziehen.

Wenn Sie die Option **Symbol zu Startbildschirm hinzufügen** (**7** auf Seite 259) aktivieren, werden die Symbole neu installierter Apps automatisch in die letzte Seite des Startbildschirms eingefügt.

Wenn Sie ein Tablet für Kinder einrichten, ist es sinnvoll, die Option **Filter für Inhalte** **8** zu nutzen. Stufe 3 verhindert beispielsweise extreme Gewaltszenen in Spielen.

Um zu verhindern, dass Unbefugte über Ihr Tablet Artikel im Store kaufen, können Sie noch festlegen, wie oft die Eingabe des Passworts **9** erforderlich ist.

Apps im Play Store suchen

Obwohl die Anordnung der Apps nach Kategorien meist schon ziemlich hilfreich ist, stößt sie in Bereichen, wo es Tausende von Angeboten gibt, doch an ihre Grenzen. Das Herunterblättern mit kurzen Wischbewegungen nach oben wird dann mühsam.

Wenn Sie wenigstens ansatzweise den Namen der App kennen, die Sie installieren wollen, führt der schnellste Weg meist über die Suchfunktion.

1. Tippen Sie die Lupe in der Menüleiste an.

2. Geben Sie die ersten Zeichen des Suchbegriffs ein. Statt den Begriff einzutippen, können Sie auch das Mikrofonsymbol **1** antippen und den Begriff einsprechen.

3. Falls einer der angebotenen Fundstellen **2** passt, tippen Sie sie an, um die App oder auch mehrere passende Apps anzuzeigen.

4. Ein Tipp auf das Andreaskreuz **3** löscht den verwendeten Suchbegriff wieder.

INFO

Erst testen, dann kaufen

Zahlreiche Entwickler bieten auch Testversionen ihrer Apps an, die Ihnen die Gelegenheit geben, die App erst einmal zu beschnuppern. In einigen Fällen finden Sie auch Light-Versionen mit eingeschränktem Funktionsumfang, der aber vielleicht für Ihren Bedarf schon ausreichend ist.

Hinweise zur Zahlungsabwicklung

Wenn Sie sich etwas genauer mit dem Angebot im Google *Play Store* befassen, werden Sie sehr schnell merken, dass ein großer Teil der Angebote kostenlos ist. Dazu gehören zahlreiche hochprofessionelle Angebote von großen Anbietern oder von erfolgreichen Entwicklern, deren Apps millionenfach genutzt werden. Häufig werden diese Apps über Werbung finanziert oder haben andere vorteilhafte Nebeneffekte, sodass sich die kostenlose Verteilung lohnt.

Es ist also keineswegs so, dass es eine direkte Verbindung zwischen den Kosten und der Qualität einer App gibt. Zahlreiche Anbieter stellen allerdings auch kostenlose abgespeckte Apps zum Kennenlernen zur Verfügung und hoffen darauf, dass die Kunden schließlich bereit sind, zu der kostenpflichtigen Vollversion zu wechseln.

Bei funktionsreichen Spezialprogrammen, in die die Entwickler eine Menge Zeit gesteckt haben, ist eine Bezahlung keine unbillige Erwartung, zumal die Preise in der Regel weit unter dem Niveau liegen, das in früheren Jahren für Programme dieser Größenordnung üblich war. Das liegt zum Teil daran, dass der Vertrieb über den App-Store ganz andere Absatzmengen erlaubt.

Mehrere Zahlungsmethoden für Apps stehen Ihnen im Google Play Store zur Verfügung. Wenn Sie mit einer Kreditkarte bezahlen wollen, können Sie die Daten mit Ihrem Google-Konto verknüpfen. Melden Sie sich über die App **Internet** oder **Chrome** unter *wallet.google.com/manage* mit Ihrem Google-Konto an, und geben Sie unter **Zahlungsmethoden** die Daten Ihrer Kreditkarte an.

Tippen Sie in der Google-Play-App den Kaufpreis an, erscheint der Schlusteil Ihrer Kreditkartennummer. Mit **Kaufen** bestätigen Sie die Google-Wallet-Nutzungsbedingungen. Sie geben dann in der Regel noch einmal das Passwort Ihres Google-Kontos an, und die App wird installiert. Für den Fall eines Irrtums erscheint allerdings noch die Schaltfläche **Erstatten**, mit der Sie den Kauf noch einmal rückgängig machen können.

Eine Reihe von Mobilfunkprovidern erlaubt auch die Bezahlung über Ihre Mobilfunkrechnung. Eine zunehmend beliebte Zahlungsmethode sind Gutscheine, die von zahlreichen Einzelhändlern oder Poststellen angeboten werden. Relativ neu ist die Bezahlung mit *Paypal*.

> **TIPP**
>
> **Apps für alle Geräte nutzen**
>
> Alle Android-Geräte, die Sie mit demselben Google-Konto verknüpfen, dürfen eine auf einem dieser Geräte installierte App nutzen, egal ob gekauft oder kostenlos. Tauschen Sie ein Gerät gegen ein neues aus, stehen die Apps des alten Geräts auf dem neuen zur Verfügung.

Bei einer Reihe von Apps finden Sie in der Detailansicht den Hinweis: **In-App-Käufe**. Die App ist zwar kostenlos, aus der App heraus können aber Käufe getätigt werden. Bei einem Spiel lassen sich so beispielsweise zusätzliche Inhalte erwerben, bei einem Bildbearbeitungsprogramm zusätzliche Filter. Die Abrechnung erfolgt wie bei den gekauften Apps über das Google-Konto.

> **INFO**
>
> **Quellen zu Apps**
>
> Detaillierte Besprechungen von Apps finden Sie auch in den Zeitschriften oder in Foren bzw. Blogs zu Android. Meist wird Ihnen dort gleich ein QR-Code angeboten, was die Suche im Store dann überflüssig macht.

Play Games

Obwohl die App *Play Store* Ihnen bereits einen Zugang zum Kauf von Spielen anbietet, finden Sie auf dem Anwendungsbildschirm auch noch das Symbol **Play Games**.

Diese App kombiniert die Einkaufsfunktionen mit einer Reihe von Funktionen, die insbesondere für Online-Gamer wichtig sind.

Sie können hier beispielsweise andere Spieler einladen, mit Ihnen zu spielen. Sie erhalten auch einen Posteingang, über den andere Sie einladen können.

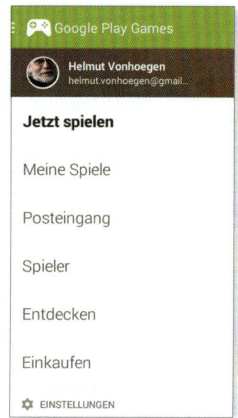

Andere App-Stores

Bei einem Samsung-Gerät liegt es nahe, auch von dem App-Store von Samsung einiges zu erwarten. Der Zugang ist auf dem Anwendungsbildschirm zu finden:

1. Tippen Sie das Symbol **GALAXY Apps** an, und wählen Sie über die rechte Schaltfläche in der Menüleiste ❶ eine bestimmte Kategorie aus.

2. Wählen Sie eine App aus, die nicht kostenlos ist, müssen Sie wie beim Play Store den Kaufpreis antippen, ansonsten die Schaltfläche **Gratis**.

3. Wenn Zahlungen anfallen, werden sie über Ihr Samsung-Konto abgewickelt.

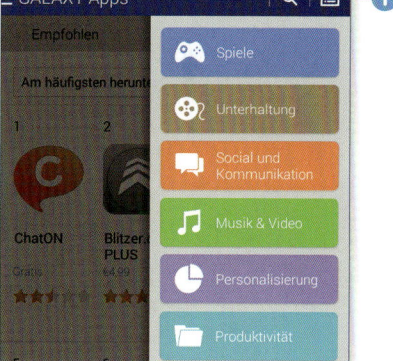

Das Verfahren ist ähnlich wie beim Play Store. Auch hier müssen Sie die verlangten Berechtigungen der App akzeptieren, wenn Sie sie haben wollen.

Eine gewichtige Alternative ist auch der App-Store von Amazon. Um Apps von dort zu installieren, müssen Sie zunächst dem Tablet eine Einstellung geben, die Apps fremder Herkunft zulässt.

1. Über ▶ **Einstellungen** ▶ **Allgemein** ▶ **Geräte-Manager** gehen Sie zu der Option **Sicherheit**.

2. Unter **Geräteverwaltung** ▶ **Unbekannte Quellen** erlauben Sie, dass auch Apps, die nicht über den Google Play Store kommen, zugelassen werden.

3. Laden Sie von *www.amazon.de/app-shop-web* die App **Amazon App-Shop** herunter.

4. Ziehen Sie die Statusleiste nach unten, und starten Sie die Installation der *.apk*-Datei ❶ mit einem Tipp auf diese Benachrichtigung. Die App wird anschließend geöffnet.

5. Melden Sie sich mit Ihrem Amazon-Konto an.

6. Nun können Sie den Store durchsuchen. Haben Sie eine App ausgewählt, tippen Sie **Gratis** ❷ oder **Kaufen** an, je nachdem, ob die App kostenlos ist oder nicht.

Der Kauf wird über Ihr Amazon-Konto abgewickelt, Sie müssen also nicht unbedingt mit Kreditkarte bezahlen, wie es im Google Play Store verlangt wird.

Wenn Sie nach weiteren alternativen Stores Ausschau halten, werfen Sie mal einen Blick auf *AndroidPIT* über die Website *www. Androitpit.de* oder *pdassi* über *android.pdassi.de*. Beide bieten auch Apps an, um ihre Stores bequem zu durchsuchen. Außerdem unterstützen sie mehrere Zahlungsmethoden.

Apps deinstallieren

Hat eine App Ihre Erwartungen nicht erfüllt, ist eine bessere App zum Thema aufgetaucht, oder brauchen Sie einfach Platz? Die Lösung heißt: Deinstallation. Hier gibt es mehrere Wege.

1. Wenn es sich um Apps aus dem Google Play Store handelt, ist es sinnvoll, die **Play Store**-App zu öffnen und über das Hauptmenü **Meine Apps** aufzurufen.

2. Wischen Sie durch die Liste unter **Installiert** und tippen Sie die App an, die Sie deinstallieren wollen. Die Schaltfläche dazu wird dann sofort angeboten.

3. Bestätigen Sie die Nachfrage, wird die Deinstallation ausgeführt. Auch das Symbol der App auf dem Startbildschirm wird entfernt.

Die Methode, die unabhängig von der Herkunft der App ist, startet auf dem Anwendungsbildschirm.

1. Tippen Sie ausgehend vom Startbildschirm ▦ an, und gehen Sie auf das Register **Menü**.

2. Mit ⫶ ▶ **Apps deinstallieren/deaktivieren** blendet das Tablet zu den einzelnen Symbolen Minuszeichen ein.

3. Ein Tipp darauf stößt die Deinstallation an, die Sie dann noch einmal mit **OK** bestätigen.

4. Bei Apps, die sich nur deaktivieren lassen, erhalten Sie beim Antippen einen entsprechenden Hinweis, dass die

zugehörigen Daten ebenfalls gelöscht werden. Außerdem wird die App auf die Werkseinstellungen zurückgesetzt, Updates werden also deinstalliert.

Allerdings lassen sich bestimmte Standardanwendungen des Tablets nicht deinstallieren, sie gehören einfach zum Inventar, ohne sie könnte das Tablet nicht richtig funktionieren. Bei diesen Apps wird deshalb das Minuszeichen auch nicht angeboten.

Eine weitere Möglichkeit ist der Anwendungsmanager.

1. Gehen Sie über ▦ ▸ **Einstellungen** ▸ **Allgemein** ▸ **Geräte-Manager** zu der Option **Anwendungsmanager**.

2. In der Liste der installierten Apps tippen Sie auf die App, die entfernt werden soll.

3. Hier finden Sie alle Details zu der App, die die Speicherbelegung und die Berechtigungen betreffen.

4. Mit der Schaltfläche **Deinstallieren** entfernen Sie das Objekt.

Bei Apps, die sich nicht deinstallieren lassen, wird hier die Schaltfläche **Deaktivieren** angeboten. In diesem Fall werden die mit der App verknüpften Daten gelöscht, die App aber kann später auch wieder aktiviert werden.

Kapitel 11
Mit dem Tablet lesen

Wenn Sie ein Vielleser sind, werden Sie vielleicht schon seit einiger Zeit das Vergnügen genießen, Ihre Bibliothek in der Jackentasche bei sich zu haben. Geräte wie Kindle Paperwhite oder Nook mit eingebauter Hintergrundbeleuchtung sind einfach komfortabel, lassen sich bei allen Lichtverhältnissen nutzen, und der Akku ist gutmütig und verlangt nicht jeden Tag eine Nachladung. Wer nicht stundenlang liest, kann aber auch das Tablet ganz gut als Lesegerät nutzen. Irgendwo wird es doch immer etwas Schatten geben.

Auf dem Galaxy Tab 4 ist Googles *Play Books* vorinstalliert, eine Lese-App, die mit Googles Buchladen für E-Books verknüpft ist. Es ist aber auch eine Variante der *Kindle*-App im Play Store zu finden.

E-Books mit Play Books kaufen

Das Verfahren, um bei Google E-Books zu kaufen, entspricht dem Kauf von Apps, Spielen, Musik oder Filmen, deshalb kann ich mich hier kurz fassen. Sie können Bücher über den **Play Store** und die Schaltfläche **Bücher** erwerben. Bereitgestellt zum Lesen werden die Titel dann über die App **Play Books**. Diese App hat wiederum im Hauptmenü die Option **Bücher kaufen**, mit der Sie wieder im **Play Store** ankommen.

Wenn Sie nicht schon gezielt mit der Lupe nach einem bestimmten Titel suchen, blenden Sie in **Play Books** am besten zuerst das Register mit den Kategorien ein, dann erhalten Sie gezielt Angebote zu dem ausgewählten Themenbereich.

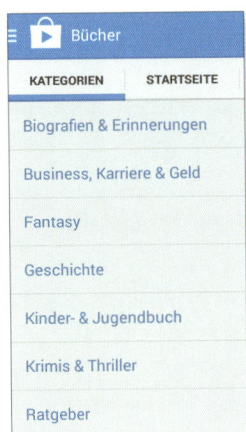

Auch das Buchangebot im Play Store ist nach Kategorien geordnet.

Wie bei den Apps finden Sie auch hier eine Reihe von kostenlosen Angeboten, das gilt insbesondere für Klassiker, bei denen es keine Bindungen an das Urheberrecht mehr gibt. Laden Sie sich einfach mal einen Titel von Kleist, Schiller oder Goethe mit der Schaltfläche **In die Bibliothek** herunter, um die Lese-App einmal auszuprobieren. Die Bibliothek befindet sich auf einem Server von Google, das Buch wird zum Lesen also normalerweise nicht auf Ihrem Gerät abgelegt. Google verwendet für die Bücher in seinem Store das *EPUB-Format*. EPUB ist ein offener Standard, der auch von den meisten Lesegeräten unterstützt wird.

Bei den Kauftiteln haben Sie meist noch die Möglichkeit, sich erst mal nur eine Vorschau anzusehen, bevor Sie die Schaltfläche mit dem Kaufpreis antippen.

E-Books lesen

Wenn Sie in Ihrer Bibliothek einige Titel abgelegt haben, sind Sie ganz schnell bei Ihrer Lektüre.

1. Öffnen Sie **Play Books** vom Anwendungsbildschirm aus.

2. Wählen Sie mit einem Tipp den Titel aus, den Sie lesen wollen.

Die App Play Books blendet die Status- und Menüleiste und die Navigationsschaltflächen zunächst aus, um die gesamte Buchseite ungestört anzuzeigen.

3. Wenn Sie zuletzt schon in einem Buch gelesen haben, wird sofort die Seite angezeigt, auf der Sie mit dem Lesen aufgehört haben. Ist bei Ihrem Google-Konto die Option **Google Play Books synchronisieren** eingeschaltet, wird Ihnen diese Seite auch angeboten, wenn Sie die App auf einem anderen Gerät unter dem gleichen Konto öffnen. Auf einem PC können Sie dann beispielsweise direkt im Chrome-Browser weiterlesen.

4. Zum Blättern wischen Sie einfach mit dem Finger nach links oder rechts oder tippen die Seite links oder rechts an.

5. Durch Spreizen oder Zusammenziehen zweier Finger können Sie die Anzeige auch zoomen.

JOSEFINE, DIE SÄNGERIN ODER DAS VOLK DER MÄUSE

Unsere Sängerin heißt Josefine. Wer sie nicht gehört hat, kennt nicht die Macht des Gesanges. Es gibt niemanden, den ihr Gesang nicht fortreißt, was umso höher zu bewerten ist, als unser Geschlecht im ganzen Musik nicht liebt. Stiller Frieden ist uns die liebste Musik; unser Leben ist schwer, wir können uns, auch wenn wir einmal alle Tagessorgen abzuschütteln versucht haben, nicht mehr zu solchen, unserem sonstigen

Aus Kafkas Erzählungen

6. Gefällt Ihnen die verwendete Schrift nicht oder ist sie für Ihre Augen zu klein, ziehen Sie mit dem Finger kurz vom oberen Rand oder tippen in den Text. Tippen Sie in der Menüleiste das Schriftsymbol ❶ an, und wählen Sie unter **Schriftart** ❷, **Schriftgröße** ❸ und **Zeilenhöhe** ❹ die für Ihre Sichtigkeit besten Einstellungen. Das

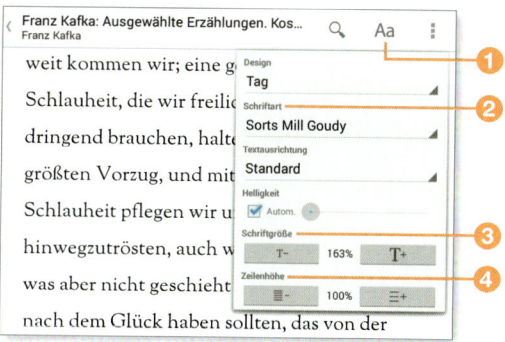

Layout wird automatisch angepasst. Ein Tipp in den Text blendet den Dialog wieder aus.

7. Wollen Sie an einer bestimmten Stelle ein Lesezeichen einfügen, benutzen Sie ⋮ ▶ **Lesezeichen hinzufügen**. Die Seite wird mit einem kleinen Fähnchen gekennzeichnet.

8. Wenn Sie eine Stelle hervorheben und vielleicht eine Bemerkung dazu ablegen wollen, halten Sie den Finger auf dem Satz und ziehen die dann erscheinenden Anfasser ❶ so weit auseinander, bis die Stelle ganz erfasst ist. In der Menüleiste werden Symbole angeboten, um die Stelle farbig zu markieren ❷, neben der Markierung noch eine Bemerkung dazu abzulegen ❸ oder die Stelle in eine andere Sprache zu übersetzen ❹.

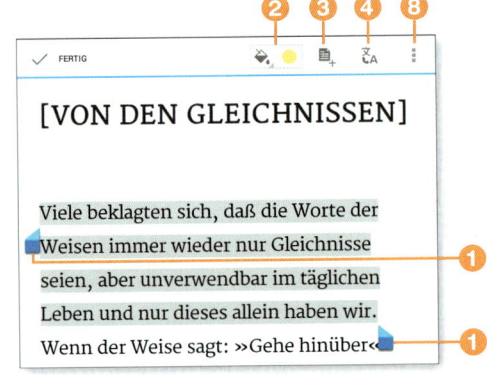

9. Wollen Sie wissen, wie weit Sie mit dem Lesen gekommen sind, blenden Sie mit einem Tipp die Navigationselemente am unteren Rand ein. Durch Ziehen des blauen Kreises ❺ oder Antippen einer Stelle des Fortschrittsbalkens ❻ springen Sie an eine andere Stelle.

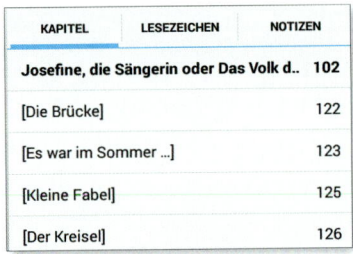

10. Exakter arbeiten Sie mit dem Listensymbol links ❼. Es öffnet, wenn vorhanden, das Inhaltsverzeichnis. Ein Tipp auf eine Überschrift führt direkt zu dieser Stelle.

11. Über das Register **Lesezeichen** steuern Sie hier auch zu selbigen, falls Sie solche vergeben haben, wie in Schritt 7 beschrieben. Gleiches gilt für das Register **Notizen**.

12. Gefällt Ihnen ein Buch oder eine Vorschau überhaupt nicht, tippen Sie die drei Punkte auf der Titelminiatur (❽ auf Seite 270) an und wählen **Aus der Bibliothek löschen**.

13. Die andere Option, die Ihnen hier angeboten wird, ist **Auf dem Gerät speichern**. In diesem Fall können Sie jederzeit auf das Buch zugreifen, auch wenn Sie nicht online sind.

14. Mit der **Zurück**-Taste landen Sie wieder in Ihrer Bibliothek.

> **TIPP**
>
> **Vorlesen**
>
> Wenn der Text im EPUB-Format vorliegt, können Sie ihn sich auch über ❿ ▸ **Vorlesen** anhören. Die Wiedergabe ist erstaunlich gut.

Das Lesevergnügen mit **Play Books** hängt auch ein wenig von den Einstellungen ab, die Sie über das Hauptmenü der App aufrufen. Tippen Sie dazu auf die drei kurzen Striche am Anfang der Menüleiste ❶.

Es ist hier vielleicht sinnvoll, das automatische Drehen des Bildschirms nur für diese App abzuschalten ❷. So kippen Ihre Buchseiten nicht plötzlich um, nur weil Sie eine unbeabsichtigte Bewegung gemacht haben. Außerdem können Sie im Menü der Einstellungen dafür sorgen, dass Bücher nur per WLAN ❸ heruntergeladen werden, um Kosten zu sparen.

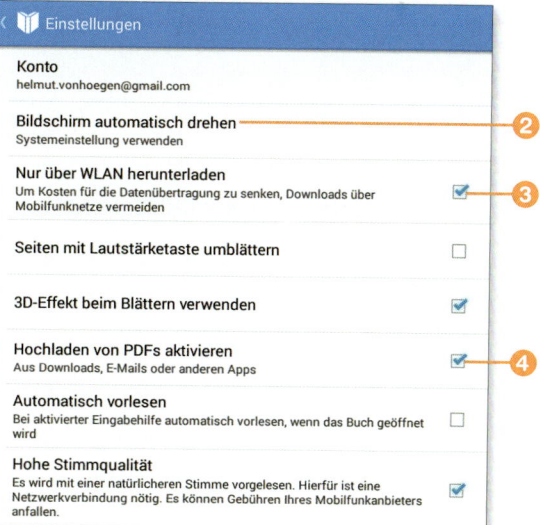

Einstellungen für Play Books

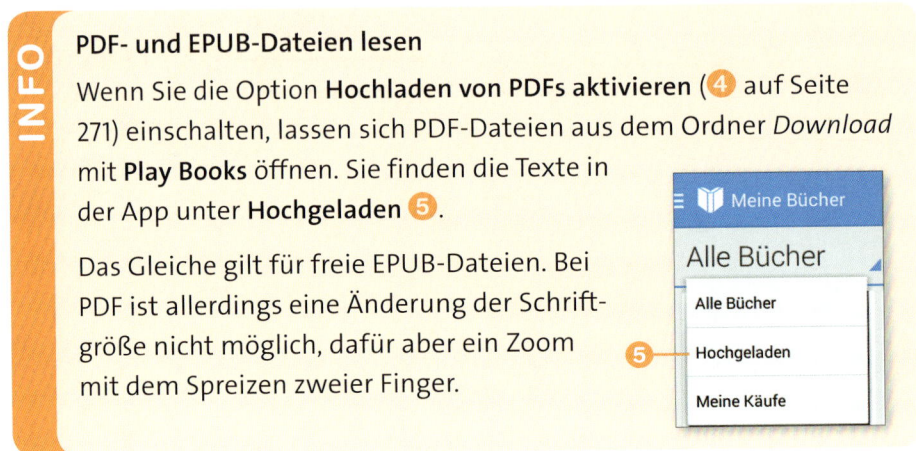

PDF- und EPUB-Dateien lesen

Wenn Sie die Option **Hochladen von PDFs aktivieren** (④ auf Seite 271) einschalten, lassen sich PDF-Dateien aus dem Ordner *Download* mit **Play Books** öffnen. Sie finden die Texte in der App unter **Hochgeladen** ⑤.

Das Gleiche gilt für freie EPUB-Dateien. Bei PDF ist allerdings eine Änderung der Schriftgröße nicht möglich, dafür aber ein Zoom mit dem Spreizen zweier Finger.

Zeitungen und Magazine mit Play Kiosk lesen

Freunde erzählen mir, dass sie beim Frühstück die Nachrichten inzwischen lieber vom Tablet lesen, als sich hinter einer sperrigen Zeitung zu verbergen. Fakt ist, immer mehr Presseorgane werden auch als App gegen ein entsprechendes Abo oder teilweise auch kostenlos angeboten.

Google stellt neben der *Play Store*-App wie bei den Büchern eine Spezial-App für Pressemedien zur Verfügung: *Play Kiosk*.

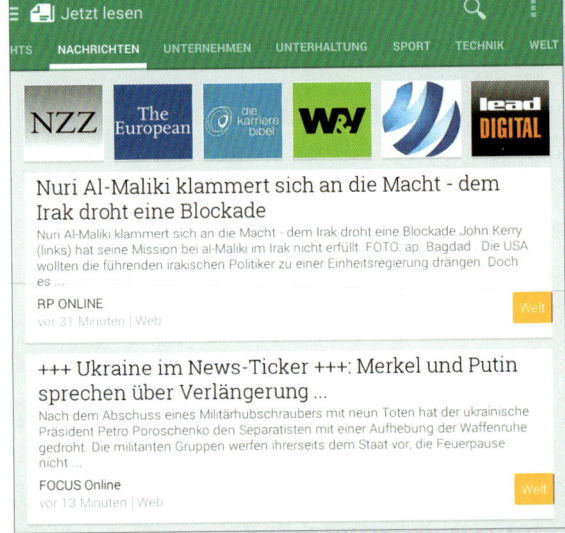

In Ihrem Tablet-»Kiosk« sind Nachrichten aus verschiedenen Medien zusammengestellt.

Soweit die Angebote nicht kostenlos sind, können Sie meist zwischen dem Kauf einzelner Exemplare und einem entsprechenden Abo wählen.

Einzelheft oder Abo – beides ist möglich.

Kindle auf dem Tablet

Das größte Angebot an E-Books hat unbestritten Amazon, das mit seinen Kindle-Geräten das Lesen ohne Papier populär gemacht hat. Deutsche Buchliebhaber hängen zwar noch etwas hinterher – sie lieben das Haptische an den Büchern zu sehr, obwohl das Haptische bei einem schönen Tablet ja auch nicht zu verachten ist.

Anders als Google verwendet Amazon allerdings eigene Dateiformate für seine E-Books: *.azw*, *.mobi* und *.prc*, unterstützt aber auch PDF-Dateien.

Einmal erworbene Titel können Sie auf allen Geräten nutzen, auf denen eine *Kindle*-App installiert ist. Wenn Sie es zulassen, werden neben dem Lesefortschritt auch Ihre Markierungen und Notizen synchronisiert.

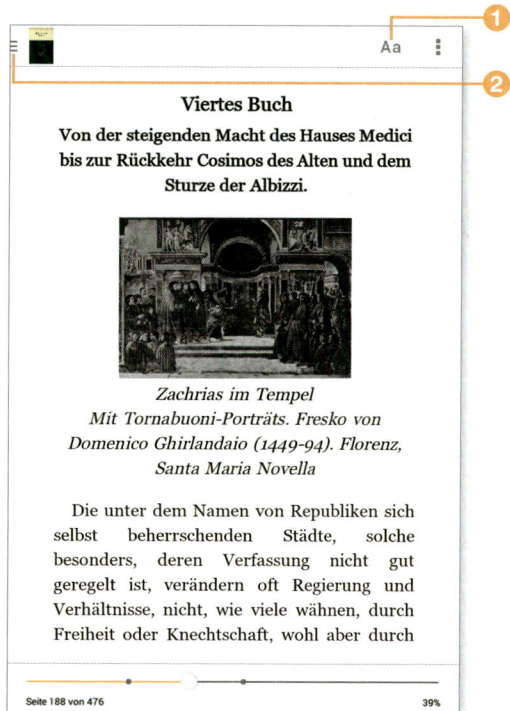

1. Wenn Sie sich die **Kindle**-App aus dem Google **Play Store** heruntergeladen haben, sollten Sie sich nach dem ersten Start mit Ihrem Amazon-Konto anmelden.

2. Die Bedienung der App ist der der **Play Book**-App sehr ähnlich, mit dem Buchstabensymbol ❶ wechseln Sie die Schrift,

mit ⁞ ▸ **Ein Lesezeichen hinzufügen** markieren Sie eine Seite, und mit ⁞ ▸ **Kindle-Shop** gehen Sie zum Einkaufen.

3. Die drei kurzen Striche am Anfang der Menüleiste (❷ auf Seite 273) öffnen das Hauptmenü. Hier finden Sie den Zugang zu Ihrer Bibliothek in der Cloud ❸ und das Inhaltverzeichnis ❹ des aktuellen Titels.

4. Um Titel auch offline lesen zu können, laden Sie sie auf das Gerät herunter. Dazu reicht es, den Titel in der Auflistung der Bibliothek kurz anzutippen.

Send to Kindle

INFO

Was sehr praktisch ist: Ergänzend zur Kindle-App auf dem Tablet gibt es für den PC und den Mac eine Komponente **Send to Kindle**. Damit können Sie beispielsweise eigene Word-Dokumente oder PDF-Dateien per WLAN direkt auf das Tablet schicken und dort in Ruhe lesen. Die Webadresse zu diesen nützlichen Funktionen ist *www.amazon.com/gp/sendtokindle*.

Kapitel 12
Das Tablet als mobiles Büro

Apps für Textdokumente, Kalkulationstabellen oder Präsentationen finden Sie in den App-Stores für Android eine ganze Reihe. Ein 7- oder 8-Zoll-Tablet zum Schreiben von Dokumenten oder Tabellen mit der virtuellen Tastatur zu verwenden ist allerdings im Vergleich zu einem mit Maus und Tastatur ausgestatteten größeren Gerät – PC, Mac, Notebook etc. – sicher nicht sonderlich komfortabel. Bei dem Galaxy Tab 4 10.1, wenn Sie es beispielsweise mit dem von Logitech angebotenen Ultra Thin Folio mit integrierter Tastatur verwenden, ist die Situation schon wieder etwas anders.

Um nur gelegentlich einen Text oder eine Tabelle anzulegen, ist auch ein kleines Tablet durchaus brauchbar. Viel häufiger werden Sie aber vermutlich daran interessiert sein, Texte, Tabellen oder Präsentationen wenigstens anzusehen. Aus diesem Grund hat Samsung für die Tab-4-Reihe die App *Hancom Office Viewer* vorinstalliert, eine Lösung des koreanischen Herstellers Hancom, die mit Microsoft Office kompatibel ist. Ich stelle sie Ihnen im nächsten Abschnitt kurz vor. Danach gehe ich auch kurz auf Apps ein, mit denen Sie Dokumente auf dem Tablet erstellen können.

*Die Gerätehülle mit
Tastatur von Logitech
für das Tab 4 10.1
(Quelle: Amazon)*

Office-Dateien ansehen

Mit der App **Hancom Viewer** steht Ihnen eine Anwendung zur Verfügung, mit der Sie Textdokumente, Tabellenkalkulationen, Präsentationen und PDF-Dateien bequem auf dem Tablet öffnen, anschauen, weiterleiten oder ausdrucken können. Sie finden die App auf dem Anwendungsbildschirm.

1. Wenn Sie die App öffnen, sehen Sie unter **Alle Dokumente** eine Zusammenstellung aller Dateien auf dem Tablet, deren Formate der Viewer unterstützt, ganz gleich, in welchem Ordner sie abgelegt sind. Dazu gehören die Formate aus den Office-Programmen von Microsoft und das PDF-Format. Wollen Sie in einem Ordner nach einer Datei suchen, benutzen Sie **Öffnen** und finden die Ordnerstruktur und Dokumente des internen Speichers bzw. einer installierten SD-Karte über die entsprechenden Schaltflächen.

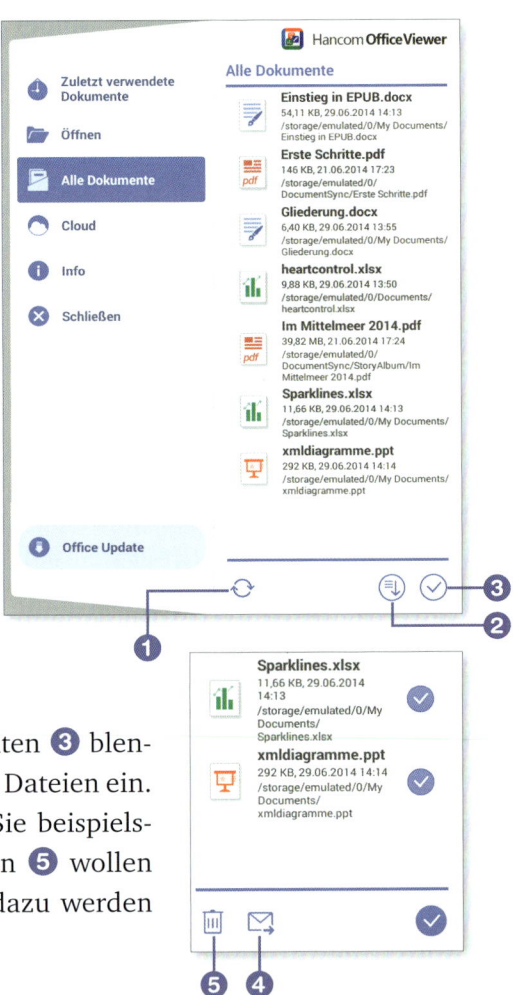

2. Die Schaltfläche mit den gebogenen Pfeilen ❶ aktualisiert die Liste.

3. Über die Schaltfläche mit Liste und Pfeil ❷ bestimmen Sie die Sortierung.

4. Die letzte Schaltfläche rechts unten ❸ blendet Auswahlschaltflächen zu den Dateien ein. Tippen Sie Dokumente an, die Sie beispielsweise versenden ❹ oder löschen ❺ wollen – die entsprechenden Symbole dazu werden dann angeboten.

5. Unabhängig von den Dokumenten auf dem Gerät werden unter **Cloud** die Dokumente angezeigt, die Sie unter *Dropbox* abgelegt haben, falls Sie dort ein Konto haben.

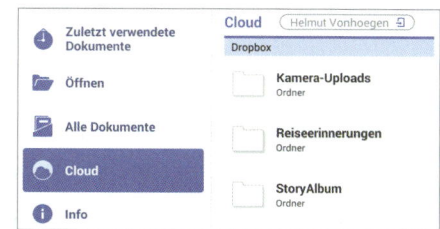

6. Um eine Datei anzusehen, tippen Sie den Namen in der Übersicht an. Je nach Dateityp öffnet die App die passende Viewer-Variante.

Wenn Sie eine Word-Datei vom Typ *.docx* oder *.doc* öffnen, finden Sie den Dokumentnamen ❻ in der Menüleiste.

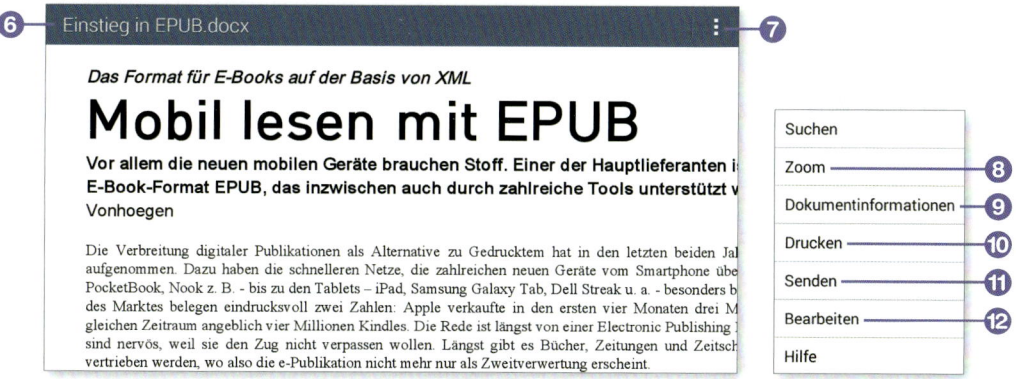

7. Die Schaltfläche ⁝ ❼ öffnet ein Menü mit einer Funktion für die Suche in diesem Text.

8. Mit **Zoom** ❽ wählen Sie entweder einen bestimmten Prozentsatz oder die Anpassung an die Seite bzw. die Seitenbreite. Hier ist es manchmal nötig, etwas zu experimentieren, damit Sie den Text auf dem Bildschirm gut lesen können. Zusätzlich steht der Zoom mit zwei Fingern zur Verfügung. Oft ist es auch sinnvoll, das Gerät ins Querformat zu drehen.

9. Über **Dokumentinformationen** ❾ finden Sie Infos zum Speicherort, zur Größe der Datei, zum Autor und dem Datum der letzten Änderung.

10. Die Option **Drucken** ❿ erlaubt die Auswahl der Seiten und die Ausgabe auf einem der verfügbaren Drucker oder als PDF-Datei. Auf das Einbinden von Druckern gehe ich in den beiden Abschnitten am Ende dieses Kapitels ein.

11. Über die Option **Senden** (⓫ auf Seite 277) lassen sich Dokumente über eine der E-Mail-Apps verschicken oder auf einen der Cloud-Speicher – Drive, Dropbox, OneDrive – kopieren.

Die Option **Bearbeiten** ⓬ übergibt das Dokument an die App **Hword 2014**, ebenfalls von Hancom, allerdings

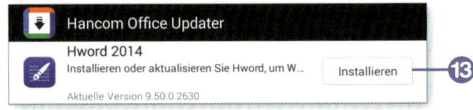

nur, wenn Sie diese App installiert haben. Wenn nicht, wird Ihnen die App **Hancom Office Updater** angeboten, über die Sie alle Apps, die Hancom für Office-Dokumente zur Verfügung stellt, direkt über die Schaltfläche **Installieren** ⓭ einrichten können. Alle angebotenen Komponenten sind kostenlos.

Außer dem Menü zu der Schaltfläche ⦂ lässt sich noch ein Kontextmenü nutzen, wenn Sie einen Teil des Textes mit dem Finger überziehen.

Mit **Kopieren** ❶ legen Sie diese Passage in der Zwischenablage ab und können sie dann beispielsweise in eine Notiz oder in den Text einer E-Mail übernehmen. Außerdem wird Ihnen hier noch angeboten, sich den Abschnitt vorlesen zu lassen ❷. Das setzt allerdings voraus, dass die Sprachausgabe, wie im ersten Kapitel beschrieben, aktiviert ist.

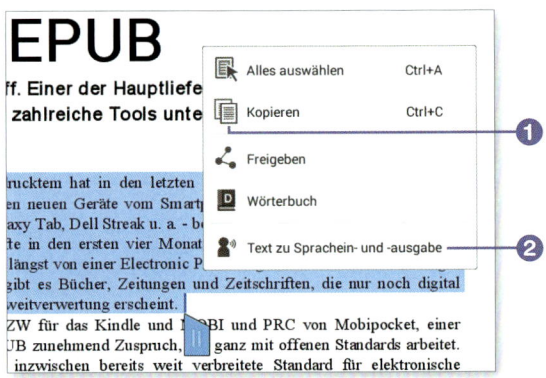

Kontextmenü zu markiertem Text

Öffnen Sie mit dem **Hancom Viewer** eine Excel-Tabelle, finden Sie eine genaue Anzeige des Originaldokuments, selbst neuere Funktionen wie die Sparklines ❸ – Minidiagramme für eine Zelle – werden exakt wiedergegeben.

Sparklines.xlsx

WKN	Mo	Di	Mi	Do	Fr
gh5588	30,80	30,38	30,46	30,17	30,99
768798	30,35	30,66	30,96	30,65	30,57
jh6559	41,18	40,93	40,17	41,16	41,13
jh6560	40,41	40,07	40,94	40,52	40,46
885598	21,09	21,04	21,18	20,20	20,27
769800	50,97	50,87	50,76	50,75	50,09

Kurswerte in der 10. Woche

Das Menü der Schaltfläche ⋮ enthält in diesem Fall noch einige auf Tabellen zugeschnittene Optionen, die Ihnen bei der Durchsicht größerer Datenmengen helfen.

1. Wenn Sie die Daten in eine andere Reihenfolge bringen wollen, ziehen Sie mit Finger oder Stift über dem entsprechenden Datenbereich einen Rahmen (❹ auf Seite 278) auf. Schließen Sie die Kopfzeile mit den Beschriftungen mit ein. Tippen Sie auf die Option **Sortieren** ❺.

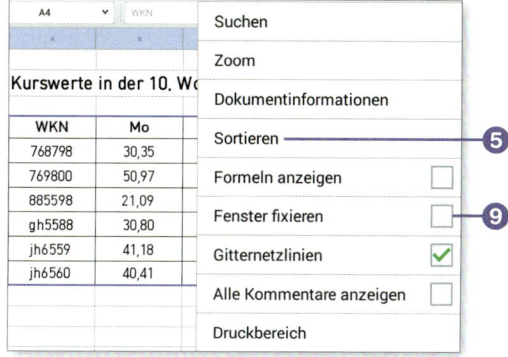

2. Wählen Sie unter **Ebene 1** den ersten Sortierschlüssel ❻, und sorgen Sie dafür, dass die erste Zeile als Kopfzeile verwendet wird ❼.

3. Tippen Sie auf **Ausführen** ❽. Die Daten werden in der gewählten Reihenfolge angezeigt.

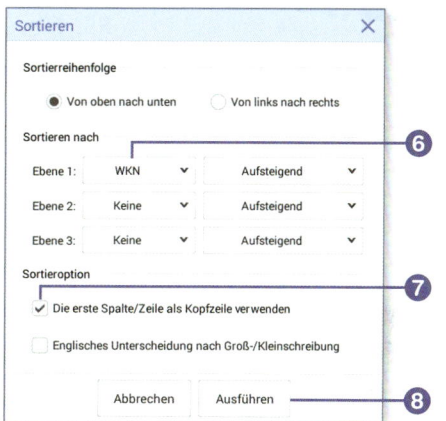

Beachten Sie, dass diese Sortierung nur für die aktuelle Anzeige gilt, da die Datei ja nur zum Lesen geöffnet ist und Änderungen nicht zurückgeschrieben werden.

Praktisch gerade bei langen Tabellen ist auch die Option **Fenster fixieren** ❾. Wenn Sie eine Zelle unter der ersten Spaltenbeschriftung antippen und dann die Option aktivieren, bleiben die Beschriftungen immer eingeblendet, auch wenn Sie mit einem Wisch nach oben weit entfernte Zeilen einblenden.

Öffnen Sie mit dem **Hancom Viewer** eine PowerPoint-Präsentation, finden Sie einen geteilten Bildschirm, ein schmales Fenster für die Miniaturen der Folien (❶ auf Seite 280), das größere für die Anzeige der mit einem Tipp auswählbaren Folien ❷.

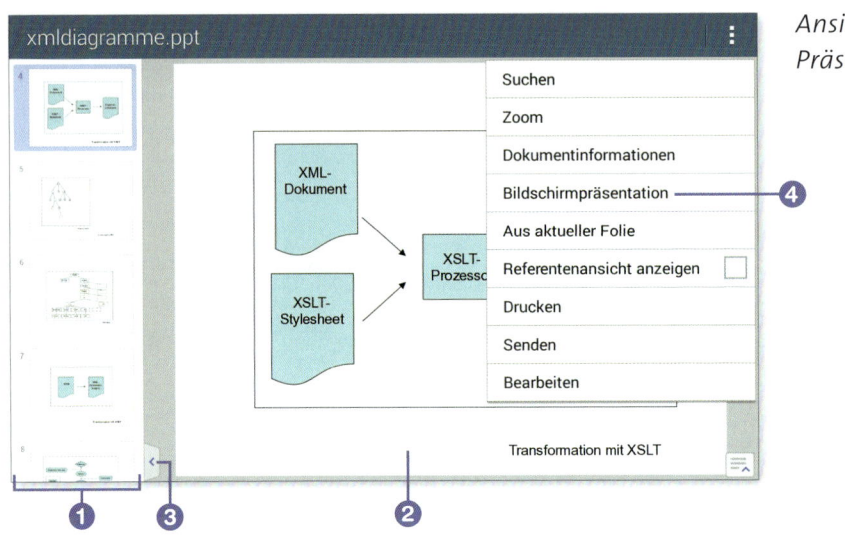

Ansicht einer Präsentation

Der Pfeil zu dem Fenster mit den Folienminiaturen ❸ blendet dieses vorübergehend aus. Die Folien lassen sich mit Wischen durchblättern.

Im Menü zur Schaltfläche ⸬ wird auch **Bildschirmpräsentation** ❹ angeboten, bei der mit dem kleinen Pfeil ❺ eine Reihe von Bedienelementen ein- und ausgeblendet werden, um den Ablauf zu steuern.

Das weitere Format, das der Hancom Viewer unterstützt, ist *.pdf*.

Diese Komponente kann allerdings nicht mit der **Adobe Reader**-App konkurrieren, die Sie sich kostenlos aus dem **Play Store** herunterladen können. Dort haben Sie insbesondere die Möglichkeit, Notizen und Kommentare einzugeben und zu speichern.

PDF-Seite im Hancom Viewer

Das Fotobuch im Adobe Reader mit Werkzeugen zum Kommentieren

Dokumente erstellen

Die für die Erstellung von Office-Dokumenten gedachten Apps von Hancom decken in einem erstaunlichen Umfang die Funktionen von Microsoft Office ab, deshalb möchte ich sie hier an zwei kleinen Beispielen wenigstens kurz vorstellen. Hinzu kommt, dass die Bedieneroberfläche so gestaltet ist, dass vertraute Elemente aus den Office-Programmen wie die Menübänder und die Kontextmenüs wenigstens in ähnlicher Form angeboten werden. Bei den 7-Zoll-Geräten ist dabei die Oberfläche noch etwas kompakter gestaltet als bei den Geräten mit größeren Displays.

Zunächst zeige ich kurz, wie Sie ein Textdokument erstellen, formatieren und speichern. Zuständig ist hier die App *Hword 2014*.

1. Starten Sie **Hword 2014**, und benutzen Sie **Neu** ❶, um ein neues Dokument anzulegen.

2. Sobald die Einfügestelle in dem freien Bereich erscheint, wird die Tastatur eingeblendet. Tippen Sie den Text fortlaufend ein.

3. Die App blendet ein Menüband **2** ein, in dem Sie Symbole für die Schrift- und Absatzgestaltung finden. Diese Werkzeuge, die dazu dienen, den Text zu formatieren, wählen Sie, falls sie ausgeblendet sind, in der obersten Zeile über das Symbol mit dem Stift auf dem Papier **3** aus. Die-

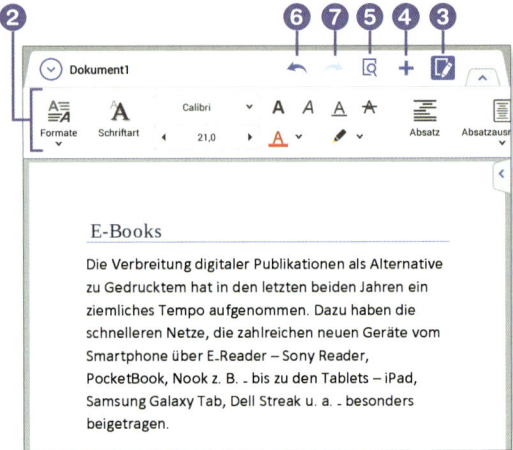

ses Symbol entspricht dem Register **Bearbeiten** auf den größeren Displays, wie die folgende Abbildung zeigt.

4. Das Pluszeichen **4** zeigt ein Menüband mit Symbolen, um grafische Elemente, Bilder, Diagramme oder Kommentare in das Dokument einzufügen. Es entspricht dem Register **Einfügen**.

5. Das Symbol mit der Seite und der Lupe **5** führt zu den Optionen für die Seitengestaltung. Es entspricht dem Register **Ansicht**. Die Pfeilsymbole dienen der Rücknahme **6** oder der Wiederholung **7** von einzelnen Schritten.

6. Wenn Sie einen Bereich markieren wollen, um beispielsweise die Schrift zu ändern oder etwas zu kopieren oder zu löschen, tippen Sie am besten das erste Wort doppelt an und ziehen den Anfasser **8** dann bis zum letzten Wort der Markierung. Manchmal ist es dabei ganz praktisch, durch Spreizen zweier Finger den Bereich vorher etwas zu zoomen. Der Anfasser springt übrigens zwischen Ende und Anfang der Markierung, wenn Sie ihn doppelt antippen.

7. Zu einem markierten Bereich bietet die App automatisch ein Kontextmenü **9** an, in dem Sie die meisten Befehle wiederfinden, die auch über die Menübänder angeboten werden. Zu den häufigsten Operationen beim Erstellen von Dokumenten gehört vermutlich das Kopieren oder Verschieben. Ist eine Textstelle markiert, können Sie dazu über das Kontextmenü die Befehle **Kopieren** ❿ bzw. **Ausschneiden** ⓫ verwenden.

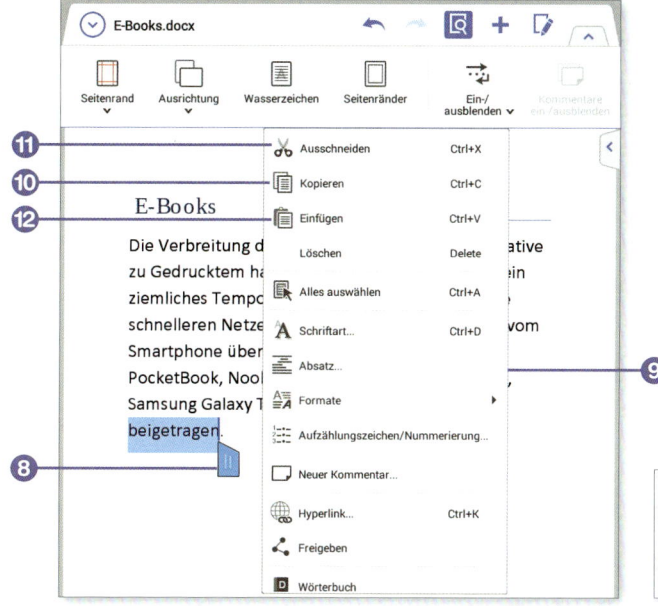

8. Um den Text an anderer Stelle abzulegen, tippen Sie die vorgesehene Stelle an, tippen dann den blauen Marker an, damit das Kontextmenü erscheint, und benutzen **Einfügen** ⓬.

9. Sind Sie mit dem Text zufrieden, speichern Sie ihn ab. Tippen Sie dazu auf den Pfeil am Anfang der obersten Zeile ⓭. Der entspricht dem Register **Datei** auf den größeren Displays.

10. Über das Menü benutzen Sie **Speichern** ⓮ ▶ **Speichern unter**. Im Dialogfeld gibt die App den Ordner *My Documents* vor.

11. Geben Sie einen passenden Dateinamen (⓯ auf Seite 284) an, und wählen Sie unter **Dateityp** .*doc* oder die neuere Version .*docx* ⓰ aus. Bestätigen Sie die Eingaben mit **OK**.

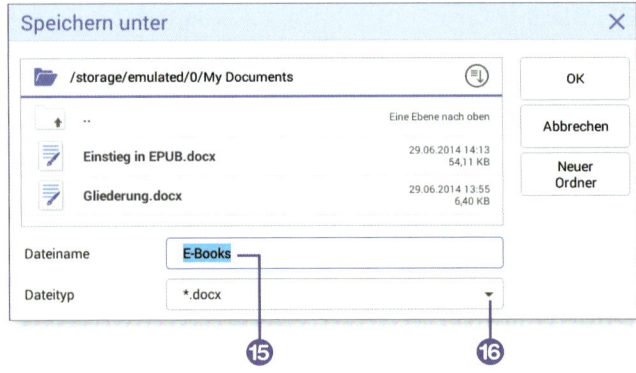

Wollen Sie später erneut auf das Dokument zugreifen, wählen Sie es nach dem Start der App entweder aus der Liste **Zuletzt verwendete Dokumente** aus oder benutzen den Befehl **Öffnen**, um die Datei zu laden.

Tabellen und Kalkulationen erstellen

Für die Erstellung von Tabellen und Kalkulationsmodellen finden Sie in dem Office-Paket von Hancom die App **Hcell 2014**.

Auch in diesem Fall ist es den Entwicklern gelungen, den größten Teil der Funktionen von Microsoft Excel 2013 in einer für die Touch-Bedienung auf dem Tablet praktikablen Form nachzubauen.

INFO

Oberflächenvarianten

Bei der Version für das Tab 4 7.0 finden Sie in der ersten Zeile Symbole, die den benannten Registern in den Versionen für die größeren Displays entsprechen.

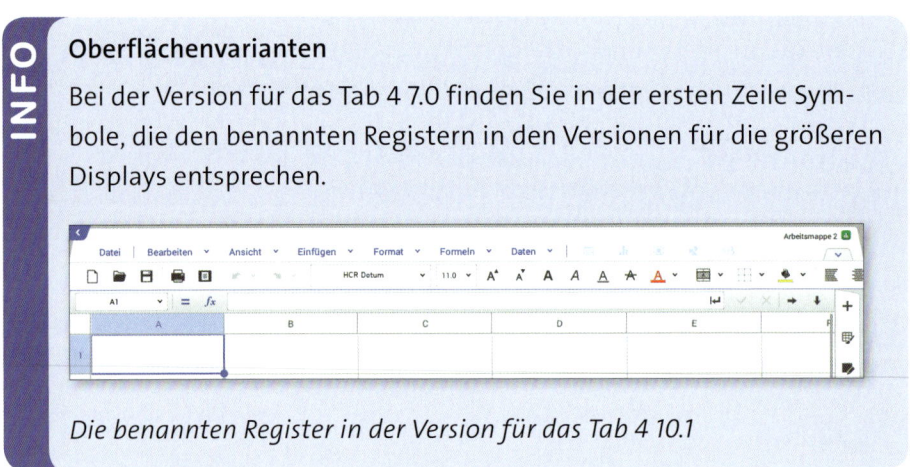

Die benannten Register in der Version für das Tab 4 10.1

Ich werde das im Folgenden an einem typischen Beispiel wenigstens im Ansatz demonstrieren. Hierbei geht es um die Erfassung von einfachen Daten zu verschiedenen Warengruppen und die Auswertung von Quartalsumsätzen für eine fiktive Firma.

1. Öffnen Sie die App **Hcell 2014** und tippen Sie **Dokumentvorlagen** und **Neu** an, um mit einer neuen Tabelle zu beginnen.

2. Tippen Sie nacheinander die Zellen der Tabelle an, in die Sie Ihre Daten eingeben wollen.

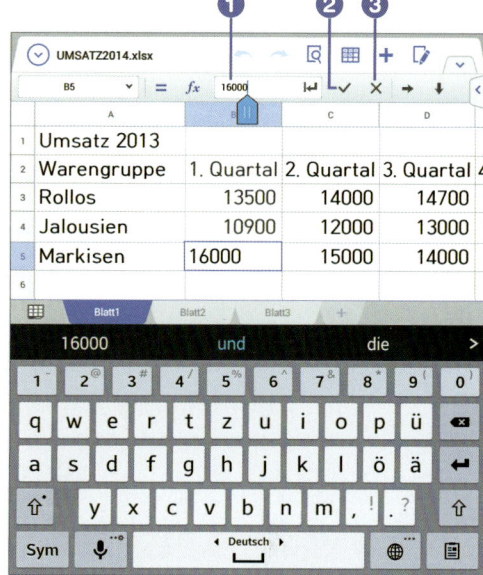

3. Tragen Sie zunächst die Beschriftungen für die Zeilen und Spalten ein.

4. Füllen Sie die Zellen mit den Werten aus. Die Einträge in den Zellen erscheinen immer gleichzeitig auch in dem Bearbeitungsfeld ①. Sie bestätigen die Eingaben mit dem Häkchen ② oder verwerfen sie mit dem Andreaskreuz ③.

5. In unserem Fall interessieren die Summen für die einzelnen Perioden und für die verschiedenen Warengruppen. Diese Berechnungen können Sie in einem Zug generieren, wenn Sie im Beispiel den Zellbereich B3 bis F6 markieren.

   Tippen Sie dazu zunächst die Zelle B3 an, und ziehen Sie den etwas dickeren Punkt ④ in der Ecke unten rechts bis zu der Zelle F6.

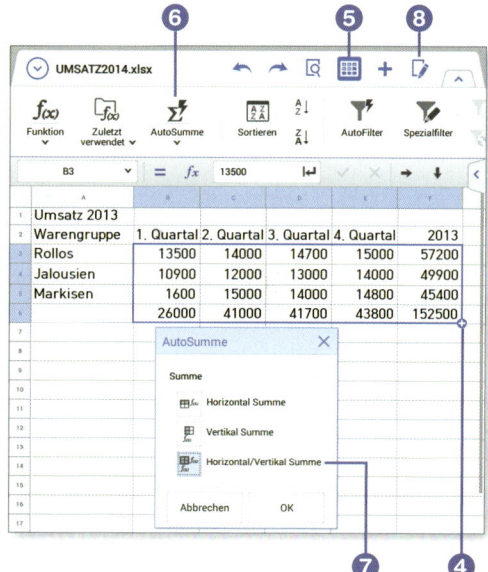

6. Tippen Sie am oberen Rand auf das Symbol mit der Tabelle ⑤. Das Menüband mit den Tabellenfunktionen wird eingeblendet.

7. Tippen Sie auf **AutoSumme** ⑥ und in dem sich dann öffnenden kleinen Dialogfeld auf **Horizontal/Vertikal Summe** ⑦. Wenn Sie mit **OK** bestätigen, werden die Spalten- und Zeilensummen berechnet und angezeigt.

8. Vielleicht gefällt Ihnen nicht, dass die Zahlen ohne die Währung erscheinen: Ziehen Sie über den Bereich B3 bis F6, und tippen Sie auf das Symbol mit dem Stift (**8** auf Seite 285). Wischen Sie über dem Menüband etwas nach links, bis die Symbole für die Zahlenformate erscheinen. Tippen Sie auf das Währungssymbol, das Eurozeichen vor die Zahlen setzt. Aus dem Listenfeld **9** lassen sich auch andere Währungszeichen auswählen.

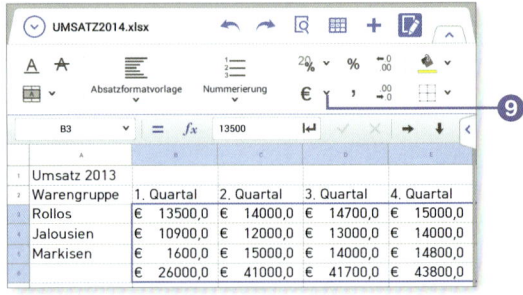

9. Nun haben Sie vielleicht noch den Wunsch, die Daten in einem Diagramm zu visualisieren. Ziehen Sie dazu über den Bereich A2 bis E5, lassen Sie also die Zellen mit den Summen außen vor.

10. Tippen Sie am oberen Rand auf das Pluszeichen **10**, und wählen Sie aus dem Menüband die Schaltfläche **Diagramm** **11**.

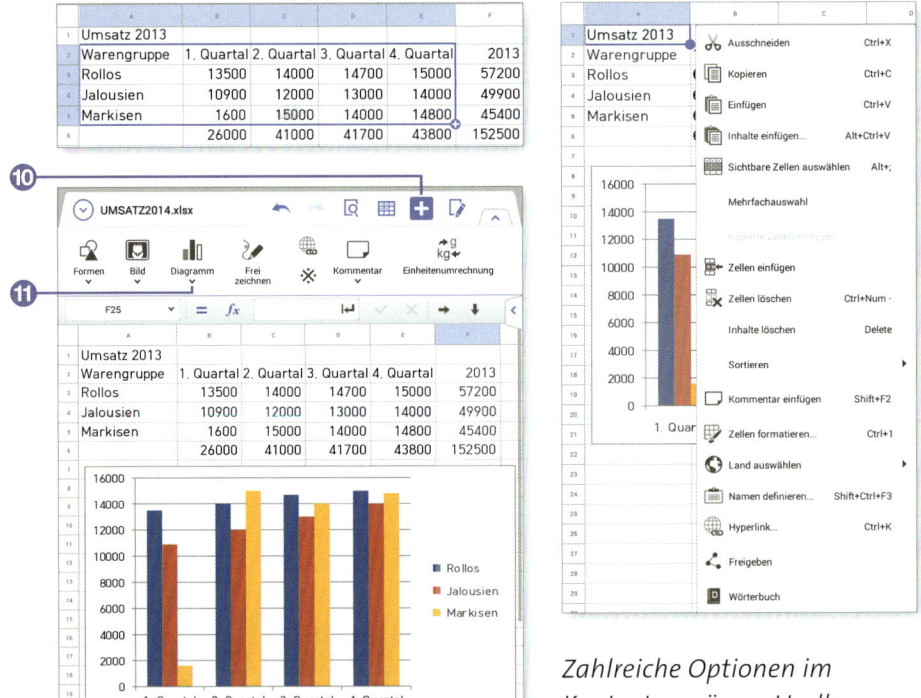

Zahlreiche Optionen im Kontextmenü von Hcell

11. Wählen Sie aus den Diagrammmustern ein Spaltendiagramm. Das Diagramm wird als frei verschiebbare Grafik in das Tabellenblatt gezeichnet, wobei die Spaltenbeschriftungen für die untere x-Achse verwendet werden, die Zeilenbeschriftungen für die Legenden.

Neben den Befehlen in den Menübändern werden auch hier Befehle über Kontextmenüs angeboten. Wenn Sie einen Zellbereich durch Ziehen des Rahmens markieren, öffnet ein Tipp auf den runden Punkt das entsprechende Kontextmenü.

Das Speichern und Öffnen einer Tabelle erfolgt in der gleichen Weise, wie ich es im letzten Abschnitt für Textdokumente beschrieben habe. Nur der Dateityp ist ein anderer: *.xls* oder *.xlsx*.

> **INFO**
>
> **Alternative Office-Pakete**
>
> Wenn Sie mit weniger funktionsreichen Apps auskommen, weil Sie nur einfache Dokumente und schlichte Tabellen anlegen wollen, können Sie auf Googles **Quickoffice**-App zurückgreifen, die Sie ebenfalls kostenlos über den **Play Store** laden können. In der letzten Generation des Galaxy Tab war noch *Polaris Office* vorinstalliert, auch dieses Paket deckt die Funktionen Text, Tabelle und Präsentation ab.

Dateien verwalten, kopieren oder verschieben

Wenn Sie mit zahlreichen Dokumenten, Tabellen oder Präsentationen zu tun haben, ist es von Bedeutung, wie Sie die Speicherung der Dateien organisieren. Sonst geht viel Zeit mit dem Suchen verloren.

Das Android-System stellt Ihnen eine handliche Dateiverwaltung zur Verfügung. Tippen Sie auf dem Startbildschirm auf **Eigene Dateien**, um zu sehen, welche Dateien auf dem Tablet gespeichert sind, oder um auf einzelne Dateien zuzugreifen.

Die Ordner des internen Speichers erscheinen in dem Ordner **Gerätespeicher** ❶, die einzelnen Ordner der Speicherkarte in dem Ordner **SD card** ❷.

Neben der Lokalisierung in den Ordnern werden die Dateien auch noch nach **Kategorien** ❸ wie **Dokumente**, **Eigene Bilder**, **Musik** etc. zusammengestellt.

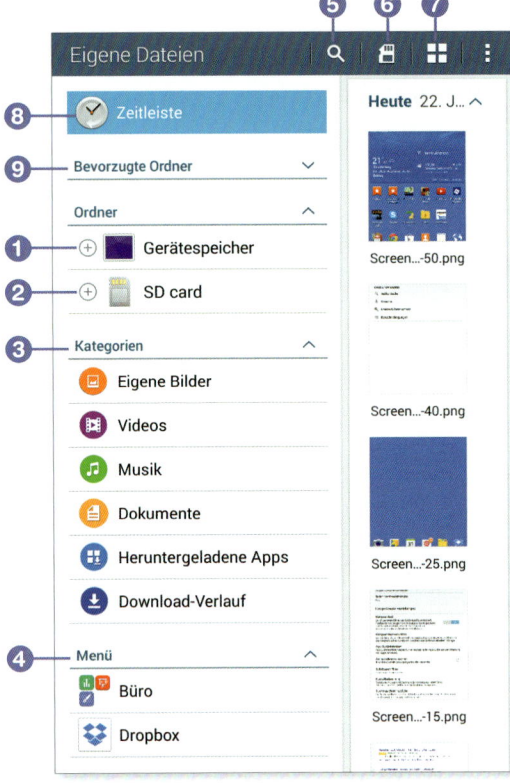

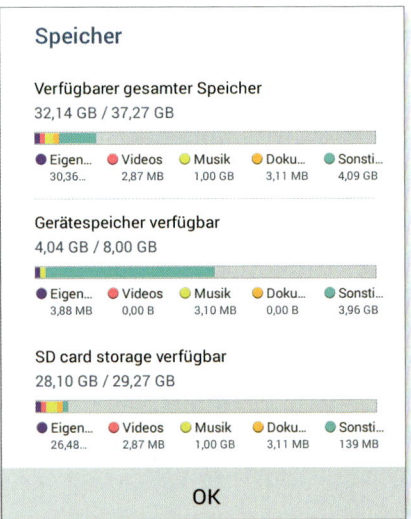

Links: Die Dateien auf dem Tablet können Sie bequem über die App »Eigene Dateien« verwalten.

Unten: Übersicht über die Speicherbelegung nach Dateitypen

Unter **Menü** ❹ werden noch Dateien zusammengefasst, die mit bestimmten Anwendungen erstellt worden sind, beispielsweise sind unter **Büro** die Ergebnisse der Arbeit mit Office-Programmen zu finden.

Ist Ihnen der Ordner oder der komplette Name einer Datei nicht mehr in Erinnerung, benutzen Sie das Lupensymbol ❺, um mit einer Zeichenfolge nach entsprechenden Dateien zu suchen.

Die Menüleiste der App bietet noch ein Symbol **Speicher** ❻ an, das Ihnen auf einen Blick die Nutzung des Speichers durch die verschiedenen Dateitypen aufzeigt. Mit dem Symbol daneben ❼ schalten Sie zwischen einer kompakteren Listenansicht der Ordnerinhalte und der Miniaturansicht um.

Hilfreich ist auch die **Zeitleiste** 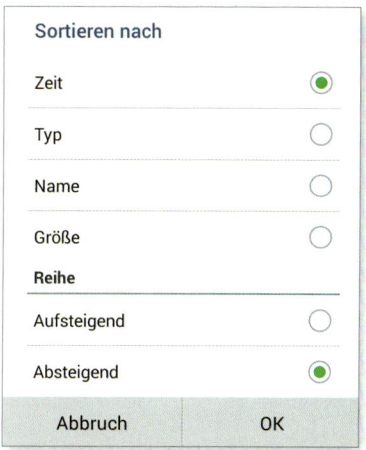, die am Anfang der Ordnerliste angeboten wird. Sie zeigt immer die zuletzt erstellten Dateien zuerst an.

Das Menü zu ⋮ bietet außerdem noch folgende Optionen an:

- **Sortieren nach** erlaubt Ihnen, statt der vorgegebenen zeitlichen Reihenfolge auch nach dem Dateityp, dem Namen oder der Größe zu sortieren, wahlweise auf- oder absteigend.

- **Zu bevorzugten Ordnern hinzufügen** trägt den Ordner in der Gruppe **Bevorzugte Ordner** ❾ ein, um den Zugang zu beschleunigen.

- **Verknüpfung auf Startseite erstellen** erzeugt eine Verknüpfung, mit der Sie direkt zu dem ausgewählten Ordner springen.

- **FTP hinzufügen** erlaubt das Einbinden eines FTP-Servers (siehe Glossar), mit dem Sie dann Dateien austauschen können. Dazu geben Sie die Zugangsdaten für diesen Server ein.

- **Nach Geräten suchen** findet Geräte, die beispielsweise über *Bluetooth* mit dem Tablet verknüpft sind.

- Über **Anzeigeeinstellungen wählen** entscheiden Sie, ob ausgeblendete Dateien oder die Dateierweiterungen angezeigt werden.

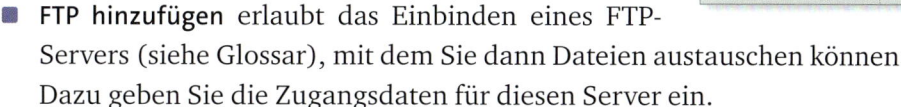

INFO

Variable Fensteraufteilung

Die Trennlinie zwischen der Ordnerliste und der Dateienliste lässt sich durch Ziehen verschieben, falls die Ordnernamen zu sehr abgekürzt erscheinen. Oft hilft aber schon, durch Drehen des Tablets vom Hochformat ins Querformat zu wechseln.

Um Ordner umzubenennen oder zu löschen, halten Sie in der Ordnerleiste den Finger auf dem Namen und wählen **Umbenennen** oder **Löschen** aus dem Kontextmenü. Über **Details** erhalten Sie den genauen Pfad des Ordners.

Manchmal ist es notwendig, die Platzierung der Dateien anzupassen. Sie wollen beispielsweise speicherintensive Bilder aus dem internen Speicher auf die Speicherkarte verschieben:

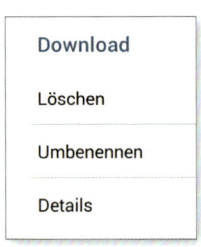

1. Öffnen Sie die Dateiverwaltung per Tipp auf **Eigene Dateien**.

2. Tippen Sie unter **Kategorien** auf **Eigene Bilder**.

3. Über das Symbol ⁞ in der Menüleiste wählen Sie **Auswählen**. Alle Bilder des Ordners erhalten Auswahlkästchen ❶.

4. Wählen Sie die Bilder aus, die Sie gern verschieben wollen.

5. Tippen Sie in der Menüleiste **Verschieben** ❷ an.

6. Gehen Sie in dem Ordner **SD card** ❸ zu dem Unterordner, der die Bilder aufnehmen soll.

7. Tippen Sie **Hierher verschieben** ❹ an, um den Vorgang abzuschließen.

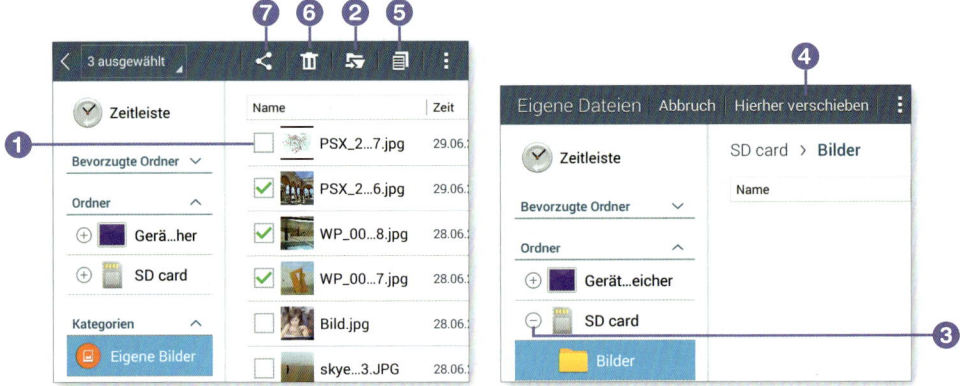

Wenn Sie Dateien kopieren wollen, benutzen Sie in Schritt 5 das Symbol **Kopieren** ❺ und in Schritt 7 **Hier einfügen**. Existiert der Zielordner noch nicht, legen Sie ihn vorher mit ⁞ ▸ **Ordner erstellen** an.

Solange Dateien ausgewählt sind, wird in der Menüleiste auch der Papierkorb zum Löschen ❻ angeboten und das Symbol **Senden via** ❼, mit dem Sie die Datei an zahlreiche andere Apps übergeben können, um sie zu exportieren.

Über das Menü zu ⁞ lassen sich Dateien auch umbenennen, wenn sie einzeln ausgewählt sind.

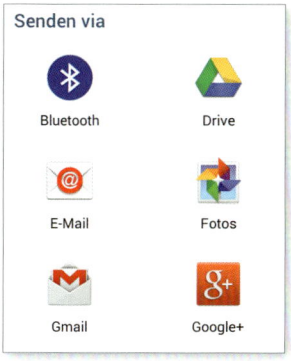

Über **Verknüpfung auf Startseite erstellen** legen Sie ein Symbol für die Datei auf die Startseite, sodass Sie die Datei von dort mit einem einzigen Tipp öffnen können.

Nur einige der Apps, mit deren Hilfe Sie eine Datei versenden können

Drucken per WLAN oder Bluetooth

Obwohl das Tablet Ihnen zahlreiche Möglichkeiten anbietet, Dokumente oder Bilder an andere online weiterzugeben, entsteht doch immer mal wieder der Wunsch, ein Foto in die Hand zu nehmen oder ein Dokument auf Papier zu bringen.

Gibt es Möglichkeiten, von einem Tablet aus zu drucken? Es gibt sogar mehrere Möglichkeiten. Wenn Sie mit WLAN arbeiten, finden Sie vielleicht einen Drucker, der per WLAN Daten übernehmen kann. Andere Drucker lassen sich über Bluetooth ansteuern. Ziehen Sie die Dokumentation zu Ihrem Drucker zurate, um die Einrichtung dafür vorzunehmen. Wenn eine App einen Druckbefehl anbietet, wählen Sie den verfügbaren Drucker als Zielgerät aus.

Drucken mit Google Cloud Print

Die Alternative zum direkten Druck über WLAN oder Bluetooth ist das Drucken über *Google Cloud Print*. Dabei handelt es sich um eine Technologie, die Drucker direkt über das Web anspricht.

Auch hier gibt es wieder zwei Möglichkeiten. Die erste ist, einen Cloud-fähigen Drucker einzusetzen, der eine direkte Verbindung ins Web herstellen kann. In diesem Fall sollten Sie die Dokumentation des Herstellers zurate ziehen, um herauszufinden, wie die Verbindung zu diesem Drucker aufgebaut werden kann.

Die zweite Möglichkeit ist, einen »normalen« Drucker zu verwenden, der an einem Ihrer Desktops oder Notebooks angeschlossen ist. Allerdings muss dieser Drucker in ein lokales Netz eingebunden und der Rechner, an dem er hängt, mit dem Internet verbunden sein. Da dies aber sehr oft sowieso der Fall ist, stellt sich diese Lösung als durchaus komfortabel heraus. Allerdings sind einige Vorbereitungen notwendig.

Zunächst müssen Sie dafür sorgen, dass auf dem PC oder Mac eine Verbindung zwischen dem Drucker und dem Google-Cloud-Print-Dienst hergestellt wird. Dazu wird ein Google-Konto benötigt, und außerdem muss der *Chrome*-Browser auf dem Gerät installiert sein. Anschließend aktivieren Sie den **Google Cloud Print Connector** in Chrome. Dies sind die notwendigen Schritte:

1. Schalten Sie den Drucker ein.

2. Öffnen Sie auf dem PC den **Chrome**-Browser, und melden Sie sich mit Ihrem Google-Konto an.

3. Wechseln Sie über die Schaltfläche **Chrome anpassen und einstellen** zu der Option **Einstellungen**, und benutzen Sie dort den Link **Erweiterte Einstellungen anzeigen**.

4. Benutzen Sie unter **Google Cloud Print** die Schaltfläche **Drucker hinzufügen** oder **Verwalten** ❶, wenn bereits Drucker eingebunden sind.

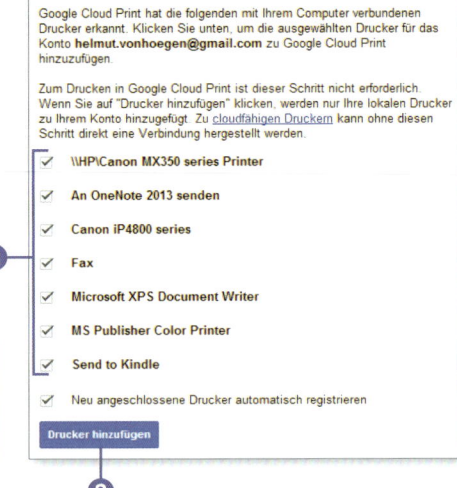

5. Auf der nächsten Seite werden alle erkannten Drucker und Ausgabe-möglichkeiten ❷ angezeigt. Wählen Sie alle Drucker aus, die Sie ver-binden möchten, und klicken Sie auf **Drucker hinzufügen** ❸.

Der Drucker ist von diesem Moment an mit Ihrem Google-Konto verknüpft und gleichzeitig mit Google Cloud Print verbunden. Sie können jetzt immer über diesen Drucker drucken, wenn Sie mit demselben Google-Konto ange-meldet sind.

1. Um nun von Ihrem Tablet Google Cloud Print zu nutzen, in-stallieren Sie zunächst die App **Cloud Print** aus dem **Play Store**.

2. Wenn Sie nun beispielsweise ein Bild aus der **Galerie** aus-drucken wollen, wählen Sie das Bild dort aus und benutzen über die Menüleiste ⦙ ▸ **Drucken**.

3. Anschließend tippen Sie **Google Print** ❹ an.

4. Tippen Sie in dem sich öffnenden Dialogfeld das erste Listenfeld ❺ an, und wählen Sie dort wieder mit einem Tipp den Drucker aus, den Sie verwenden wollen.

5. Das Dialogfeld erlaubt noch einige weitere Einstel-lungen wie **Exemplare**, **Papiergröße** etc. Die Schalt-fläche **Drucken** ❻ startet schließlich den Ausdruck.

Ist der Drucker gerade nicht eingeschaltet oder mit dem Netz verbunden, wird der Druckauftrag in eine Warteschlange gerückt. Sobald die Netzver-bindung wieder verfügbar ist, startet der Ausdruck.

Kapitel 13
Das Tablet und die Daten schützen

So ein handliches und leichtes Gerät, das Sie überallhin begleitet, ist auf der anderen Seite auch ein Teil, das leicht verloren gehen kann. Sie werden sicher nicht erfreut sein, wenn sich Unbefugte Zugang zu Ihren Daten verschaffen oder Ihr Gebührenkonto bei Ihrem Provider in die Höhe schnellen lassen. Es gibt glücklicherweise ein paar Dinge, die Sie dagegen tun können.

Den Sperrbildschirm absichern

Der Sperrbildschirm ist in der Voreinstellung zwar ein Schutz gegen ungewollte Tipps auf dem Bildschirm, aber keine Sperre gegen unbefugte Benutzer. Der Sperrbildschirm kann aber mit entsprechenden Maßnahmen gekoppelt werden. Die klassische Methode ist die Verwendung einer PIN oder eines Passworts.

1. Benutzen Sie ⊞ ▸ Einstellungen ▸ Gerät ▸ Personalisierung ▸ Sperrbildschirm.

2. Tippen Sie unter **Bildschirmsicherheit** ▸ **Sperrbildschirm** die dort vorgegebene Einstellung **Streichen** ❶ an.

3. Wählen Sie als Alternative die Option **PIN** oder **Passwort** ❷ aus.

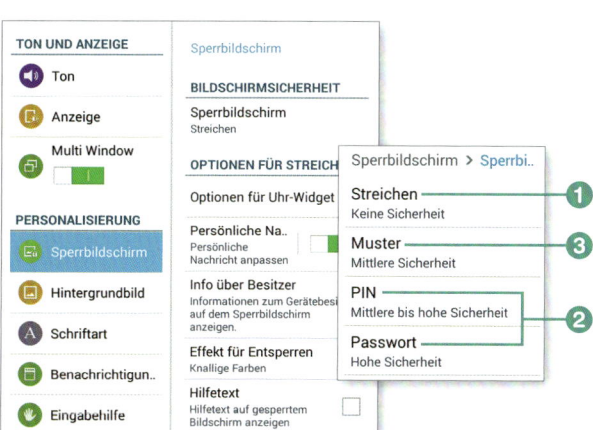

4. Geben Sie die vierstellige PIN oder ein mindestens vierstelliges Passwort ein, das wenigstens auch einen Buchstaben oder ein Sonderzeichen enthält, und bestätigen Sie jeweils durch eine erneute Eingabe.

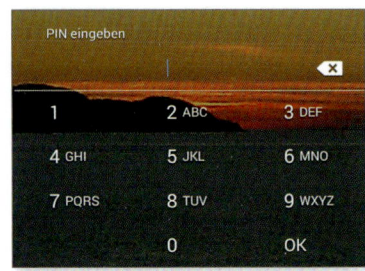

5. Zusätzlich aktivieren Sie noch die Option **Mit Ein/Aus sofort sperren**, die dann auf dem vorhergehenden Bildschirm erscheint.

6. Auf dem Sperrbildschirm wird beim nächsten Mal entweder die PIN oder das Passwort abgefragt. Bei einer PIN wird für die Eingabe eine Art Telefontastatur angeboten.

Da wir unverbesserlich dazu neigen, unserem Gedächtnis zuliebe leicht zu erratende Passwörter zu verwenden, stellt das Tab 4 noch eine weitere Alternative zur Absicherung des Tablets zur Verfügung – die Mustererkennung, die allerdings auch nur mit dem Prädikat »Mittlere Sicherheit« eingestuft wird.

1. Nehmen Sie hierfür im dritten Schritt der obigen Anleitung die Option **Muster** (❸ auf Seite 295).

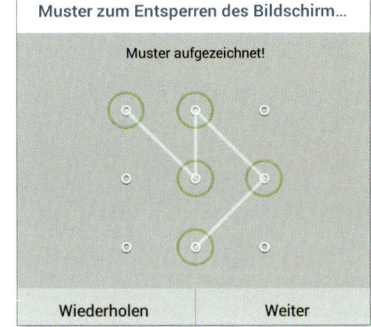

2. Ziehen Sie mit dem Finger eine Linie, die die Punkte in dem Entsperrungsmuster möglichst auf eine Weise verbindet, die nicht zu einfach ist.

3. Bestätigen Sie das Muster noch einmal.

4. Geben Sie zusätzlich eine PIN ein für den Fall, dass Sie das Muster vergessen.

5. Auf dem Sperrbildschirm verbinden Sie die dann angebotenen Punkte in der von Ihnen festgelegten Reihenfolge.

Auf diese Weise erschweren Sie zumindest die missbräuchliche Nutzung Ihres Tablets durch Unbefugte.

Wenn Sie auf dem Tablet nur harmlose Daten, Medien und Spiele abgelegt haben und auch keine Zugangsdaten zu Plattformen, die beispielsweise mit Geld zu tun haben wie beim Online-Banking, können Sie den Sperrbildschirm auch ganz abschalten. In diesem Fall nehmen Sie einfach die Option **Keine**.

Schutz vor Viren und Trojanern

Solange die Windows-Alternative Linux auf PCs einen Verwendungsgrad von etwa 1 % hatte, konnten sich die wenigen Nutzer einigermaßen sicher vor Hackerangriffen wähnen. Seit der Linux-Abkömmling Android auf über einer Milliarde mobiler Geräte installiert ist, hat sich dieser glückliche Umstand gänzlich geändert. Gerade Smartphones rücken immer mehr in den Blick von Kriminellen, insbesondere seit mit diesen Geräten zunehmend eingekauft, gehandelt und bezahlt wird.

Während der Einsatz von Viren, die direkt auf den Geräten Schaden anrichten, nicht mehr so im Mittelpunkt steht, wird der Einsatz von Trojanern immer komplexer und raffinierter. Bei einem Trojaner wird ja ein Stück Software eingeschmuggelt, das in der Lage ist, sensible Daten auf dem Gerät auszulesen und an Leute weiterzuleiten, die damit Bankkonten plündern, Verkäufe auf Ihre Rechnung tätigen oder Sabotage betreiben.

Ein wenig Schutz gibt Ihnen die Vorsicht. Es ist sinnvoll, Apps in der Regel nur über den Google Play Store zu installieren, das Zulassen von unbekannten Quellen, das für den Bezug von Apps über den Amazon-Store notwendig ist (siehe Kapitel 10 »Apps finden und installieren«), sollte immer sofort wieder abgeschaltet werden.

Wenn Sie den Verdacht haben, dass sich etwas bei Ihnen eingenistet hat, können Sie über ▦ ▸ **Einstellungen** ▸ **Allgemein** ▸ **Geräte-Manager** prüfen,

Scanvorgang bei der Antiviren-App F-Secure Mobile Security

Der Sicherheitsadministrator braucht einige Rechte.

ob ohne Ihr Wissen ein zusätzlicher Geräteadministrator installiert worden ist, der über das Recht verfügt, das Gerät zu kontrollieren.

Eines der probaten Mittel, um sich gegen Schädlinge auf dem Tablet zu schützen, ist die Installation und Pflege einer Antiviren-App. Das Wort »Pflege« muss hier betont werden, weil solche Apps nur dann einigermaßen helfen, wenn sie ständig auf dem neuesten Stand gehalten werden. Häufig dauert es allerdings eine Zeit, ehe Gegenmittel gegen neue Formen von Schädlingen gefunden sind, ein Ruhekissen sind also selbst die am besten getesteten Apps dieser Art nicht.

Ich stelle Ihnen hier nur kurz eine App vor, die bisher bei entsprechenden Tests ganz gut abgeschnitten hat, **F-Secure Mobile Security** (siehe Abbildung auf Seite 297). Sie können eine Testversion für 30 Tage aus dem **Play Store** laden und dann entscheiden, ob die App die Abo-Gebühr wert ist, die halbjährlich verlangt wird.

Wenn diese App installiert ist, braucht sie entsprechende Administratorrechte, um beispielsweise bei einem Diebstahl das Tablet über einen Netzzugriff zu sperren ❶. Lassen Sie deshalb in diesem Fall die entsprechende Option aktiviert.

Synchronisieren über das Google-Konto

Wenn Sie mit einem Konto bei Google arbeiten, haben Sie die Möglichkeit, einen großen Teil der Daten, die auf dem Tablet zusammenkommen, fortlaufend auf den Servern von Google zu sichern. Diese Optionen sind im Zusammenhang mit den Apps zu Bildern, Audio und Video sowie zu E-Mail, Kontakten und Kalendern schon angesprochen worden. Die Synchronisierung ist keine Einbahnstraße. Wenn Sie auf einem PC einen neuen Termin in den Kalender zu Ihrem Konto eintragen, erscheint er sofort auch auf Ihrem Tablet, vorausgesetzt, beide Geräte sind im Netz erreichbar.

Die genaue Übersicht über die entsprechenden Einstellungen finden Sie über ▦ ▸ **Einstellungen** ▸ **Allgemein** ▸ **Konten**, wenn Sie das Konto **Google** ❶ antippen.

Sie finden eine lange Liste von Optionen ❷, die Sie alle oder wahlweise mit einem grünen Häkchen aktivieren können. Das Datum der letzten Synchronisierung wird jedes Mal angezeigt ❸.

Die Synchronisierung wird in einem bestimmten Rhythmus automatisch vorgenommen. Wenn Sie merken, dass das Tablet für die ständigen Synchronisierungsvorgänge zu viel Aufwand treiben muss und andere Apps darunter zu leiden haben, können Sie die Synchronisierung auf die für Sie wichtigen Dinge reduzie-

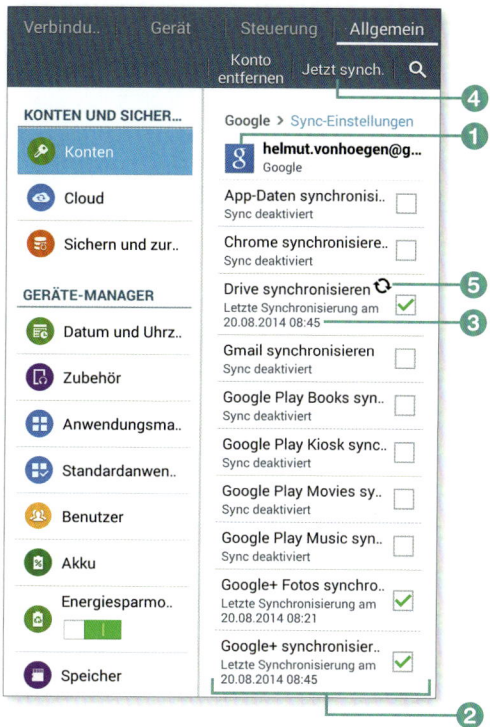

Synchronisierungseinstellungen für ein Google-Konto

ren oder die automatische Synchronisierung ganz abschalten. Dann haben Sie immer noch die Möglichkeit, mit **Jetzt synch.** ❹ jederzeit einen Ad-hoc-Austausch anzustoßen. Die Synchronisierung wird, solange sie läuft, durch ein Symbol mit zwei sich drehenden Pfeilen ❺ angezeigt.

Sichern und Zurücksetzen

Anders als bei der im letzten Abschnitt beschriebenen wechselseitigen Synchronisierung geht es bei der Option **Meine Daten sichern** darum, Anwendungsdaten, WLAN-Passwörter und Einstellungen des Tablets auf dem Google-Server zu sichern. Dies ist im Falle von Datenverlust unterschiedlicher Ursache bzw. als Voraussetzung für eine Neuinstallation sinnvoll.

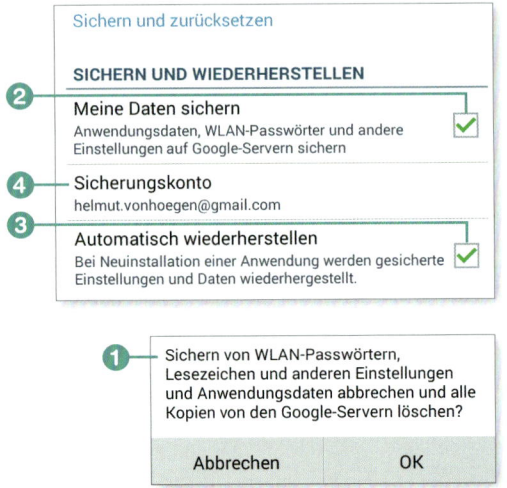

Sie finden diese Option über ⊞ ▸ **Einstellungen** ▸ **Allgemein** ▸ **Konten und Sicherung** ▸ **Sichern und zurücksetzen**. Falls Sie diese Option nachträglich löschen, erhalten Sie die in der unteren Abbildung gezeigte Nachfrage ❶.

Wenn Sie mit **OK** antworten, werden also die entsprechenden Daten auf dem Google-Server gelöscht.

Sind Sie dagegen mit der Sicherung der Daten einverstanden ❷, haben Sie noch die Möglichkeit, die automatische Wiederherstellung zuzulassen ❸. Auf diese Weise kann, wenn die Neuinstallation einer App notwendig wird, auf die vorher für diese App gesicherten Daten zurückgegriffen werden. Das ist beispielsweise bei einer E-Mail-App ein großer Vorteil, weil sonst eine Menge Arbeit mit der Neueinrichtung der Konten und Einstellungen anfallen würde.

Vorausgesetzt ist auch hierbei, dass für das Tablet ein Google-Konto eingerichtet ist, das dann hier unter **Sicherheitskonto** ❹ angezeigt wird.

Mit Samsung Kies verbinden

Samsung stellt Ihnen für den PC und den Mac eine Anwendung namens *Samsung Kies* zur Verfügung, mit der Sie Daten und Einstellungen mit dem Tablet austauschen können. Für das Tab 4 benötigen Sie auf dem PC die Version Kies 3, die Sie von folgender Seite im Internet herunterladen können: *www.samsung.com/de/support/usefulsoftware/KIES/* .

1. Wenn Kies 3 auf dem PC installiert ist, stellen Sie eine Verbindung zum Tablet mit dem USB-Kabel her.

2. Starten Sie **Kies 3** auf dem PC, und warten Sie einen Moment, bis das Programm die Verbindung zu Ihrem Tablet aufgebaut hat und das Gerät

❶ anzeigt. Dabei wird auch die aktuelle Speicherbelegung für den internen Speicher und für die SD-Karte angegeben ❷. Im linken Teil des Fensters werden im oberen Teil die Medien des Tablets ❸ angeboten, im unteren Teil die Medien der Bibliothek des PCs ❹.

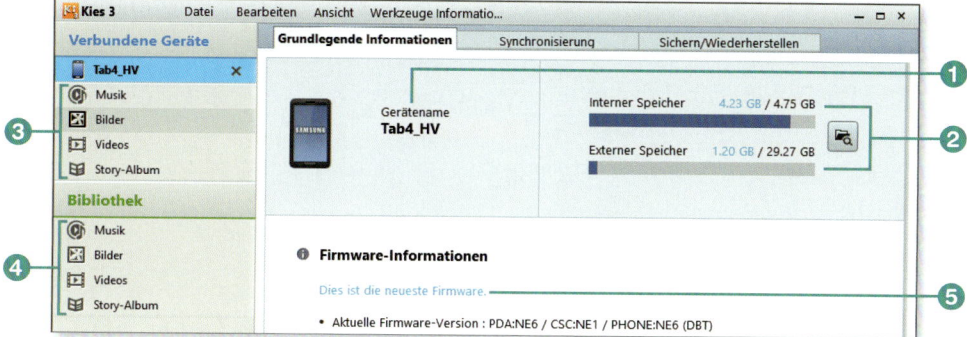

3. Das Programm prüft auch, ob die Firmware des Tablets aktuell ❺ ist. Wenn nicht, wird Ihnen an dieser Stelle eine Aktualisierung angeboten.

4. Wenn Sie nun beispielsweise einzelne Bilder vom Tablet auf den PC übertragen wollen, tippen Sie den Bereich **Bilder** ❻ an und können dann im rechten Teil des Fensters die vorhandenen Bilder geordnet nach Perioden oder nach Ordnern ansehen. Mit einem Klick wählen Sie einzelne Bilder aus, kombiniert mit der ⌂-Taste auch mehrere. Über das Kontextmenü der Auswahl wählen Sie **Auf dem Computer speichern** und geben den Zielordner an.

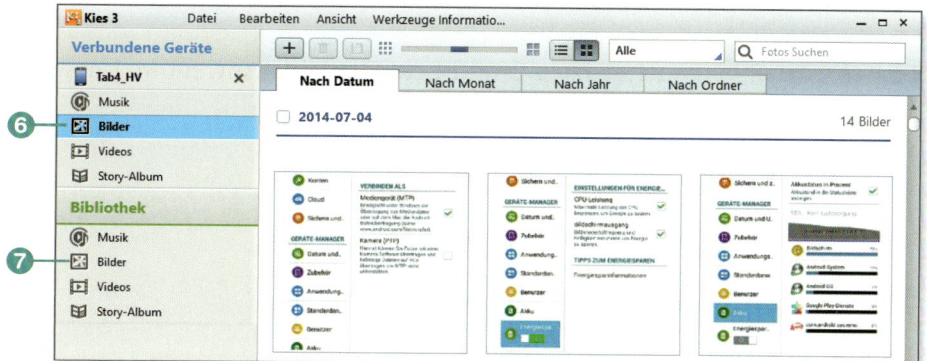

5. Um Bilder vom Computer auf das Tablet zu kopieren, verfahren Sie umgekehrt. Sie wählen unter **Bibliothek** den Bereich **Bilder** ❼ aus, markie-

ren die gewünschten Bilder, benutzen im Kontextmenü **Auf Gerät übertragen** und geben noch den Zielspeicher – also intern oder SD – an.

6. Neben solchen gezielten Übertragungen von Medien können Sie eine Synchronisierung von Outlook-Daten für Kontakte, Kalender und Aufgaben einrichten. Tippen Sie dazu das Register **Synchronisierung** ❶ an. Die Option **Alle Elemente auswählen** ❷ sorgt für eine umfassende Synchronisierung, stattdessen können Sie auch gezielt nur bestimmte Outlook-Daten abgleichen. Allerdings ist diese Funktion nicht besonders praktisch, weil sie ja immer auf eine USB-Verbindung mit dem Tablet angewiesen ist.

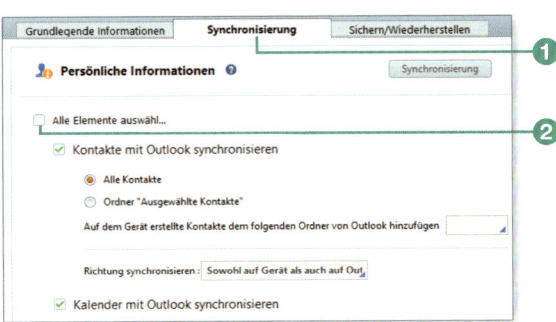

7. Über das Register **Sichern/Wiederherstellen** ❸ lassen sich fast alle Daten des Tablets in einen speziellen Ordner auf den PC kopieren und im Notfall von dort aus auch wieder auf das Tablet zurückholen. Der Ordner wird für mein Tab 4 7.0 beispielsweise innerhalb meines Dokumentenordners unter …\Documents\samsung\Kies3\backup\SM-T320 abgelegt.

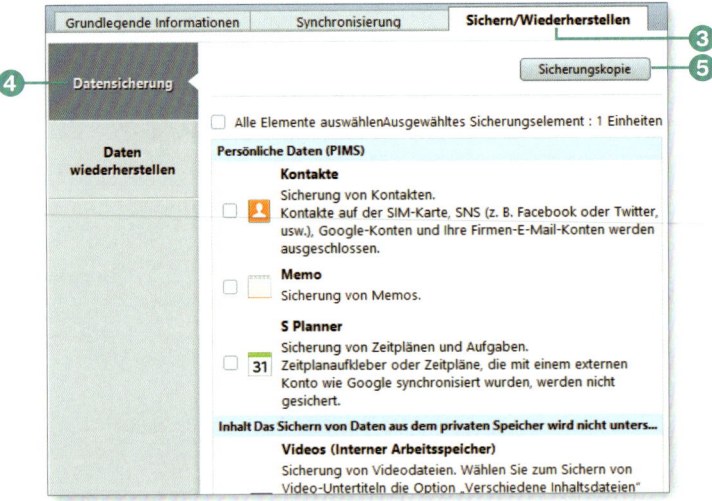

8. Klicken Sie dazu zunächst **Datensicherung** (❹ auf Seite 302) an, und markieren Sie alle Elemente, die Sie sichern wollen. Mit der Schaltfläche **Sicherungskopie** ❺ starten Sie die Übertragung vom Tablet auf den PC. Die Übertragung kann, je nach der Anzahl der ausgewählten Elemente, eine Zeit lang dauern, die USB-Verbindung ist nicht so rasend schnell.

9. Brauchen Sie ein Element aus dem Sicherungsordner, klicken Sie zuerst **Daten wiederherstellen** ❻ an und wählen wieder die betreffenden Elemente aus. Mit **Wiederherstellen** ❼ werden die Daten auf das Tablet zurückgespielt.

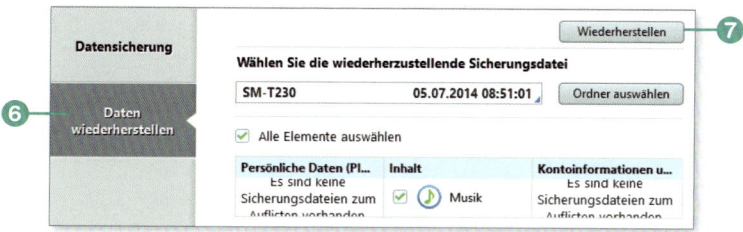

Neben Medien und Dokumenten lassen sich auf diese Weise auch die von Ihnen installierten Apps samt ihren aktuellen Einstellungen sichern und bei Bedarf wiederherstellen. Dabei haben Sie auch die Möglichkeit, nur einzelne Apps zu sichern, wie die folgende Abbildung zeigt.

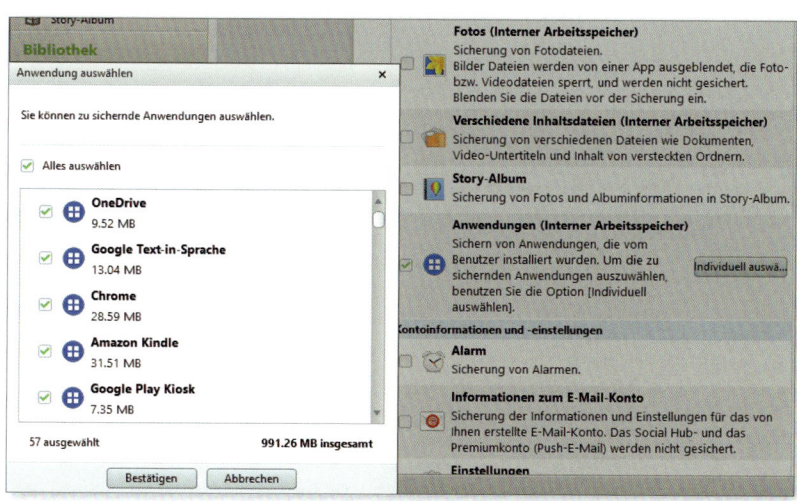

Auch Apps und ihre Einstellungen lassen sich per Kies 3 sichern.

Dateien und Medien in der Cloud speichern

Wenn Sie mit einem Samsung-Konto arbeiten, können Sie die von Samsung angebotenen Cloud-Dienste nutzen, um Dateien zu synchronisieren oder Anwendungsdaten zu sichern.

1. Gehen Sie über ▦ ▸ **Einstellungen** ▸ **Allgemein** ▸ **Konten und Sicherung** ▸ **Cloud** zu **Persönliche Informationen**.

2. Tippen Sie auf das angezeigte Samsung-Konto ❶, um Details dazu einzusehen oder festzulegen.

3. Tippen Sie auf **Sync-Einstellungen** ❷, um den Umfang der Synchronisierung festzulegen.

4. Über **Datensicherung** ❸ können Sie die **Automatische Sicherung** ❹ aktivieren oder mit **Jetzt sichern** ❺ eine Ad-hoc-Sicherung anstoßen. Separat lässt sich noch auswählen, ob der Hintergrund, die als VIP gekennzeichneten E-Mail-Adressen und die Spam-Adressen gesichert werden sollen.

5. Falls es nötig wird, auf die gesicherten Daten auf dem Cloud-Server zuzugreifen, benutzen Sie **Wiederherstellen** ❻. In diesem Fall werden die Daten auf dem Tablet durch die Daten des Servers ersetzt.

INFO

Sicherung auf dem Samsung-Server

Die automatische Sicherung startet jeweils eine Stunde nach dem Anschluss an ein WLAN-Netz und während das Gerät bei ausgeschaltetem Bildschirm aufgeladen wird. In der Folge werden die Daten im 24-Stunden-Rhythmus gesichert; die Daten vom Tablet überschreiben dabei die Daten auf dem Cloud-Server.

Wie zu Anfang bereits erwähnt, wird Ihnen schon bei der Ersteinrichtung des Tablets angeboten, ein Konto bei *Dropbox* anzulegen. Dropbox ist ein schon seit Jahren bekannter Speicherdienst, der seine Server über die Cloud zur Verfügung stellt. Er erlaubt Ihnen, auf die eigenen Daten von verschiedenen Geräten aus zuzugreifen, die ebenfalls über entsprechende Dropbox-Apps verfügen. Außerdem lassen sich Daten und Medien mit anderen Benutzern von Dropbox austauschen, wenn Sie sie dazu einladen.

1. Starten Sie die App mit einem Tipp auf das vorgegebene **Dropbox**-Symbol auf dem Startbildschirm.

2. Zur Anmeldung geben Sie eine E-Mail-Adresse und ein Passwort ein. Wenn Sie Dropbox schon auf einem anderen Gerät nutzen, melden Sie sich mit den entsprechenden Zugangsdaten an.

3. Gleich zu Anfang wird Ihnen die Schaltfläche **Kamera-Upload aktivieren** angeboten. Wenn Sie die Option nutzen, werden alle Fotos, die Sie mit dem Tablet aufnehmen, automatisch in den Cloud-Speicher kopiert.

4. Tippen Sie in der Menüleiste auf das erste Symbol ❶, erscheint der übergeordnete Ordner **Dropbox** und bereits ein Unterordner **Kamera-Uploads** ❷ für die angesprochenen Kopien Ihrer Fotos.

5. Über ▋ ▸ **Neuer Ordner** ❸ legen Sie Ihre eigenen Ordner an.

6. ▋ ▸ **Einstellungen** ❹ zeigt Ihnen die aktuellen Daten Ihres Kontos und den verfügbaren Speicherplatz. Zum Einstieg werden Ihnen 2 GByte Speicher reserviert. Sie können zusätzlichen Speicher entweder kaufen oder über die Werbung weiterer Benutzer dazuverdienen. Dazu tippen Sie **Freunde einladen** an und wählen aus Ihrer Kontakteliste.

7. Wenn Sie einen Ordner für eine Person freigeben wollen, die ebenfalls ein Dropbox-Konto hat, halten Sie den Finger auf dem Ordnernamen ❺ und wählen im Kontextmenü **Freigeben** ❻.

8. Über **Link senden** 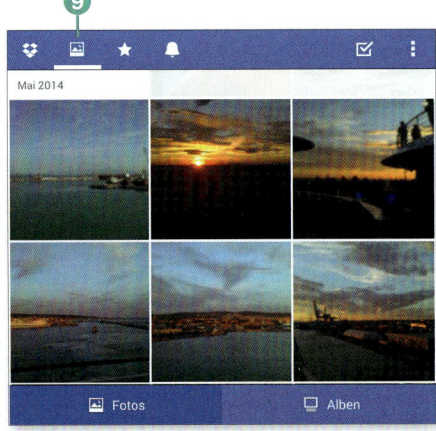 ❼ schicken Sie den *URL* des Ordners per E-Mail.

Link senden ———————————————— ❼
Alle, die einen Link haben, können diese Dateien aufrufen

Ordnereinstellungen ———————————— ❽
Nutzer einladen und Mitglieder verwalten

9. Mit der Option **Ordnereinstellungen** ❽ gehen Sie noch einen Schritt weiter und erlauben anderen Personen, Dateien aus dem Ordner selbst zu bearbeiten.

10. Wenn Sie die zweite Schaltfläche ❾ in der Menüleiste antippen, finden Sie die Fotos, die über den Kamera-Upload hochgeladen worden sind. Dropbox ordnet die Bilder nach dem Aufnahmezeitpunkt. Wischen Sie nach oben, um ältere Bilder zu sehen.

Wenn Sie die Bilder einem Album zuordnen wollen, tippen Sie das erste Bild an, benutzen die Schaltfläche **Zu Album hinzufügen** ❿ und geben einen Namen an.

Tippen Sie anschließend die weiteren Bilder für dieses Album an, benutzen Sie wieder **Zu Album hinzufügen**, und geben Sie das neue Album als Ziel an.

Dropbox kann aber nicht nur als Speicher für Ihre Fotos, sondern für alle möglichen Dateien genutzt werden.

1. Um gezielt beispielsweise bestimmte Dokumente vom Tablet hochzuladen, wählen Sie auf dem **Dropbox**-Register zunächst den passenden Zielordner aus oder legen ihn neu an.

2. Dann benutzen Sie ⠿ ▸ **Hier hochladen** (⓫ auf Seite 305) und wählen **Andere Dateien**.

3. Die Ordner des Tablets werden für die Auswahl angeboten. Haken Sie die gewünschte Datei ab, und tippen Sie auf **Hochladen**.

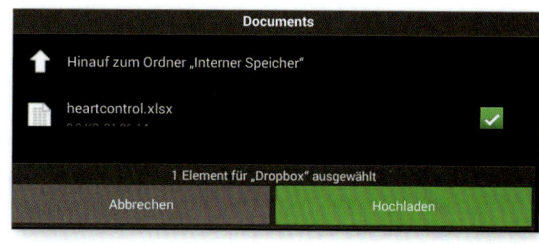

Wenn Sie das Dokument, beispielsweise einen Text oder eine Tabelle, in der **Dropbox**-App antippen, wird es mit einer App geöffnet, die die Daten anzeigen kann.

Von Bedeutung sind in diesem Zusammenhang noch die Einstellungen, die Sie unter ▦ ▸ **Einstellungen** ▸ **Allgemein** ▸ **Konten und Sicherung** ▸ **Cloud** zu **Dropbox** finden. Zunächst legen Sie hier fest, dass Bilder und Videos von Dropbox in der

Galerie angezeigt werden ⑫. Unter **Dokumente** ⑬ können Sie es so einrichten, dass Dokumente in dem Ordner *DocumentSync* immer automatisch mit Dropbox abgeglichen werden.

Eine Alternative zu Dropbox ist *Google Drive*. All Ihre Dateien, Fotos und Videos sowie Ihre Musikstücke lassen sich sehr einfach auf Google Drive sichern und von dort im Bedarfsfall wieder herunterladen. Die Dateien werden automatisch auf allen Geräten synchronisiert, auf denen **Drive** installiert ist.

Die vorinstallierte App wird Ihnen angeboten, wenn Sie auf dem Startbildschirm mit einem Tipp den Ordner **Google** öffnen.

Die meisten Apps, die die **Senden via**-Funktion anbieten, erlauben auch den Versand nach **Drive**. Die Abbildung rechts zeigt ein Beispiel für Screenshots, die aus der **Galerie**-App hochgeladen werden.

Versand eines Screenshots an Drive

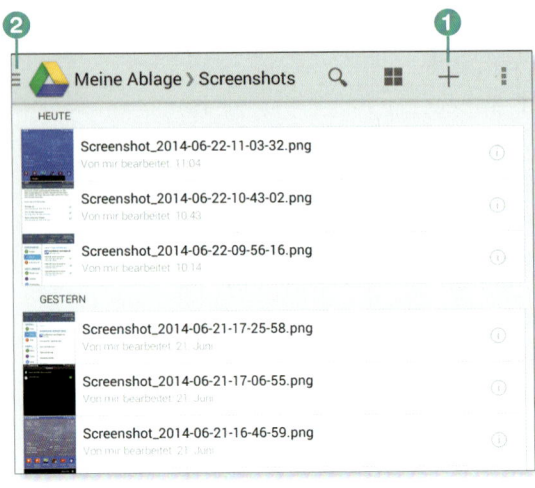

Die hochgeladenen Dateien finden Sie unter **Meine Ablage**, geordnet nach der Reihenfolge des Eingangs. Über die Plus-schaltfläche ❶ lässt sich eine passende Ordnerstruktur anlegen. Über ⋮ finden Sie noch Optionen zum Sortieren und Filtern.

Das Hauptmenü der App öffnen Sie mit den drei kurzen Strichen ❷ am Anfang der Menüleiste. Wenn Sie ein Google-Konto haben, stehen Ihnen kostenlos 15 GByte Speicher zur Verfügung. Weiterer Speicher kann hinzugekauft werden, wenn Sie im Hauptmenü die Speicheranzeige antippen. 100 GByte kosten beispielsweise 1,99 $ im Monat.

Eine weitere Alternative ist *OneDrive*. Wenn Sie aus der Windows-Welt kommen, werden Sie vielleicht schon mit Microsoft OneDrive gearbeitet haben. Auch für Android steht über den Play Store eine App zur Verfügung, mit der

Sie auf Ihre Daten in OneDrive zugreifen können.

Ist die **OneDrive**-App installiert, finden Sie auch in den **Senden via**-Dialogfeldern der meisten Apps eine entsprechende Option.

Die Oberfläche von One-Drive (früher SkyDrive) in der Rasteransicht

Daten verschlüsseln

Wenn Sie auf Ihrem Tablet sensible Daten mit sich herumtragen, gibt es gute Gründe, besondere Maßnahmen zu treffen, dass Unbefugte darauf keinen Zugriff erhalten, falls das Gerät verloren geht oder gestohlen wird. Die Absicherung des Sperrbildschirms, die ich oben beschrieben habe, ist nur eine der möglichen Schutzmaßnahmen, die andere ist die Verschlüsselung der Daten.

Es ist möglich, fast den gesamten Inhalt des Tablets, Kontendaten, Einstellungen, Apps, Dateien und Medien, zu verschlüsseln. Der Zugang zum Tablet wird dann durch eine PIN oder ein Passwort gesichert. Da müssen Sie allerdings dafür sorgen, dass Ihnen diese Zugangscodes nicht aus dem Gedächtnis entschwinden, sonst sind die Daten verloren. Hier die notwendigen Schritte:

1. Gehen Sie über ▦ ▶ **Einstellungen** ▶ **Allgemein** in der Gruppe **Geräte-Manager** auf den Punkt **Sicherheit**.

2. Tippen Sie die Einstellung unter **Gerät verschlüsseln** ❶ an.

3. Legen Sie über **Sperrbildschirmtyp festlegen** ein Passwort mit mindestens sechs Zeichen, davon wenigstens eine Ziffer, fest.

4. Die Verschlüsselung dauert mindestens eine Stunde und sollte nur bei einem vollen Akku gestartet werden, damit es nicht zu einer Unterbrechung kommt. Deshalb sollte das Ladegerät die ganze Zeit angeschlossen bleiben.

5. Wenn die Verschlüsselung erfolgreich abgeschlossen ist, haben Sie nur noch über das festgelegte Passwort Zugang zu den entschlüsselten Daten.

INFO

Nur die SD-Karte verschlüsseln

Unabhängig vom Gerät kann auch nur die SD-Karte verschlüsselt werden ❷. Beachten Sie, dass die Verschlüsselung rückgängig gemacht werden muss, bevor Sie das Gerät auf die Werkseinstellungen zurücksetzen.

Mein Galaxy Tab suchen

Wenn Sie bei den im letzten Abschnitt beschriebenen Sicherheitseinstellungen unter **Find my Mobile** die Option **Fernzugriff** einschalten (❸ auf Seite 309), ist es möglich, über die Website *findmymobile.samsung.com* eine Suchaktion zu starten. Voraussetzung ist, dass Sie bei Samsung mit einem Konto angemeldet sind. Sie können dann die Option **Drahtlosnetze verwenden** aktivieren, sodass das Tablet über WLAN-Netze und mobile Netzwerke lokalisiert werden kann.

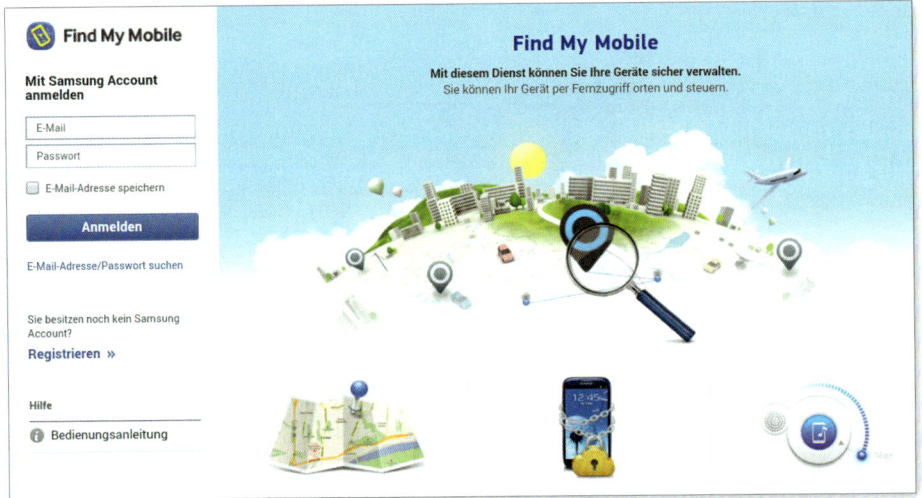

Mit den drei Symbolen auf dieser Seite können Sie das Tablet finden, sperren oder anrufen.

Eine Alternative zu diesem Verfahren finden Sie unter **Sicherheit ▸ Geräteverwaltung**. Wenn Sie die Einstellung zu **Geräteadministratoren** antippen, können Sie die Option **Sperren des Geräts** oder **Löschen der Gerätedaten über den Android Geräte-Manager zulassen** aktivieren. Das Gerät ist dann über folgenden Link zu lokalisieren: *https:// www.google.com/android/devicemanager*.

Kapitel 14
Das Tablet warten und Fehler beheben

Wenn Sie lange etwas von Ihrem Tablet haben wollen, sollten Sie es pfleglich behandeln. Zu große Hitze oder Kälte ist keine günstige Umgebung für ein solches Gerät. Gegen Stöße und Stürze mag eine der zahlreichen Schutzhüllen helfen, die dafür angeboten werden. Bei dem 10.1-Zoll-Gerät lohnt sich vielleicht eine Hülle mit integriertem Standfuß.

Eine Hülle von EasyAcc für das Galaxy Tab 4 7.0 (Quelle: Amazon)

Staub oder Sandkörner von einem Strandbesuch können durchaus einen Weg ins Innere des Geräts finden und Schaden anrichten. Vor Flüssigkeiten habe ich schon im ersten Kapitel gewarnt.

Die Akkulaufzeit verlängern

Die größte Schwäche aller Smartphones und Tablets ist leider immer noch die Akkulaufzeit. Ein Gerät mit einer Akkulaufzeit von mehreren Tagen ist außer bei Lesegeräten wie dem Kindle, die mit einem anderen Bildschirmtyp arbeiten, noch nicht in Sicht. Alle Tipps, wie Sie Strom sparen können, führen deshalb allenfalls zu einer Linderung des Problems, der Durchbruch hängt eher von technischen Innovationen für die Akkuherstellung ab.

Auch wenn das Tab 4 10.1 eine etwa 70 % größere Akkuleistung hat als das Tab 4 7.0, sind das auch nur ein paar Stunden Zugewinn. Spielen Sie, wozu gerade das größere Tablet einlädt, HD-Filme darauf ab, wird kräftig abgesaugt.

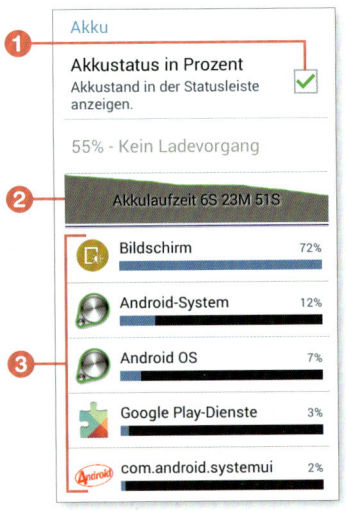

Während des Betriebs wird der Ladestatus in der Kopfzeile des Startbildschirms als Prozentwert angezeigt, solange Sie an dieser Einstellung ❶ nichts ändern. Sinkt der Wert auf 15 %, fordert das Tablet Sie auf, den Akku zu laden.

Über ▦ ▸ **Einstellungen** ▸ **Allgemein** ▸ **Geräteinformationen** und **Status** sehen Sie den Wert ebenfalls.

Unter **Einstellungen** ▸ **Allgemein** ▸ **Geräte-Manager** ▸ **Akku** finden Sie unter einem Histogramm zum Verlauf des Energieverbrauchs ❷ auch eine Aufstellung ❸, welche Komponenten wie viel Prozent der Energie verwenden.

Spitzenreiter in der Abbildung ist ganz klar der Bildschirm; je höher die Auflösung und je heller die Einstellung, umso mehr wird verbraucht. Neben dem Betriebssystem finden Sie hier auch Dienste aufgelistet, die im Hintergrund arbeiten und beispielsweise nach Updates für Apps suchen oder für die Synchronisierung zwischen dem Tablet und einem Cloud-Server sorgen.

Wenn Sie mit der Akkuleistung sparsam umgehen wollen, gibt es immerhin ein paar Maßnahmen, mit denen Sie sich vielleicht anfreunden können, auch wenn sie, wie gesagt, keine allzu großen Effekte mit sich bringen.

INFO

Was bedeutet mAh?

Die Kapazität des Akkus wird in Milliamperestunden angegeben. Ein Wert von 4.000 mAh bedeutet, dass ein Gerät bei der als ideal angesetzten Raumtemperatur eine Stunde lang eine Leistung von 4.000 mA abgeben kann oder 10 Stunden eine Leistung von 400 mA.

Umgang mit besonders stromhungrigen Apps

Wie viel vom Akku eine App verbraucht, hängt von vielerlei Umständen ab. Bestimmte Funktionen einer App wie der Zugriff auf das Web oder die Nutzung bestimmter Sensoren beeinflussen die Menge an Energie. Wenn eine App auch ohne einen Ortungsdienst sinnvoll arbeiten kann, bringt es einige Ersparnis, wenn der Ortungsdienst deaktiviert bleibt.

Wenn es nicht notwendig ist, jedes neue Foto sofort auf einem Cloud-Server zu kopieren, können Sie den Umfang der Synchronisierungen entsprechend einschränken, siehe dazu beispielsweise den Abschnitt »Synchronisieren über das Google-Konto« ab Seite 298.

Viel hängt aber auch davon ab, wie eine bestimmte Aufgabe, die in einer App ansteht, programmiert worden ist. Häufig werden ständig Verbindungen zum Internet hergestellt, obwohl es gar nicht notwendig ist. Besonders schlimme Akkusauger werden in der Fachpresse oder in Nutzerforen aber meistens irgendwann an den Pranger gestellt. Dann können Sie entscheiden, ob Sie eine solch »gefräßige« App weiterhin auf Ihrem Tablet beherbergen möchten. Sie sehen, auf die Energiebalance Ihres Tablets können Sie also durchaus Einfluss nehmen.

Bestimmte Operationen, etwa die Synchronisierung des Tablets mit einem Desktop-Gerät oder umfangreiche Updates von Apps oder des Systems, sollten zudem möglichst in einem Zustand vorgenommen werden, in dem der Akku noch genügend Saft hat, damit es nicht zu unvorhergesehenen Unterbrechungen kommt, die möglicherweise Fehler zur Folge haben.

Display-Helligkeit regeln

Ein großer Teil der Energie wird zwangsläufig durch den Bildschirm verbraten, je heller er leuchtet, umso mehr. Es ist aber wenig sinnvoll, sich durch eine zu dunkle Bildschirmeinstellung die Augen kaputt zu machen.

Helligkeitsregulierung über das Benachrichtigungsfeld

Ich habe schon im ersten Kapitel auf Seite 51 beschrieben, wie Sie sich im Benachrichtigungsfeld unter der Statusleiste einen Schieberegler einblenden, mit dem Sie bei Bedarf schnell die Helligkeit anpassen können.

Wer gerade Musik hört, kann beispielsweise die Helligkeit heruntersetzen, die er beim Lesen eines Buches vielleicht unbedingt braucht.

Unbenutzte Verbindungen deaktivieren

Eine Menge Strom benötigen die Netzverbindungen. LTE- oder UMTS-Verbindungen sind energiehungriger als WLAN-Verbindungen. Wo Sie also auf WLAN zurückgreifen können, können Sie die anderen Verbindungen vorübergehend deaktivieren. Wenn Sie gerade gar nicht ins Internet wollen, können Sie auch das WLAN abschalten. Wenn Sie also beispielsweise auf einer langen Zugreise auf dem Tablet ein Buch lesen wollen, können Sie den Offline- oder Flugzeugmodus ❶ nutzen, um zu verhindern, dass das Tablet ständig neu die wechselnden UMTS-Zellen oder Hotspots kontaktiert.

Auch Bluetooth-Verbindungen sollten nur dann eingeschaltet sein, wenn sie wirklich gebraucht werden.

Der Offline-Modus trennt sowohl die WLAN- als auch die Bluetooth-Verbindung.

Über die Schnellzugriffsleiste, die beim Runterziehen der Statusleiste zur Verfügung steht, lässt sich das Ab- und Einschalten einigermaßen bequem handhaben. Stattdessen können Sie auch den Ein-Aus-Schalter gedrückt halten und **Offline-Modus** antippen.

Harmloser ist die Nutzung von GPS, aber wo es nicht gebraucht wird, muss es auch nicht eingeschaltet sein.

Den Energiesparmodus einrichten

Da die Kapazität des Akkus begrenzt ist, sollte das Tablet möglichst wenig Strom ziehen, wenn Sie gerade nichts damit tun. Über ▦ ▸ **Einstellungen** ▸ **Allgemein** können Sie in der Gruppe **Geräte-Manager** den **Energiesparmodus** aktivieren. Hier lassen sich die Leistung der CPU und die Bildwiederholfrequenz sowie Helligkeit des Bildschirms begrenzen.

Ob Sie aber mit diesen Sparmaßnahmen glücklich werden, sollten Sie zunächst ausprobieren; es hängt natürlich sehr davon ab, wozu Sie das Tablet hauptsächlich benutzen. Und davon, wie es Ihre Augen am liebsten haben.

Auf das Abschalten des Bildschirms bei Inaktivität bin ich im ersten Kapitel schon kurz eingegangen. Das Intervall für den Bildschirm können Sie über ▦ ▸ **Einstellungen** ▸ **Gerät** ▸ **Anzeige** ▸ **Bildschirm-Timeout** bei Bedarf ändern.

Machen Sie gerade eine Pause, brauchen Sie aber nicht darauf zu warten, dass das Timeout abläuft, es reicht ein Klick auf den Ein-Aus-Schalter.

Unabhängig vom Energiesparmodus kann noch der Ruhemodus ein- oder

ausgeschaltet werden. Unter ▦ ▸ **Einstellungen ▸ Gerät ▸ Ruhemodus** lassen sich Benachrichtigungen – etwa über eingehende Mails – und der Alarm deaktivieren. Unter **Uhrzeit einstellen** können Sie diese Ruhezeit beispielsweise auf die Nachtstunden eingrenzen.

Optionen für den Ruhemodus

Probleme mit dem Akku

Wenn sich der Akku ungewöhnlich schnell entlädt, kann es daran liegen, dass Sie das Tablet zu hohen oder zu niedrigen Temperaturen ausgesetzt haben. Ab einer bestimmten Nutzungsdauer nimmt die Ladefähigkeit des Akkus aber auch zwangsläufig ab.

Wenn der Akku einmal komplett entladen wurde, müssen Sie das Datum und die Uhrzeit des Geräts neu einstellen. Dies geschieht über ▦ ▸ **Einstellungen ▸ Allgemein ▸ Datum und Uhrzeit**. An dieser Stelle können Sie das

Gerät auch auf eine andere Zeitzone und ein anderes Datumsformat einstellen, falls Sie es benötigen.

Wenn sich der Akku einmal gar nicht mehr aufladen lässt, sollten Sie zuerst prüfen, ob vielleicht das Ladekabel defekt ist. Lässt sich das ausschließen, ist vermutlich eine Inspektion des Akkus beim Samsung-Support fällig.

Einstellungen für Datum und Uhrzeit

Updates der Systemsoftware

Betriebssysteme werden niemals fertig. Ist ein System auf dem Markt, entdecken die Nutzer nach einiger Zeit häufig Dinge, die ihnen nicht so gefallen, oder gar regelrechte Fehler – *Bugs* –, die unbedingt behoben werden müssen. Oder sie melden sich zu Wort, weil sie Dinge vermissen, die sie vielleicht bei anderen Systemen der Konkurrenz gesehen haben.

Ein weniger erfreulicher Grund für notwendige Änderungen sind die niemals enden wollenden Versuche von weniger Gutwilligen, mit Schadsoftware in das System einzudringen und die Kontrolle für ihre kriminellen Zwecke zu übernehmen.

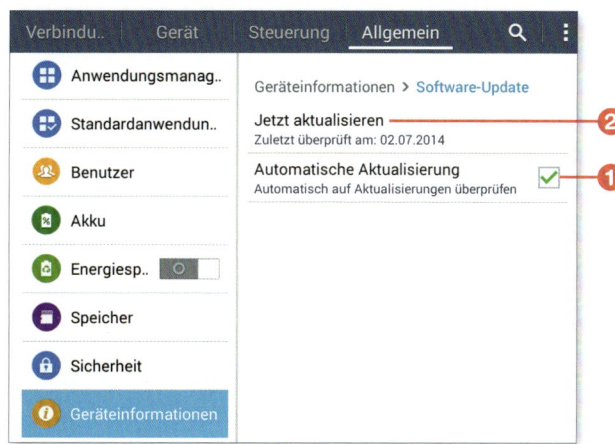

Aus all diesen Gründen ist es sinnvoll, das System möglichst zeitnah zu aktualisieren, wenn entsprechende Updates angeboten werden. Das geschieht normalerweise automatisch durch entsprechende Benachrichtigungen auf dem Tablet. Voraussetzung ist, dass eine Online-Verbindung besteht und Sie

Die Einstellungen zur Aktualisierung der Systemsoftware

die **Automatische Aktualisierung** ❶ eingestellt haben. Dies geschieht über ▦ ▶ **Einstellungen** ▶ **Allgemein** ▶ **Geräteinformationen** ▶ **Software-Update**.

Ist die automatische Aktualisierung nicht eingestellt, können Sie auf derselben Seite über **Jetzt aktualisieren** ❷ feststellen, ob neue Updates vorhanden sind. Wie das System selbst sind natürlich auch alle Updates kostenlos.

Bei großen Updates ist es, wo möglich, ratsam, sie über eine WLAN-Verbindung vorzunehmen. Beachten Sie auch, dass für solche Updates der Akku wenigstens zu mehr als 15 % aufgeladen ist. Sicherer ist hier, den Akku vorher ganz aufzuladen oder das Ladekabel gleich angeschlossen zu lassen.

Geräteinformationen

Software-Update

Status
Akku- und Netzwerkstatus
sowie weitere Informationen
anzeigen.

Rechtliche Informationen

Gerätename
Tab4_HV

Modellnummer
SM-T230

Android-Version
4.4.2

Kernel-Version
3.10.0-1726624
dpi@SWDD5516 #2
Thu May 22 17:55:57 KST
2014

Buildnummer
KOT49H.T230XXU0ANE6

Infos zum System

Bei umfangreichen Updates wird der Fortgang am Bildschirm in der Regel sichtbar. Neben den reinen System-Updates sind häufig auch noch Anpassungen bei installierten Apps vorzunehmen. Haben Sie also etwas Geduld, wenn dies nötig ist.

Nicht immer sind System-Updates zur gleichen Zeit für alle verschiedenen Android-Tablets verfügbar, weil die Verteilung über die einzelnen Hersteller läuft. Das liegt daran, dass die Hersteller häufig eigene vorinstallierte Apps an das neue Update anpassen müssen.

Wenn Sie sich gerne auf der sicheren Seite bewegen und Risiken aus dem Weg gehen wollen, was ja eigentlich vernünftig ist, ist es ratsam, wenigstens vor einem größeren Update eine Sicherung Ihrer kritischen Daten durchzuführen. Die Möglichkeiten dazu sind in den Abschnitten »Sichern und Zurücksetzen« ab Seite 299 und »Mit Samsung Kies verbinden« ab Seite 300 beschrieben.

Wenn Sie wissen wollen, welche Android-Version und welche Modellnummer Ihr Tablet hat, finden Sie diese Infos immer über ▦ ▸ **Einstellungen** ▸ **Allgemein** ▸ **Geräteinformationen**.

Was tun, wenn Apps abstürzen?

Es kann vorkommen, dass sich eine App gegen Ihren Willen verabschiedet und einfach zu keiner Interaktion mehr bereit ist. Dann tippen Sie vielleicht nervös auf den Schaltflächen der App herum, aber es tut sich einfach nichts mehr. Um sich hier herauszumanövrieren, haben Sie prinzipiell zwei Möglichkeiten:

Der erste Versuch besteht darin, über die Taste **Aktuelle Anwendungen** – links von der Home-Taste – den Bereich der Anwendungen zu öffnen und die einzelne App einfach herauszuziehen und damit zu beenden.

Alternativ können Sie auch einen Anwendungsstopp erzwingen. Unter ⊞ ▸ **Einstellungen** ▸ **Allgemein** ▸ **Anwendungsmanager** tippen Sie auf die betreffende App und dann auf **Stopp erzwingen** ❶.

Eine weitere Maßnahme bei einer App, die nicht korrekt arbeitet, wäre dann noch eine Neueinrichtung. Dazu stoppen Sie die App, wie gerade beschrieben, und löschen anschließend noch die temporären Daten, die die App bisher im Speicher abgelegt hat. Tippen Sie dazu **Daten löschen** ❷ und, falls vorhanden, **Cache leeren** ❸ an. Öffnen Sie anschließend die App erneut, und richten Sie sie, soweit nötig, neu ein.

Wenn das aber auch nicht hilft, können Sie es noch mit einer Neuinstallation der App versuchen. Deinstallieren Sie die App komplett, wie im Abschnitt »Apps deinstallieren« ab Seite 264 beschrieben, und laden Sie sie ganz frisch aus dem entsprechenden App-Store herunter.

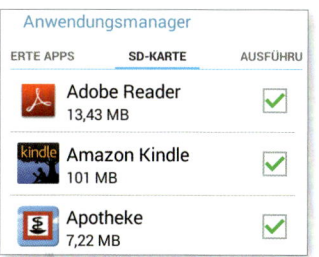

Mit der Schaltfläche **Auf SD-Karte versch.** ❹ können Sie übrigens die meisten Apps aus dem internen Speicher in den externen Speicher verschieben. Das sollten Sie tun, wenn zu wenig interner Speicher übrig ist. Die Liste der verschiebbaren Apps finden Sie im Anwendungsmanager auf dem Register **SD-Karte**.

Bei den verschobenen Apps wird anschließend an der gleichen Stelle **In Gerätespeicher verschieben** angeboten, um den Vorgang wieder rückgängig zu machen.

Das Tablet neu starten

Manchmal stürzt nicht nur eine einzelne App ab, sondern das ganze System bleibt hängen, selbst die **Home**-Taste funktioniert nicht mehr. In so einem Fall hilft nur noch, das ganze System neu zu starten.

Diesen Neustart können Sie erzwingen, wenn Sie den Ein-Aus-Schalter gedrückt halten, bis das Menü **Geräteoptionen** erscheint. Tippen Sie dann **Neustart** an, und bestätigen Sie dies noch einmal.

Das Tablet auf die Werkseinstellungen zurücksetzen

Wenn auch ein Neustart Ihre Probleme mit dem Tablet nicht beheben kann, sollten Sie noch einmal prüfen, ob das System alle angebotenen Updates, auch die für die installierten Apps, ausgeführt hat.

Hilft all dies nicht, bleibt als letzte Möglichkeit, das System auf die Werkseinstellungen zurückzusetzen.

1. Zunächst sollten Sie alle relevanten Daten, die auf dem Tablet liegen, in irgendeiner Weise sichern; die verschiedenen Methoden dazu sind in Kapitel 13, »Das Tablet und die Daten schützen«, beschrieben. Die Rücksetzung bringt das Gerät ja wieder in den Zustand, in dem es beim Auspacken war, alle Daten, Konten und späteren Einstellungen werden also gelöscht.

2. Achten Sie vor allem darauf, eine verschlüsselte SD-Karte vorher zu entschlüsseln, denn auch der Schlüssel für die Entschlüsselung wird gelöscht, der Zugang zu den Daten wäre also verbaut.

3. Starten Sie den Vorgang über ▦ ▸ **Einstellungen** ▸ **Allgemein** ▸ **Sichern und zurücksetzen** ▸ **Auf Werkseinstellungen zurücksetzen**.

4. Sie erhalten die hier angezeigten Hinweise. Mit **Gerät zurücksetzen** starten Sie den Vorgang.

5. Falls das Gerät mit einem Passwort gesichert ist, müssen Sie es an dieser Stelle noch einmal eingeben.

Ist die Zurücksetzung abgeschlossen, müssen Sie wieder Ihre Konten einrichten und die gesicherten Daten auf das Gerät zurückkopieren.

INFO

Nothelfer gesucht

Bevor Sie zu einem so gravierenden Schritt übergehen, sollten Sie vielleicht noch einmal versuchen, ob Sie im Internet – etwa in Android-Foren – irgendwelche Hinweise zu dem bei Ihnen aufgetauchten Problem finden. Oder versuchen Sie es mit dem Support von Samsung.

Verbindungsprobleme

Wenn Sie mit einer WLAN-Verbindung arbeiten, wird Ihnen in der Statuszeile fortlaufend angezeigt, wie gut die Verbindung aktuell ist. Da es sich um eine Funkverbindung mit einer begrenzten Reichweite handelt, kann es leicht vorkommen, dass Sie sich zu weit von dem jeweiligen Hotspot entfernen oder dass zu viele Hindernisse dazwischen liegen. Hier hilft dann vielleicht, sich näher zum Hotspot zu bewegen.

Bei Verbindungen über LTE, UMTS etc. kann es auch zu Fehlerhinweisen seitens der Dienstanbieter kommen, wenn die Verbindung aus irgendeinem Grunde gestört oder zu schwach ist. Der Ausbau der entsprechenden Netze ist ja nicht überall optimal, häufig sogar alles andere als das. Andere Länder sind hier weiter.

Glossar

Account
Account ist die englische Bezeichnung für ein Benutzerkonto, wie es für den Zugang zu Shops, Portalen, Social Media oder E-Mail-Diensten benötigt wird.

Adapter
Geräteteil, das in der Lage ist, eine Verbindung zwischen zwei Geräten herzustellen, die nicht direkt möglich ist.

Android
Linux-basiertes Betriebssystem, insbesondere für mobile Geräte, das von Google produziert wird.

Anwendungsbildschirm (Apps Screen)
Der Apps Screen – auch App Drawer genannt – ist der Bildschirm, auf dem alle Apps zusammengestellt sind, die auf dem Tablet aktuell installiert sind. Der Drawer wird mit der Schaltfläche Menü im unteren Bereich des Startbildschirms geöffnet.

App
Kurzform für Application, also für Anwendungen.

Attachement
Anhang an eine E-Mail, beispielsweise ein Dokument, ein Bild oder Video oder auch eine Zip-Datei, in der mehrere Dateien zusammengepackt sind.

Backup
Verfahren zum Sichern und Archivieren von Daten, üblicherweise auf ein anderes Gerät oder einen externen Datenspeicherdienst.

Benachrichtigungen
Hinweise, die innerhalb der Statuszeile bzw. auf dem geöffneten Benachrichtigungsfeld erscheinen.

Bluetooth
Kurze Funkverbindung zwischen Geräten, die für die drahtlose Verbindung des Tablets mit Tastaturen, anderen Bildschirmen, Mikrofonen, Lautsprechern oder Druckern verwendet werden kann.

Browser
Programm zum Zugriff auf Webseiten und Webanwendungen. Das Tab 4 enthält einen vorinstallierten Internetbrowser von Samsung und Google Chrome.

Cache
Schneller Zwischenspeicher, in dem Daten abgelegt werden, die wiederverwendet werden sollen. Dadurch werden erneute Zugriffe auf langsamere Speichermedien vermieden.

Chrome
Internetbrowser von Google.

Client
Kennzeichnung für Programme, die den Zugriff auf Serverdienste erlauben. So fungiert beispielsweise ein Webbrowser als Client, um Daten mit Webservern auszutauschen.

Cloud
Englisch für »Wolke«, Bezeichnung für ein Netzwerk aus Servern im Internet, das online Speicher- und Serverdienste zur Verfügung stellt. Es erlaubt Ihnen, Daten auszulagern und Programme zu nutzen, die nicht lokal installiert sind.

Codec
Software, die zum Komprimieren und Dekomprimieren von Audio- und Videomaterial verwendet wird (Codier/Decodier).

Cookie
Englisch für »Keks«. Browser verwenden Cookies, um auf dem Gerät eine kurze Information abzulegen, aus der erkennbar ist, dass eine

Website schon einmal besucht worden ist.

Dropbox
Häufig verwendeter Online-Speicherdienst, der auf dem Tab 4 vorinstalliert ist. Dadurch wird es möglich, Daten mit anderen Benutzern von Dropbox auszutauschen oder auf die eigenen Daten von verschiedenen Geräten aus zuzugreifen, die ebenfalls über entsprechende Dropbox-Apps verfügen.

E-Book
Elektronisches Buch, das für das Lesen mit speziellen Lesegeräten oder mit Lese-Apps präpariert ist. Dabei werden verschiedene Dateiformate verwendet, sodass nicht jedes E-Book auf jedem Reader genutzt werden kann.

Firmware
Software, die auf einem Gerät fest (englisch »firm«) eingebettet ist und die Verbindung zwischen der Hardware und dem Betriebssystem herstellt.

Flugzeugmodus
Versetzt das Tablet in einen Zustand, in dem keine Online-Verbindungen mehr verwendet werden. Dem entspricht auf dem Tablet die Schaltfläche **Offline-Modus**.

FTP-Server
Server im Internet, die Speicher für den Austausch von Dateien anbieten. Der Zugriff erfolgt dabei über das »File Transfer Protocol«, ein spezielles Protokoll für das Herunter- oder Hochladen von Dateien.

Google Play Store
Portal für Android-Apps.

GPS
Steht für »Global Positioning System«. GPS erlaubt es Apps auf dem Tablet, Positionsdaten mithilfe der GPS-Satelliten zu verwerten und auf dieser Basis lokale Informationen bereitzustellen.

GSM
Mobilfunkstandard der zweiten Generation, die Abkürzung steht für »Global System for Mobile«. GPRS und EDGE sind neuere Ausbaustufen von GSM.

HD
Die Abkürzung steht für »High Definition« und bedeutet typischerweise eine Auflösung von 1.280 × 720 oder 1.980 × 1.080 Pixeln bei einem Video.

Helligkeitssensor
Sensor des Tablets, mit dem das Umgebungslicht gemessen wird, beispielsweise um die Bildschirmhelligkeit automatisch anzupassen.

IMAP
Abkürzung für »Internet Message Access Protocol«, Protokoll für den Austausch von E-Mails. Anders als bei dem *POP*-Protokoll werden Ordner für ein Postfach direkt auf den entsprechenden Mail-Servern angelegt, E-Mails werden nur als Kopien auf das Tablet heruntergeladen.

ISO
Maßzahl für die Lichtempfindlichkeit der Kamera.

Kies
Eine von Samsung für Windows und Mac OS produzierte Anwendung, mit deren Hilfe es möglich ist, Daten, Bilder oder Audio- und Videodateien zwischen dem Tablet und den Desktop-Computern auszutauschen.

KitKat
Kosename für die Android-Versionen ab 4.4.

Launcher
Komponente, die regelt, wie Apps und Widgets über den Startbildschirm gestartet werden.

LTE

Der relativ neue Mobilfunkstandard LTE, die Abkürzung steht für »Long Term Evolution«, erlaubt mit bis zu 150 Megabit pro Sekunde deutlich höhere Downloadraten als *UMTS*.

Megapixel

Eine Million Pixel, Maß für die Auflösung von Bildern, wobei Pixel der einzelne Bildpunkt ist, mit dem der Sensor der digitalen Kamera arbeitet.

MicroSD

steht für »Micro Secure Digital«, ein Standardformat für Speicherkarten, insbesondere für mobile Geräte.

Multi-Touch-Screen

Berührungsbildschirm, der in der Lage ist, auch Gesten mit mehreren Fingern zu verarbeiten und nicht nur das Antippen einzelner Stellen.

POP

Akronym für »Post Office Protokoll«. Eines der Protokolle, die für die Übertragung von E-Mails verwendet werden. Bei diesem Verfahren werden die E-Mails auf dem Tablet gespeichert, der Webserver, der sie liefert, bewahrt sie normalerweise nur vorübergehend auf. (Siehe dazu auch *IMAP*.)

Reader

App, mit der das Tab 4 auch als Lesegerät für E-Books und E-Magazine genutzt werden kann. Ein Vorteil ist insbesondere die Veränderbarkeit der Schriftgrößen. Der Google-Play-Books-Reader ist vorinstalliert.

Ruhemodus

Zustand des Geräts, in dem möglichst wenig Energie verbraucht wird, das Gerät aber nicht ausgeschaltet werden muss, sodass es mit einem Klick wieder »an gleicher Stelle« aktiviert werden kann.

Spam

Als Spam oder Junk (englisch für »Abfall« oder »Plunder«) werden unverlangt zugesandte E-Mails bezeichnet.

Sperrbildschirm

Der Sperrbildschirm (»lock screen«) ist normalerweise der erste Bildschirm, der nach dem Booten des Systems angezeigt wird. Der Bildschirm kann einige Infos anzeigen, die damit schon verfügbar sind, bevor das Gerät entsperrt wird. Die Art, wie die Sperre überwunden wird, kann auf dem Tablet über die Einstellungen zu **Sperrbildschirm** eingestellt werden.

Startbildschirm (Home Screen)
Bildschirmseiten für den schnellen Start von Apps und Widgets.

Streaming
Kontinuierliche Datenübertragung aus dem Netz zur Wiedergabe von Audio und Video.

Synchronisieren
Abgleich eines Satzes von Dateien zwischen verschiedenen Geräten. Wird das Tablet beispielsweise mit einem PC synchronisiert, können Sie im Notfall auf dem Tablet verlorene Daten aus diesem Satz vom PC aus wiederherstellen. Außerdem erlaubt Ihnen die Synchronisierung, auf Medien wie Fotos, Audiodateien oder Videodateien von mehreren Geräten aus zuzugreifen.

Treiber
Software, die die Verwendung von Geräten, beispielsweise USB-Sticks oder Drucker, durch das Betriebssystem ermöglicht.

UMTS
Mobilfunkstandard der dritten Generation (3G), mit dem Downloadraten von bis zu 42 Megabits (mit HSPA+) erreicht werden.

URL
Die Abkürzung steht für »Uniform Resource Locator«. Gemeint ist damit eine Adresse, mit der im Web eine bestimmte Ressource, wie eine Webseite, ein Bild oder ein Video, aufgerufen werden kann.

USB
Die Abkürzung steht für »Universal Serial Bus«. USB ist ein serielles Bussystem für die Datenübertragung zwischen PCs oder Tablets und externen Geräten, beispielsweise Speichersticks für die Sicherung von Daten. Es gibt mehrere Versionen, aktuell wird meist noch USB 2.0 verwendet, USB 3.0 erlaubt bereits wesentlich höhere Übertragungsgeschwindigkeiten.

vCard
Standard des Internet Mail Consortiums für das Format von Kontaktdaten.

vCalender
Standard des Internet Mail Consortiums für das Format von Kalenderdaten.

Widget
Kompakte kleine Komponente, die einen schnellen Zugang zu bestimmten Informationen auf dem Bildschirm anbietet, etwa Wetterdaten, Zeit- und Datumsangaben, Finanzinfos, aktuelle News etc.

WCDMA

Funkstandard, der für *UMTS*-Funknetzwerke verwendet wird. Die Abkürzung steht für »Wideband Code Division Multiple Access«. HSDPA (»High Speed Downlink Packet Access«) und HSDPA+ sind Datenübertragungsverfahren, die UTMS benutzen.

Wi-Fi

Funkstandard, wie er in WLAN-Funknetzwerken verwendet wird.

WLAN

Die Abkürzung steht für »Wireless Local Area Network«, also ein lokales Funknetzwerk. Mehrere Standards mit unterschiedlichen Leistungen sind dafür definiert, deren Namen alle mit 802.11 anfangen. Die Reichweite hängt von der Sendeleistung des Geräts ab und kann durch spezielle Antennen gesteigert werden.

Index

- Alles Schritt für Schritt erklärt

- Die beliebtesten Apps

- Mit vielen Tipps und Tricks

Rainer Hattenhauer

Samsung Galaxy S5

Die verständliche Anleitung

Alles in einem! Das Samsung Galaxy S5 ist ein regelrechter Alleskönner in Sachen Multimedia-Smartphone. Diese Anleitung führt Sie schrittweise durch sämtliche Funktionen. Zunächst lernen Sie den Umgang mit dem Touchdisplay und nehmen wichtige Einstellungen vor. Sie telefonieren mit Ihrem S5, surfen damit im Internet, schreiben E-Mails, sehen Videos und hören Musik – alles ganz mühelos. Mit dieser Anleitung haben Sie auch Ihre Kontakte und alle Apps sicher im Griff. Mehr brauchen Sie wirklich nicht!

360 Seiten, broschiert, in Farbe, 19,90 Euro
ISBN 978-3-8421-0138-8, ab Dezember 2014
www.vierfarben.de/3679

Computer
und Fotografie

Neuheiten & Bestseller 2014/2015

- Computer, Internet, Windows und Office
- Fotoschulen, Kamerahandbücher und Bildbearbeitung
- Mac, iPad, iPhone und Android

Vierfarben

Liebe Leserin,
lieber Leser,

dieser Katalog steckt voller Bücher, die Ihnen das Leben leichter machen. Begeistern Sie sich fürs Fotografieren und wollen bessere Bilder machen? Oder möchten Sie lernen, mit Ihrem Computer oder Ihrem Smartphone besser umzugehen? Unsere Bücher zeigen Ihnen, was Sie tun müssen – motivierend, verständlich und kompetent. So, dass Sie Ihr Ziel auch wirklich erreichen. Viel Spaß beim Lesen!

Jan Watermann

Jan Watermann
Programmleiter

Inhalt

Vierfarben auf Facebook!
www.facebook.com/Vierfarben

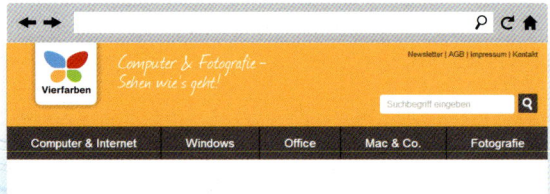

Schnell und sicher einkaufen auf

www.vierfarben.de

☑ **Einfacher Bestellvorgang, auch per Fax: +49.228.42150.77**

☑ **Versandkostenfreie Lieferung**

☑ **Bezahlung per Rechnung und Bankeinzug [D] oder Kreditkarte**

Heute bestellen, morgen schon lesen!
Alle Bestellungen, die bis 12 Uhr eingehen, werden noch am selben Tag verschickt.

Kontakt zu unserem Kundenservice

Sabine Burstedde
Kundenservice

service@vierfarben.de
+49.228.42150.0

Meike Hasenkamp
Kundenservice

service@vierfarben.de
+49.228.42150.0

Starten Sie Ihre fotografische Entdeckungsreise!

Die Kamera ist da, Sie wollen endlich aufbrechen ins Abenteuer Fotografie, aber Sie fühlen sich noch unsicher? Sie fragen sich, was Sie beachten müssen, um richtig schöne Fotos zu machen? Wir zeigen Ihnen, wie es geht!

Unsere Bücher sind verständlich geschrieben und stecken voller praktischer Beispiele, die Sie motivieren das Gelernte direkt selbst auszuprobieren.

Ziehen Sie los und fotografieren Sie mit Freude und Leidenschaft!

Unser Fotoprogramm startet auf Seite 12.

Rainer Hattenhauer

Android-Tablet
Die verständliche Anleitung

Entdecken Sie die Möglichkeiten Ihres Android-Tablets! Schritt für Schritt erfahren Sie, wie Sie im Internet surfen, E-Mails schreiben, Fotos und Filme ansehen, Musik hören oder E-Books lesen.

360 Seiten, broschiert
19,90 Euro, ISBN 978-3-8421-0137-1

Rainer Hattenhauer

Android-Smartphone
Die verständliche Anleitung

Nutzen Sie Ihr Smartphone richtig und lassen Sie sich zeigen, wie's geht. Vom Telefonieren über E-Mails, Internet, Apps und Fotos bis hin zum Datenaustausch mit dem Computer.

378 Seiten, broschiert
19,90 Euro, ISBN 978-3-8421-0131-9

» Computer, Smartphone oder Internet – kümmern Sie sich nicht um die Technik, nutzen Sie sie einfach! Unsere verständlichen Einstiegsbücher und Anleitungen sind so aufgebaut, dass Sie alle Anwendungen und Aufgaben sofort erfolgreich in die Praxis umsetzen können. Fangen Sie gleich damit an!

Isabella
Bleissem
Lektorat

ab November 2014

ab Dezember 2014

Die Anleitung zum Samsung Galaxy S4 finden Sie im Webshop unter: www.vierfarben.de/3489

Helmut Vonhoegen

Samsung Galaxy Tab 4
Die verständliche Anleitung

Kommen Sie von Anfang an in den Genuss all der Möglichkeiten Ihres Galaxy Tabs: E-Mails schreiben, im Internet surfen, fotografieren, Musik hören, Videos ansehen und sogar Büroarbeiten erledigen.

340 Seiten, broschiert
19,90 Euro, ISBN 978-3-8421-0133-3

Rainer Hattenhauer

Samsung Galaxy S5
Die verständliche Anleitung

Diese Anleitung zu Ihrem Alleskönner Galaxy S5 führt Sie schrittweise durch sämtliche Funktionen: telefonieren, im Internet surfen, E-Mails schreiben, Videos und Musik – alles ganz mühelos.

360 Seiten, broschiert
19,90 Euro, ISBN 978-3-8421-0138-8

Mareile Heiting
Internet für Senioren

Nachrichten lesen, Bankgeschäfte regeln, Reisen buchen – entdecken Sie das Internet und seine Vorzüge für sich! In diesem Buch finden Sie alles, was Sie wissen müssen, um ins Internet zu kommen und sich dort sicher zu bewegen. Ganz einfach und ohne komplizierte Fachbegriffe.

»Dieses Buch ist ein ›Muss‹ für alle Anfänger, aber auch geübte User finden hier diverse Anregungen und Tipps.«
Internetc@fé der Kölner Seniorengemeinschaft

367 Seiten, broschiert
19,90 Euro, ISBN 978-3-8421-0128-9

Werfen Sie einen Blick ins Buch!

Auf **www.vierfarben.de** finden Sie Beispielseiten unserer Bücher und ausführliche Leseproben!

Besuchen Sie uns auch auf **www.facebook.de/Vierfarben** und profitieren Sie von Autorentipps und Neuheiten!

www.vierfarben.de

ab November 2014

Christine Peyton
Das tolino-Buch
Die verständliche Anleitung

Kennen Sie alle Funktionen Ihres E-Book-Readers? In diesem Buch zeigt Ihnen Christine Peyton Schritt für Schritt, wie Sie E-Books lesen, kaufen und verwalten, den tolino warten, im Internet surfen, und vieles mehr.

200 Seiten, broschiert
12,90 Euro, ISBN 978-3-8421-0142-5

Jörg Hähnle

Windows 8.1
Schritt für Schritt erklärt

Kurze, verständliche Anleitungen, farbige Abbildungen, zahlreiche Tipps und ein ausführliches Stichwortverzeichnis machen dieses Buch zu einer praktischen Bedienungsanleitung für Einsteiger und Fortgeschrittene – im Querformat!

353 Seiten, broschiert
9,90 Euro, ISBN 978-3-8421-0082-4

Unsere Bücher machen Ihnen den Umgang mit Windows leicht. Ob Sie zum ersten Mal mit einem Windows-Computer arbeiten oder schon ganz gezielte Fragen haben: Wir erklären Ihnen, was Sie tun müssen – klipp und klar, ganz ohne Fachchinesisch.

Jan Watermann
Lektorat

Mareile Heiting

Windows 8.1
Der verständliche Einstieg

Von Anfang an durchblicken im neuen Windows 8.1. Mareile Heiting steht Ihnen mit Rat und Tat zur Seite, wenn Sie im Internet surfen, E-Mails schreiben, Fotos bearbeiten oder die Kacheloberfläche Ihren Bedürfnissen anpassen.

423 Seiten, **19,90 Euro**
ISBN 978-3-8421-0135-7

Jörg Hähnle

Windows 8.1
Tipps und Tricks in Bildern

Dieses Buch liefert mehr als 140 Tipps, die Ihnen das Leben mit Windows leichter machen. Lesen Sie, wie Sie noch geschickter mit Dateien umgehen, Programme schneller starten, Windows pflegen und warten und vieles mehr.

320 Seiten, **9,90 Euro**
ISBN 978-3-8421-0101-2

Walter Saumweber

Windows 8.1
Die besten Tipps und Tricks

Die besten Tipps und Tricks zu Windows 8.1 – spannende und nützliche Anleitungen zeigen Ihnen, wie Sie besser, schneller und geschickter mit Windows umgehen können. Dank Profitipps lösen Sie auch Probleme schnell und einfach.

691 Seiten, **19,90 Euro**
ISBN 978-3-8421-0043-5

Robert Klaßen
Windows 8.1
Die Anleitung in Bildern

So leicht kann Windows sein. Diese praktische Anleitung zeigt Ihnen Bild für Bild und Schritt für Schritt, was Sie mit dem neuen Windows alles tun können: Im Internet surfen, E-Mails schreiben, Fotos bearbeiten, Videos ansehen, Musik hören, Texte verfassen und vieles mehr.

365 Seiten, **9,90 Euro**
ISBN 978-3-8421-0119-7

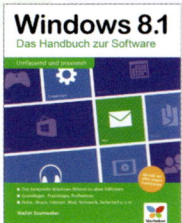

Walter Saumweber
Windows 8.1
Das Handbuch zur Software

Allen die mehr aus Ihrem System herausholen möchten, zeigt Windows-Experte Walter Saumweber in diesem umfassenden Handbuch alles, was nötig ist, um leichter und schneller ans Ziel zu kommen. Er gibt Auskunft zu sämtlichen Themen und verrät seine besten Tipps und Tricks. Da bleibt keine Frage offen!

1.074 Seiten, **19,90 Euro**
ISBN 978-3-8421-0141-8

René Gäbler
Windows 8.1
Der umfassende Ratgeber

Erfahren Sie alles über Windows – über sämtliche Funktionen, neue Möglichkeiten und die besten Tipps und Tricks. Dieser Ratgeber zeigt und erklärt Ihnen kompetent das neue Windows, von der Installation über die Einrichtung von Hard- und Software bis hin zum eigenen Heimnetzwerk.

874 Seiten, **39,90 Euro**
ISBN 978-3-8421-0124-1

Windows-7-Bücher

Robert Klaßen
Windows 7
Die Anleitung in Bildern
355 Seiten, **9,90 Euro**
ISBN 978-3-8421-0004-6

Jörg Hähnle
Windows 7
Tipps und Tricks in Bildern
358 Seiten, **9,90 Euro**
ISBN 978-3-8421-0036-7

Neue Auflage

René Gäbler
Windows 7
Der umfassende Ratgeber
808 Seiten, **29,90 Euro**
ISBN 978-3-8421-0140-1

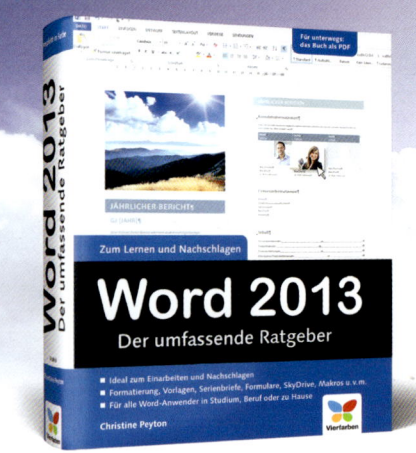

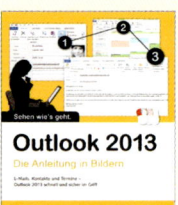

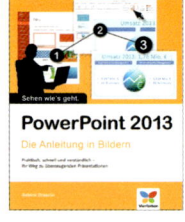

Robert Klaßen

Office 2013
Der umfassende Ratgeber

Auf weit über 1.000 Seiten beantwortet Ihnen dieser umfassende Ratgeber alle Fragen zu Microsoft Office. Ob mit oder ohne Vorkenntnisse, dank anschaulicher Beispiele, verständlicher Schritt-für-Schritt-Anleitungen und nützlicher Tipps finden sich alle Anwender bestens auf der Benutzeroberfläche von Office 2013 zurecht!

1.194 Seiten, gebunden
39,90 Euro, ISBN 978-3-8421-0090-9

Dozenten an Volkshochschulen und anderen Bildungseinrichtungen loben an unseren Büchern die Art der Vermittlung und dass sie sehr verständlich sind. Wir bieten Inhalte für jedes Lernniveau – vom Einsteiger bis zum ambitionierten Anwender. Wie schnell und wie viel Sie lernen, bestimmen Sie selbst.

Sophie Herzberg
Kommunikation

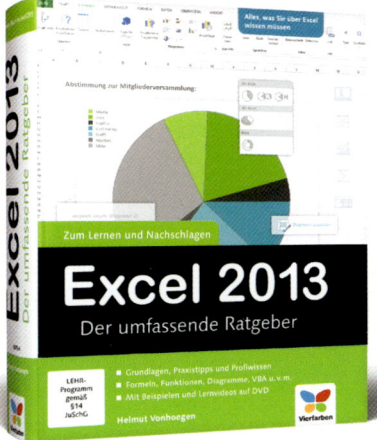

Helmut Vonhoegen

Excel 2013
Der umfassende Ratgeber

Was immer Sie mit Excel tun wollen, in diesem Ratgeber erhalten Sie zu allem Auskunft. Sie erfahren, wie Sie Ihre Aufgaben mit Excel besonders schnell und einfach erledigen. Vollständig, kompetent und verständlich.

918 Seiten, gebunden
39,90 Euro, ISBN 978-3-8421-0075-6

ab Januar 2015

Jörg Rieger, Markus Menschhorn

Das große Mac-Buch für Einsteiger und Umsteiger

Ob auf dem Mac oder in der iCloud, mit iPhoto oder iTunes – Jörg Rieger und Markus Menschhorn navigieren Sie mit verständlichen Anleitungen sicher durch die Benutzeroberfläche und alle Anwendungsmöglichkeiten: Dateien, Kontakte, E-Mails, Internet, Fotos, Musik. So fällt auch Windows-Anwendern der Umstieg ganz leicht!

440 Seiten, broschiert
24,90 Euro, ISBN 978-3-8421-0146-3

Alle Mac-Bücher auf www.vierfarben.de

ab Januar 2015

Michael Hillenbrand

Der Mac
Die Anleitung in Bildern

Sie sind neu in der Welt des Macs und noch werfen Safari, iTunes oder Pages Fragezeichen auf? Das wird sich mit diesem Buch ändern! Schritt für Schritt lernen Sie, wie Sie die Programme bedienen, im Internet surfen, E-Mails schreiben, und vieles mehr.

340 Seiten, broschiert
19,90 Euro, ISBN 978-3-8421-0094-7

ab Dezember 2014

René Gäbler

iTunes
Die verständliche Anleitung

Mit dieser Anleitung haben Sie iTunes endlich im Griff! Verwalten Sie Ihre Musik, Filme und Apps und übertragen Sie Ihre Sammlungen auf iPhone, iPad oder Ihren iPod. Keine Vorkenntnisse erforderlich, alles wird Schritt für Schritt erklärt.

300 Seiten, broschiert
19,90 Euro, ISBN 978-3-8421-0122-7

ab März 2015

Giesbert Damaschke

Das iPad-Buch

Die verständliche Anleitung

Nutzen Sie Ihr iPad richtig! Dieses Buch macht Ihnen den Einstieg leicht. Es erklärt Ihnen Ihr iPad im Detail und zeigt Ihnen Schritt für Schritt alle wichtigen Funktionen. Lernen Sie die besten Apps für Musik, Filme, Spiele und Fotos kennen.

320 Seiten, broschiert
19,90 Euro, ISBN 978-3-8421-0149-4

ab Januar 2015

Hans-Peter Kusserow

iPhone

Die verständliche Anleitung

Hans-Peter Kusserow vermittelt alle Anwendungen und Raffinessen des iPhones anschaulich und praktisch. Sie machen das Smartphone startklar, telefonieren, senden und empfangen Nachrichten, surfen im Internet, fotografieren oder hören Musik.

400 Seiten, broschiert
19,90 Euro, ISBN 978-3-8421-0145-6

»» Haben Sie sich kürzlich ein iPad oder iPhone zugelegt und finden Sie sich noch nicht so ganz in der neuen Welt zurecht? Dann empfehle ich Ihnen unsere verständlichen Anleitungen. Anhand von klaren Schritt-für-Schritt-Anleitungen und anschaulichen Bildbeispielen entdecken Sie so alle Möglichkeiten, die Ihnen Ihr Gerät bietet.

Lars Wolf
Lektorat

ab Februar 2015

Florian Gründel

OS X Yosemite

Der umfassende Ratgeber

Hier finden Sie Antworten zu allen Fragen rund um Ihren Mac. Der Apple-Experte Florian Gründel zeigt Ihnen wie Ihr Mac »tickt«, und stellt Ihnen OS X Yosemite von Grund auf vor. Verständliche Schritt-für-Schritt-Anleitungen und jede Menge Praxistipps machen dieses Buch zu Ihrem verlässlichen Begleiter.

880 Seiten, gebunden
39,90 Euro, ISBN 978-3-8421-0147-0

ab November 2014

Kyra Sänger, Christian Sänger

Makrofotografie
Der große Fotokurs

Mit diesem Buch haben Sie den Schlüssel zur Welt der kleinen Dinge in der Hand. Erschaffen Sie faszinierende Bilder von Lebewesen und Strukturen, die dem Auge normalerweise verborgen bleiben. Wie Sie die im Makrobereich besonders anspruchsvolle Fototechnik meistern, lernen Sie aus erster Hand von den Spezialisten.

370 Seiten, gebunden
39,90 Euro, ISBN 978-3-8421-0107-4

Die digitale Fotografie hat viele Menschen beflügelt, ihre Welt mit der Kamera neu zu entdecken. Die Fotobücher von Vierfarben unterstützen Sie dabei, Ihrer Kreativität Ausdruck zu verleihen. Indem sie die Fototechnik so einfach wie möglich erklären, Ihnen genau das vermitteln, was Sie wirklich zum Fotografieren brauchen, und indem sie Ihnen großartige Bilder zeigen, die Sie wieder und wieder inspirieren werden!

Alexandra Bachran
Lektorat

Günter Hauschild

Der Fotokurs für junge Fotografen

199 Seiten, **24,90 Euro**
ISBN 978-3-8421-0080-0

Jacqueline Esen

Fotografieren!
Die Fotoschule zum Mitmachen

379 Seiten, **29,90 Euro**
ISBN 978-3-8421-0034-3

Marion Hogl

Porträtfotografie
Der große Fotokurs

359 Seiten, **39,90 Euro**
ISBN 978-3-8421-0029-9

Ingo Seehafer

Naturfotografie
Der große Fotokurs

327 Seiten, **39,90 Euro**
ISBN 978-3-8421-0022-0

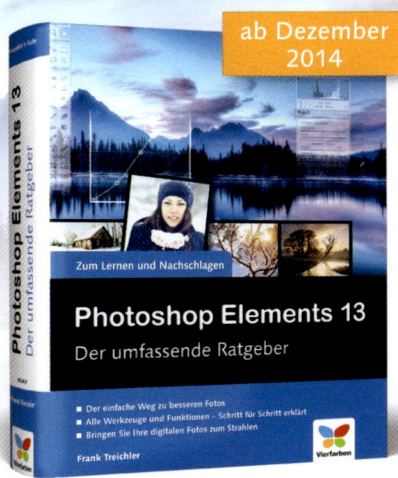

ab Dezember 2014

Frank Treichler

Photoshop Elements 13
Der umfassende Ratgeber

Bilderchaos ade! Rote Augen und schiefe Linien auf Nimmerwiedersehen! Dieses Buch zeigt Ihnen den perfekten Workflow mit Elements: Bringen Sie Ordnung in Ihre Fotosammlung, korrigieren Sie Bildfehler oder verschönern Sie Fotos mit Effekten. In diesem umfassenden Ratgeber finden Sie alle Elements-Funktionen verständlich erklärt.

1.000 Seiten, mit DVD
39,90 Euro, ISBN 978-3-8421-0144-9

Scott Kelby

Lightroom 5 für digitale Fotografie

533 Seiten, **39,90 Euro**
ISBN 978-3-8421-0108-1

ab Dezember 2014

Mareile Heiting

MAGIX Video deluxe 2015
Schritt für Schritt zum perfekten Video

416 Seiten, gebunden, mit DVD, **29,90 Euro**
ISBN 978-3-8421-0151-7

ab Februar 2015

Neue Auflage

Jacqueline Esen

Digitale Fotografie
Grundlagen und Fotopraxis

304 Seiten, **16,90 Euro**
ISBN 978-3-8421-0102-9

Dietmar Spehr

Digital fotografieren lernen
Schritt für Schritt zu perfekten Fotos

424 Seiten, **19,90 Euro**
ISBN 978-3-8421-0063-3

Dietmar Spehr

Canon EOS 1200D
Das Handbuch zur Kamera

Canon-Experte Dietmar Spehr zeigt Ihnen in diesem Buch, was Ihre EOS 1200D alles kann. Stimmen Sie Blende, Belichtungszeit und ISO-Wert perfekt aufeinander ab, stellen Sie gezielt scharf, oder nutzen Sie die Belichtungskorrekturoptionen. So machen Sie großartige Porträts, Landschaftsfotos, Städteaufnahmen und vieles mehr! Worauf warten Sie noch?

352 Seiten, gebunden, mit Referenzkarte
39,90 Euro, ISBN 978-3-8421-0134-0

978-3-8421-0121-0

978-3-8421-0105-0

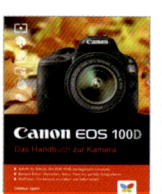
978-3-8421-0106-7

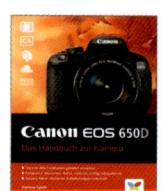
978-3-8421-0066-4

Größerer Sensor, schnellerer Autofokus, lichtstarkes Objektiv: Die digitale Kameratechnik wird stetig

Katharina Linder
Lektorat

weiterentwickelt. Und unsere Kamerahandbücher zeigen Ihnen, wie Sie diese technischen Raffinessen bis ins letzte Detail ausreizen. Erfahren Sie alle wichtigen Tipps und Tricks zu Ihrer Kamera, lassen Sie sich von tollen Beispielbildern inspirieren, und freuen Sie sich auf richtig gute Fotos!

www.vierfarben.de/Fotografie

Kamerabücher von Vierfarben!

Natur in Szene setzen mit dem Landschaftsprogramm

Beim Motivprogramm **Landschaft** versucht die Kamera, eine Einstellung zu finden, mit der alle Bereiche des Bildes scharf abgelichtet werden. Anders als im **Porträt**-Programm schaltet die Kamera hier auf Einzelbildbetrieb. Schließlich kommt es bei Aufnahmen der Natur eher auf das ruhige Finden des richtigen Bildausschnitts an, weniger auf das Abpassen des richtigen Moments.

◢ **Abbildung 2.21**
Im Modus **Landschaft** nimmt die Kamera pro Auslösung jeweils ein Bild auf.

◂ **Abbildung 2.22**
Dieses Bild wurde im Motivprogramm **Landschaft** aufgenommen. Es sorgt unter anderem dafür, dass Grün- und Blautöne kräftig dargestellt werden.

Kyra Sänger, Christian Sänger
Nikon D3300
Das Handbuch zur Kamera

Fotografieren Sie von Anfang an richtig mit Ihrer neuen Nikon Kamera! Meistern Sie die Fototechnik und Ihre D3300: Wählen Sie das richtige Aufnahmeprogramm, stellen Sie den Autofokusmodus ein, nutzen Sie gekonnt den Blitz etc. Zeigen Sie mit Ihren Fotos die Welt, wie Sie sie sehen!

352 Seiten, gebunden
39,90 Euro, ISBN 978-3-8421-0132-6

978-3-8421-0092-3

978-3-8421-0086-2

978-3-8421-0061-9

978-3-8421-0062-6

Kyra Sänger, Christian Sänger
Sony alpha 7/7R
Das Handbuch zur Kamera
397 Seiten, **39,90 Euro**
ISBN 978-3-8421-0129-6

Margit Roth
Sony alpha 77II
Das Handbuch zur Kamera
320 Seiten, **39,90 Euro**
ISBN 978-3-8421-0130-2

Frank Exner
Sony RX100 III
Das Handbuch zur Kamera
320 Seiten, **34,90 Euro**
ISBN 978-3-8421-0143-2